新型项目
评估与管理

孙文华 张 彬 编著

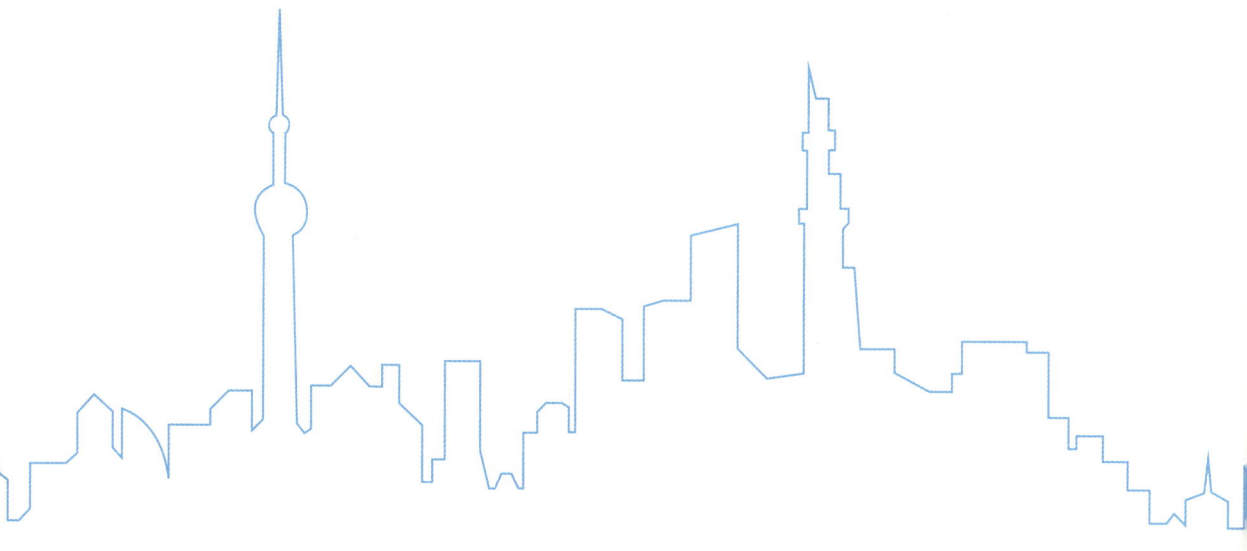

Latest Project Evaluation and Management

上海财经大学出版社
SHANGHAI UNIVERSITY OF FINANCE & ECONOMICS PRESS

上海学术·经济学出版中心

图书在版编目(CIP)数据

新型项目评估与管理 / 孙文华,张彬编著. —上海:上海财经大学出版社,2024.4
ISBN 978-7-5642-4314-2/F·4314

Ⅰ.①新… Ⅱ.①孙…②张… Ⅲ.①项目评价-高等学校-教材 ②项目管理-高等学校-教材 Ⅳ.①F224.5

中国国家版本馆 CIP 数据核字(2024)第 015203 号

责任编辑:袁 敏
封面设计:贺加贝

新型项目评估与管理

著 作 者:孙文华 张 彬 编著
出版发行:上海财经大学出版社有限公司
地 址:上海市中山北一路369号(邮编 200083)
网 址:http://www.sufep.com
经 销:全国新华书店
印刷装订:苏州市越洋印刷有限公司
开 本:787mm×1092mm 1/16
印 张:16.75
字 数:357 千字
版 次:2024年4月第1版
印 次:2024年4月第1次印刷
定 价:68.00 元

前　言

党的二十大报告提出，高质量发展是全面建设社会主义现代化国家的首要任务。我国确立了"金融强国"的目标，做好"科技金融、绿色金融、普惠金融、养老金融、数字金融"五篇大文章，高质量发量对五大领域的"金融"项目评估与管理提出了新要求。

随着全面注册制改革的推进，金融市场对投资者的金融素养要求也不断提高，传统的建设项目评估与管理知识框架已经不能满足新形势下的投资者教育需要，本教材则侧重于"资产管理项目"内容，从金融的角度来学习项目的评估与管理。

项目管理是"管理学"的重点组成部分，是知识、工具、技术、模式等在项目开发中的应用。本教材的知识点从基本的"项目"概念开始，透析"项目"本质，第一章、第二章主要介绍项目评估与项目管理的知识框架体系；第三章着重介绍项目评估的基本方法；第四章、第五章介绍项目评估与管理的基本技能，第四章以建设项目立项为角度，主要知识点包括可行性报告的撰写与评估，第五章的知识点为商业计划书的撰写与评估；第六章讲述建设型项目的融资管理知识；第七章讲述政府企业合作项目的融资管理；第八章讲述科技型项目的融资管理知识，尤其是科技型项目的接力融资管理等内容；第九章系统性介绍项目管理的知识体系。

本教材作为财经类本科教学用书，注重教学与应用相结合，由上海立信会计金融学院与上海浦东新区投资咨询公司共同编制完成相关内容。本书由孙文华、张彬编著，丁章亮、王帆、王春燕、王潮龙、杨淼怡、张颖（上咨）、张颖（浦咨）、陈秋源、罗晓婕、周谅量参与了编写。

目 录

第一章 项目导论/001

导入案例 借壳上市项目的评估与管理/001

1.1 项目/004

 1.1.1 项目的定义/004

 1.1.2 项目的特性/005

 1.1.3 项目与运营的关键区别/007

 1.1.4 项目的生命周期/007

1.2 项目组合与项目集/012

1.3 项目干系人/014

 1.3.1 项目关系人的识别/015

 1.3.2 项目关系人分析/017

 1.3.3 项目干系人管理/018

实践案例：债券发行业务中的干系人管理/020

第二章 项目评估与管理概论/024

导入案例 大基金投资的项目评估/024

2.1 项目评估的定义/026

 2.1.1 项目评估的作用/026

 2.1.2 项目评估的发展历程/027

 2.1.3 项目评估的分类/028

 2.1.4 项目评估的要素/030

 2.1.5 项目评估的质量控制要点/032

2.2 项目管理概述/032

 2.2.1 项目管理的概念/033

 2.2.2 项目管理的发展历程/034

2.2.3　项目管理管理范式的变化/035

2.2.4　项目管理的知识体系/037

实践案例/039

第三章　项目评估的理论与方法/041

导入案例　招标项目的专家评估/041

3.1　同行评议法/042

3.1.1　同行评议法的定义/042

3.1.2　同行评议法的兴起与发展/043

3.1.3　具体做法/043

3.2　德尔菲法/045

3.2.1　德尔菲法的定义/045

3.2.2　德尔菲法的特性/045

3.2.3　具体做法/045

3.3　熵权法/047

3.3.1　熵权法（熵值法）的定义/047

3.3.2　熵值法的起源/047

3.3.3　具体做法/047

3.3.4　利用Excel进行熵值法计算求解/048

3.4　灰色关联法/051

3.4.1　基本概念/051

3.4.2　具体做法/051

3.4.3　实践案例/052

3.5　D-S证据理论/055

3.5.1　证据理论的起源与基本思想/055

3.5.2　基本概念/056

3.5.3　评估应用的步骤/057

3.5.4　实践案例/058

3.6　层次分析法/060

3.6.1　层次分析法的起源和基本原理/060

3.6.2　具体做法/060

3.6.3　实践案例/062

3.7　数据包络分析法/065

3.7.1　起源及定义/065

3.7.2 基本概念/066

3.7.3 实践案例/067

第四章 可行性研究报告的编制及评估/073

导入案例 M公司融资可行性分析/073

4.1 项目可行性研究报告编制大纲/074

4.1.1 政府投资项目可行性研究报告编制大纲/074

4.1.2 企业投资项目可行性研究报告编制大纲/079

4.1.3 可行性研究报告与项目评估/083

4.2 项目可行性研究报告的评估/084

4.2.1 必要性分析/084

4.2.2 生产建设条件分析/090

4.2.3 技术方案分析/094

4.2.4 财务评价/094

第五章 商业计划书的编制及评价/099

导入案例 未上市公司股权如何估值/099

5.1 商业计划书的编制/100

5.1.1 商业计划书的主要大纲/101

5.1.2 商业计划书编制时的注意事项/105

5.2 商业计划书的评价与决策/106

5.2.1 商业计划书的评价要点/106

5.2.2 商业计划书的决策依据/108

5.3 商业计划书的评估方法/112

5.3.1 通用的指标评估法/112

5.3.2 影响创业投资项目评价的决策指标/113

5.3.3 市场预测的评估方法/114

5.4 未上市企业股权的估值方法/116

5.4.1 市场法/117

5.4.2 收益法/118

5.4.3 成本法/120

5.4.4 流动性折扣的分析方法/121

5.4.5 不同阶段的股权融资估值法/122

实践案例：AI公司融资评估/125

第六章 建设型项目融资管理/133

导入案例 污水处理厂项目建设融资模式/133

6.1 项目融资概述/134
    6.1.1 项目融资的定义/134
    6.1.2 项目融资起源/135
    6.1.3 项目融资与公司融资/136

6.2 项目融资的参与方/137
    6.2.1 项目发起人/137
    6.2.2 项目公司/137
    6.2.3 借款人/138
    6.2.4 银行/138
    6.2.5 财务顾问/140
    6.2.6 技术与法律顾问/140
    6.2.7 项目建设及运营相关方/141
    6.2.8 国际机构和评级机构/142

6.3 项目融资的形式/142
    6.3.1 信贷融资/142
    6.3.2 债券融资/143
    6.3.3 融资租赁/146
    6.3.4 资产证券化/150

6.4 项目融资的风险管理/154
    6.4.1 项目融资风险管理的定义/154
    6.4.2 项目融资的过程分析/156
    6.4.3 项目融资的风险管理过程/158

第七章 政府企业合作项目的融资模式/162

导入案例 北京市朝阳区凤凰城污水处理厂项目/162

7.1 特许经营模式/163
    7.1.1 概念/163
    7.1.2 特征(适用于基础设施和公用事业项目)/163
    7.1.3 优劣势分析/164

7.2 PPP模式/165
    7.2.1 概念/165
    7.2.2 发展历程/165

7.2.3　PPP 项目数据的五个阶段/166
7.3　REITs 基金/167
　　7.3.1　概念/167
　　7.3.2　REITs 的发展历程/168
　　7.3.3　REITs 基金的设计与应用/169
　　7.3.4　REITs 项目特征(适用于收益持续稳定的基础设施项目)/171
7.4　其他融资模式/172
　　7.4.1　片区开发模式/172
　　7.4.2　XOD 模式/173
　　实践案例：浙商沪杭甬 REITs/174

第八章　科技创新型企业项目融资管理/177

导入案例　世界五百强企业存续 300 多年的持续创新动力/178
8.1　企业科研项目管理/179
　　8.1.1　专精特新认定/179
　　8.1.2　高新技术企业认定/183
　　8.1.3　科研项目管理/187
8.2　科技企业(项目)融资管理/190
　　8.2.1　股权接力融资/191
　　8.2.2　项目运筹融资/194
8.3　上市融资管理/196
　　8.3.1　股权资本化时代的全面到来/196
　　8.3.2　资本市场概览/198
　　8.3.3　企业上市的操作程序/204
8.4　产业基金/206
　　8.4.1　政府产业基金的概念/206
　　8.4.2　政府产业基金的作用/207
　　8.4.3　不同股权投资基金的区别/208
　　实践案例：政府主导型创业基金的组建方案/210

第九章　项目管理知识新框架/213

9.1　价值交付系统/214
　　9.1.1　创造价值/214
　　9.1.2　治理系统/216

9.1.3　项目相关职能/216

9.1.4　项目环境/218

9.1.5　产品管理考虑的因素/218

9.2　项目管理的12项原则/219

9.2.1　成为勤勉、尊重和关心他人的管家/219

9.2.2　营造协作的项目团队环境/220

9.2.3　有效的干系人参与/221

9.2.4　聚焦于价值/221

9.2.5　识别、评估和响应系统交互/222

9.2.6　展现领导力行为/222

9.2.7　根据环境进行裁剪/223

9.2.8　将质量融入过程和可交付物中/223

9.2.9　驾驭复杂性/224

9.2.10　优化风险应对/225

9.2.11　拥抱适应性和韧性/225

9.2.12　为实现预期的未来状态而驱动变革/226

9.3　项目绩效域/226

9.3.1　人的绩效域/227

9.3.2　过程绩效域/230

9.3.3　工具绩效域/237

9.4　裁剪/241

9.4.1　裁剪项目的内容/241

9.4.2　影响裁剪的项目属性/242

9.4.3　裁剪的过程/242

9.5　模型、方法与工件/243

9.5.1　常用模型/243

9.5.2　方法/247

9.5.3　常用工件/251

参考文献/256

第一章

项目导论

 本章导读

  项目评估与管理是财经类大学的必修科目,项目的概念较为复杂,万事万物皆"变",唯一不变的就是"变",项目作为人们日常生产、生活中重要的一个概念,需要不断明晰。传统概念中,项目似乎就是建造一幢大楼,抑或是建造一条道路,但如今,我们所称之为项目的,有可能是一个企业上市的服务,也有可能是一项活动。只有真正理解项目的本义,才能真正把握项目评估与管理的要义。

 学习目标

1. 掌握项目的基本概念,学习资管新规的基本内容。
2. 掌握项目评估与管理的基本概念。

本章主要知识点

1. 项目的定义
2. 项目的特性
3. 项目的生命周期
4. 项目干系人
5. 项目组合与项目集
6. 项目与运营的区别

 **导入案例**

借壳上市项目的评估与管理

  有些企业上市的目的是再融资,但一旦企业上市以后,就成为公众公司,需要信息披露,接受外部股东的监管。现代企业竞争是资本竞争的时代,科技企业要不断投入研发,如果不上市而仅依靠企业本身的资本积累,则科技企业的研发投入力量单薄,承担的风险会很大,企业上市以后,可以增加社会资本对企业科研方面的投资,帮助企业分散科研风险。

注册制的到来使得上市公司不再是一种稀有资源,但注册制的实施并不意味着所有的公司都可以上市,没有盈利门槛还会有市值门槛。因此,借壳上市对于科技企业来说仍然是一种快速上市的通道。

企业借壳上市是指一家未上市公司通过处置壳公司的劣质资产,注入自己优质资产,得到壳公司的控制权并将壳公司的主营业务转型,对壳公司进行改名达到上市的行为。借壳上市是一种反向购买,上市公司通过向非上市公司发行股份购买资产,当发行股份到达一定数量时,上市公司的控制权将会落到非上市公司手中。相对于IPO来说,借壳上市有两大好处:一是节省时间,避免了排队,对公司而言,如果能够准确把握上市的最佳时间,很可能就会迎来企业的最佳发展机遇,难得的发展机遇就成为企业无法忽视的机会成本;二是具有隐蔽性,借壳上市公司无需对外公开企业内部的各项指标,这也为企业信息提供了一定的隐蔽性保护。

JL控股有限公司(以下简称"JL控股")成立于2013年,其主营业务范围为投资管理、资产管理等业务。根据公司年报,截至2013年底,其资产总额为4 887万元,负债总额为3.6万元,当年亏损为116.4万元。如果JL控股想要在2014年通过IPO上市,那么该公司会因为成立时间太短且无法满足连续盈利三年而被证券监管机构否决。JL控股想要投资科技企业并快速上市,于是他们面临几个问题:选择什么样的壳资源(项目评估)?如何保住壳资源(项目管理)?

从项目评估与管理的角度,首先,JL控股要对壳资源进行评估;其次,为把握企业借壳上市的节奏,JL控股需要做好项目管理。

1. 项目评估(投资决策)

首先,JL控股选中的是TL公司。TL公司于1997年上市,但TL公司一直市值低、股价低、业绩差。该公司成立初期涉足房地产行业,但后期运营能力不强,JL控股经过评估后认为看好TL公司的未来发展以及长期投资价值,可以通过自身丰富的资本运作经验来帮助TL公司,优化TL公司内部的资源配置,从而提高其持续经营能力,维持TL公司的健康稳定发展。

2014年6月,JL控股和TL公司签署了股份受让协议,JL控股以3.5亿元的对价获得了TL控股有限公司所持有的3 000万股TL公司股份,JL控股成为TL公司第一大股东,完成了借壳上市。数据显示,JL控股在签订受让协议时是以每股11.68元的价格进行收购的,但TL公司在停牌的前一天股价仅为6.47元,JL控股相当于以80%的溢价收购了TL公司。

2. 项目管理

根据退市规定,上市公司在连续三年时间内亏损且在后续一个年度内未恢复盈利的,将强制退市。TL公司在2015年前三季度已经亏损了5.46亿元,其亏损难以弥补,JL控股要保住壳公司,就必须实施一系列资本运作,这需要实施项目管理,要有任务清单并能按期完成。

(1) 资产减值准备

收购完成后，TL 公司更名为 TL 科技公司，并于 2015 年 8 月 14 日发布了资产减值准备以及相关资产的评估公告。

资产减值严格来说是属于一种利润操作行为，将后期发生的损失提前进行确认，为后期的盈利腾出一定的空间。[1]

注：资产减值是指"资产的可收回金额低于其账面价值"。用直白的话来说，就是资产"贬值"了。而所谓资产减值准备，是一种将未来的亏损提前到现在的行为。即"估计这项资产未来会发生减值"，预计回收的资产低于当前的账面价格，但是在当前时间点，对资产的回收尚未发生，因此账面上的资产价格未变，为了保证信息透明度，提前释放风险而进行的一种会计处理方式。计提资产减值准备是一项账面上的调整，账面价值减少，导致当期利润减少，但实际上公司并未多花钱，不会对流动性及经营产生影响。

(2) 资产运作

JL 控股将 TL 公司部分无法盈利的子公司以及资产一次性打包出售，为 2016 年盈利腾出空间。

一是资产剥离出售获得现金，出售盈利不佳的资产及子公司股权。由于商业地产及煤炭矿业板块子公司前景不看好且盈利不佳，JL 控股就将 TL 公司所持有的与商业地产以及煤炭矿业板块相关的资产负债全部出售，同时将上市公司中持有的商业地产板块子公司以及煤炭矿业板块子公司的股权出售，以此通过资产剥离获得一部分现金。

二是收购科技企业，布局新产业，为企业转型获得可持续发展的空间。为防止 2016 年 TL 科技公司盈利能力受影响，JL 控股将打包出售获得的 4.02 亿元的部分资金用于收购沐禾节水。

(3) 资产重组及配套融资计划

2015 年的亏损很难进行弥补。JL 控股为了避免 JL 科技退市的风险，必须使得 TL 科技在 2016 年实现盈利。TL 科技在 2016 年 3 月 2 日发布了修改后的资产重组以及配套融资计划。重组方案显示：以 15.88 亿元的价格向乌力吉、杨树蓝天、融通资本及科桥嘉永发行股份并支付现金购买其合计持有的沐禾节水 100% 股权；同时，以 16.54 元/股的价格向杨树蓝天、杨树嘉业、朗森汽车、京蓝智享非公开发行不超过 9 492 万股股份，募集配套资金总额不超过 15.70 亿元。

整个交易过程中，杨树蓝天和融通资本等既持有沐禾节水的股份也持有 JL 科技的股份，所以这个并购构成了关联方交易。JL 控股采用了关联方交易来增加收益，关联方交易的进程会比非关联方交易快，同时也更容易谈判成功。

资料来源：邱静，王梦婷.借壳上市的利与弊——基于 JL 科技的案例分析[J].商业经济，2020 (7):164—166.

---

[1] 参阅：详解利润操纵现象产生的原因及影响，https://www.66law.cn/laws/336144.aspx。

1.1 项 目

由以上案例可以看到,在整个借壳上市的过程中,我们很难具象化地确认如建筑工程一样的形象进度,但此类资产管理业务在无形中不断发生。建设工程类项目能够预见建设的进程,但是,资产服务类项目则是无形的交易,在案例中,借壳上市的过程有很大的变化,借壳上市对于受托方来说属于服务类项目,其各类行为成果都是无形的,很难让委托方感知。

1.1.1 项目的定义

美国项目管理协会(Project Management Institute,PMI)在其出版的《项目管理知识体系指南》(*Project Management Body of Knowledge*,*PMBOK*)中为项目所做的定义是:为创造独特的产品、服务或成果而进行的临时性工作。项目的临时性表明项目工作或项目工作的某一阶段会有开始也会有结束。项目可以独立运作,也可以是项目集或项目组合的一部分。[①]

项目通过开发新产品或服务、解决问题或修复有缺陷或次优的特性来提供商业价值。项目创造的产品可以是手机、电脑、汽车、房屋、高铁等一个完整的产品,也可以是其他产品的某个组成部分,如无人驾驶汽车系统、5G 手机系统、手机芯片、电脑芯片、汽车发动机等零部件或软件部分。项目创造的服务可以是一项管理咨询、金融中介,或是会计师事务所为客户完成一次年度审计、实施企业资源计划(EPR 系统)等服务。项目创造的成果可以是某个结果或文件,如为客户完成一份咨询报告、为客户提供投资价值分析报告、申请的专利、发表的论文等。

中国项目管理协会认为,项目是由一组有起止时间的、相互协调的受控制的活动所组成的特定过程,该过程要达到符合规定要求的目标,包括时间、成本和资源约束条件。

国际标准化组织(International Organization for Standardization,ISO)对项目的定义是:"项目是由一系列独特性的具有开始和结束日期,相互协调和控制的活动组成的过程,通过这些活动和过程去实现项目的目标。"为实现项目既定的目标,就需要提供能够实现具体要求的可交付物,且项目会受制于一系列的限制因素。虽然许多项目很小,但每个项目都是独特的。项目的不同可表现在:提供可交付物的不同,相关利益主体及其影响的不同,所用资源的不同,限制条件的不同,每个项目实施模式应符合生成可交付物的需要。每个项目都有自己的起始和结束时间,通常项目过程会被划分为一系列的阶段。

---

① 《项目管理知识体系指南》(《PMBOK 指南》)第七版和《项目管理标准》。

总结以上针对项目的定义,项目有以下几层含义:

1. 项目具有复杂和一次性的特征。在本章案例中,JL 控股收购 TL 壳公司是一个项目,在整个项目实施过程中,包含了若干项目集以及子项目组合,例如,JL 控股需要委托证券公司寻找收购标的,JL 控股确定收购意向后,TL 公司需要委托证券公司承担发行证券的服务等,这一系列的服务都属于收购过程的重要环节。对于证券公司来说,一次业务就是一个项目。对于 JL 控股来说,完成收购的整个过程是一个项目。对于 TL 公司原股东来说,套现离场是一个项目。

2. 项目以客户为中心,任何项目的目标就是为了满足客户的需求。客户的需求是多样性的,但都会有总目标和子目标,在本章案例中,JL 控股的总目标是完成借壳上市且具有持续运营能力,子目标包括选择壳资源、完成资产剥离、资产重组、融资计划等。不同的客户决定了不同的项目目标。

3. 项目是一项有待完成的任务,有明确的目标,有特定的环境和要求。JL 控股要实现借壳上市的目标,但资金有限、壳资源有限、政策有限,既要满足现有条件限制又要实现特定目标,就需要有一个不断优化和管理的过程。

4. 项目是在一定的组织机构内,利用有限的人力、物力、财力等,在规定的时间内完成的任务。项目的目标需要决策,每项决策都需要有评估,由于受时间的限制,因而项目团队在执行时必须考虑一系列的管理事项。

5. 项目交付物(产品、服务、成果)要满足一定的性能和技术指标。各行各业都有行规,标准化有利于检验项目创造的交付物达标与否。在本章案例中,TL 科技发布的资产重组以及配套融资计划必须符合相关法规。

本教材对项目的定义是"为完成目标,整合现有资源创造独特产品、服务或成果,实施优化的系统性、临时性的工作或活动"。如图 1-1 所示,项目的评估与管理是项目的重要组成,任何项目都有目标,项目评估为项目决策作服务;任何项目都有团队,项目管理为项目执行作保障。

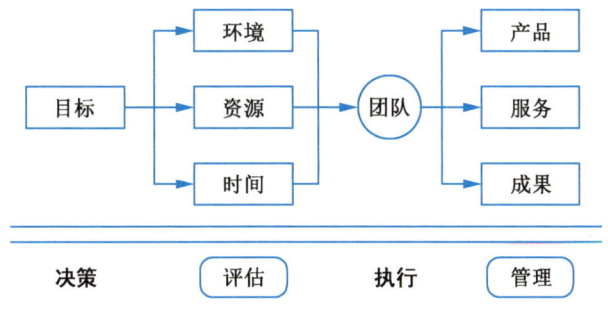

图 1-1 项目与"评估"、"管理"的关系

1.1.2 项目的特性

"开弓没有回头箭",项目一旦运营起来就会有成本,我们掌握项目的基本概念后,

还需要从其特性的角度去把握,从而更系统地去理解项目,以更好地实施和推进其项目进程。项目特性一般有以下六个方面,如图1—2所示。

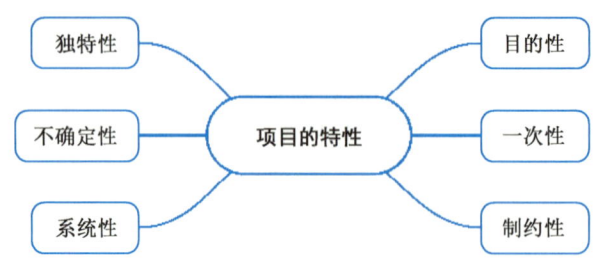

图1—2 项目的特性

1. 目的性

任何一个项目都是为了实现组织的既定目标服务的。因此,项目必定首先要定义其独特的目标,在确定目标时,需要进行分析评估再作出决策,以确定项目执行后达成的结果。通常项目目标依照工作范围、进度计划和成本来定义。

2. 独特性

客户为项目提供必要的资金。不同的客户有不同的目标,项目的需求、时间、地点、内外部环境、实施过程都有差异。但有时,使用者(用户)不一定是委托的客户,例如,汽车公司要开发一款新能源汽车,项目资金的提供者是企业,但开发产品的使用者(用户)是购买汽车的人。

3. 一次性

每个项目都有明确的开始时间和结束时间,所以项目一开始就意味着项目资源的稀缺,越到截止时间越显得紧缺,也越需要优化与管理。例如,房地产开发商开发项目大多需要靠外部融资,融资是有时间成本的,一旦融资后,项目进度越慢,融资成本就越高,而一旦贷款期限期满,就有还贷的压力,所以房地产项目不得不"高周转"。

4. 制约性

任何项目都会受到各种条件和内外环境的约束,"进度、范围和成本"被称为项目的三大约束要素,其中每一项要素的变化都会影响到另两项要素的变化。质量被称为第四约束要素,质量可能因范围扩大而妥协,或因成本和时间的压缩而下降。

5. 不确定性

项目是一系列独特的任务组合,任务的时间估计、资源及其有效性都是假定条件,并以资源的成本估计为基础。这些假定都具有不确定性,这就需要动态把握项目的进度。例如,银行在审批投资人的贷款申请时,贷款人提供的投资项目可研报告都是假定条件,有很多不确定性,就有必要请风险控制部门进行把关。

6. 系统性

项目是临时性的,往往不受原有组织架构的限制,需要跨组织、跨职能的人员建立临时组织,组织有决策者,有发起人,有团队成员。项目的整个过程具有系统性特征。

项目在内部有立项过程,需要决策层通过评估后进行立项决策,项目立项后,需要确定项目管理者和团队执行。作为项目管理者,项目实施的过程是一个不断计划(Plan)、执行(Do)、检查(Check)和再执行(Action)的过程(简称 PDCA),一个阶段的任务会影响到其他任务,需要管理者经常"事前想想结果,事中想想后果,事后看看成果"。

1.1.3 项目与运营的关键区别

同样是有组织的活动,有时很难区分项目(Project)与运营(Operation)的区别。项目是临时的、一次性的工作或活动。运营则是公司或某一部门持续进行的工作与活动,如银行每天在接待客户存款的活动,这些工作重复进行,没有明确的开始时间和结束时间。表1-1归纳了项目与运营的关键区别。

表1-1　　　　　　　　　　　　项目与运营的关键区别

类别 要素	项　目	运　营
目标	特定的	常规的
组织机构	项目组织	业务/职能部门
组织的持续性	临时性	长期性
负责人	项目经理	部门经理
时间	有限时间	周而复始,相对无限
持续性	一次性	重复性
管理方法	风险型	确定型
资源需求	不定性	固定性
任务特性	独特性	普遍性
计划性	计划性强	计划无终点
考核指标	以目标为导向	效率和有效性

资料来源:中国(双法)项目研究委员会.中国项目管理知识体系[M].北京:电子工业出版社,2008。

1.1.4 项目的生命周期

有些项目接受外部委托,并在公司内部立项;也有些是企业内部的研发项目,但也需要在内部立项。项目立项之后,项目即开始启动,项目有启动时间和结束时间,也意味着项目有生命周期,不同的项目开发方法决定了项目的生命周期。

1. 项目的大生命周期

IBM 提出的集成产品开发(IPD)模式把产品开发项目分为从概念、计划、开发、验证、发布到生命周期管理六个环节。亚洲开发银行把项目分为项目鉴别、技术援助及贷款准备、贷款谈判、项目实施与项目竣工五个阶段。世界银行把项目分为项目筛选、准备、项目评估、谈判及申报、执行监督和项目后评价六个阶段。

显然,从内部立项到项目结束是项目的大生命周期。本教材从资产管理的角度,将项目分为立项阶段、规划阶段、执行阶段及收尾阶段四个阶段(见表1-2)。以金融中介为例,第一阶段,项目立项阶段。科技企业委托金融中介对外股权融资,金融中介需要明确科技企业的融资需求,到企业实地调研、收集数据,并形成初步的项目建议书(提供目标、服务内容、报价、时间及进度),经与科技企业充分沟通,明确了双方的合作关系,并签订合作协议,确定合作意向后,金融中介内部还需要形成内部立项程序。第二阶段,项目规划阶段。内部立项完成后,则需要确定主要成员,明确负责人,明确分工、实施方案(资源保证、环境保证、项目预算、项目程序),形成任务书及时间进度表等。第三阶段,项目执行阶段。金融中介内部启动项目,项目负责人开始分解目标、布置任务,完成科技企业的融资计划书与股权估值(需要与科技企业沟通),并分别与基金公司证券公司、龙头企业、个人投资者等投资人进行沟通与谈判,按照时间节点推动各项工作任务(项目控制)。第四阶段,项目收尾阶段。完成融资后(投资人与科技企业签约),由客户对项目服务提出评价与验收,同时,企业内部对项目进行评价,并完成项目的总结及文件归档,并关闭资源(通知相应外部合作单位,该项目已完成或终止),内部解散项目组,并将相关的成果移交其他部门(客户付款归属财务部、文件归档归属行政部)。

表1-2　　　　　　　　　项目的大生命周期各阶段主要内容

项目立项阶段	项目规划阶段	项目执行阶段	项目收尾阶段
明确需求 调查研究、收集数据 项目建议书 (项目可研) 明确合作关系 风险等级 (资源估算) 内部立项	确定主要成员 项目范围 实施方案 质量标准 资源保证 环境保证 项目预算 项目程序 风险评估	项目组织 项目沟通渠道 项目激励机制 项目工作包 项目信息控制系统 完成工作分解结构 (采购物品及服务) 项目控制 赶工计划	完成项目 评价与验收 项目评价 总结及文件归档 资源关闭 解散项目组 移交成果(跟踪)
		项目的小生命周期管理	
事前评估	事中评估	事中评估	事后评估
全过程项目生命周期管理			

2. 开发方法及项目的小生命周期

项目执行阶段是全过程项目生命周期管理中最重要的阶段,由于项目存在不确定性,在项目执行过程中需要应用不同的"开发方法"来创建和演变产品、服务及成果。《PMBOK指南》(第七版)给出了主要的三种开发方法,包括预测型方法、敏捷型方法、混合型方法(迭代型方法、增量型方法),不同的行业会有不同的术语来替代。

(1)预测型方法。在项目开始后定义、收集以及分析项目和产品需求时,预测型方法非常有用。2000年之前,人们所谈所用的主要是预测型(传统的)项目管理,它是由计划驱动的,要求先花较长时间编制出详细和完善的项目计划,再严格按计划执行,去实现预定的项目目标。这种方法传承了泰勒的科学管理思想,先用甘特图对一系列生产活动做出安排,再严格执行,监督执行情况,采取纠偏措施,确保生产活动按计划完成。预测型方法适用于需求明确、目标清晰、工作范围确定、基本无需变更的项目,如普通的建筑施工项目。

预测型方法开发的项目生命周期主要依赖于交付节奏和开发方法。其项目生命周期可分为可行性阶段、设计阶段、构建阶段、测试阶段、部署阶段、收尾阶段六个阶段(见图1—3)。

①可行性阶段。此阶段会确定商业论证是否有效以及组织是否有能力交付预期成果。

②设计阶段。通过规划和分析,可以设计将要开发的项目可交付物。

③构建阶段。通过整合的质量保证活动实施构建可交付物。

④测试阶段。在移交、上线或客户验收之前,会对可交付物进行最终质量审查和检查。

⑤部署阶段。项目可交付物投入使用,而且持续稳定、实现收益和组织变革管理所需的移交活动均已完成。

⑥收尾阶段。项目收尾了,要存档项目知识和工件,解散项目团队成员,并关闭合同。

项目阶段通常设有阶段关口,以便在进入下一阶段之前检查是否已达到预期成果或满足当前阶段的退出标准。退出标准可能与可交付物、合同义务、满足特定绩效目标或其他有形措施的验收标准密切相关。

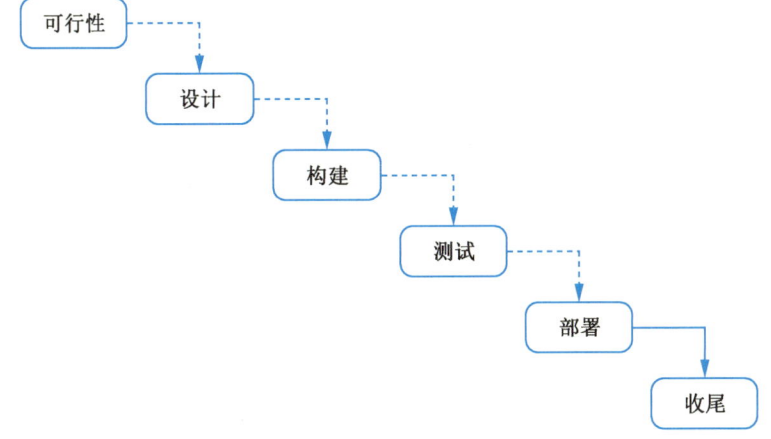

图1—3 预测型生命周期

(2)敏捷型方法。随着软件开发项目的日益增多,这类不具备预测型项目管理特性的项目急需要新的解决方案。20世纪90年代,敏捷型项目开发方法出现,敏捷,就是要快速应对、适应甚至引领变化。敏捷型开发方法是采用一系列的工具、框架和过程,来开发那些目标已经明确但成果未知或模糊的项目。敏捷型方法是由变化驱动的,要求在需求、目标和工作范围并不确定时就开始项目执行,然后在执行过程中不断调整(变更),逐步明确需求、目标和工作范围,常见的框架有scrum、看板管理等。图1-4为采用敏捷型开发方法的项目生命周期示例。

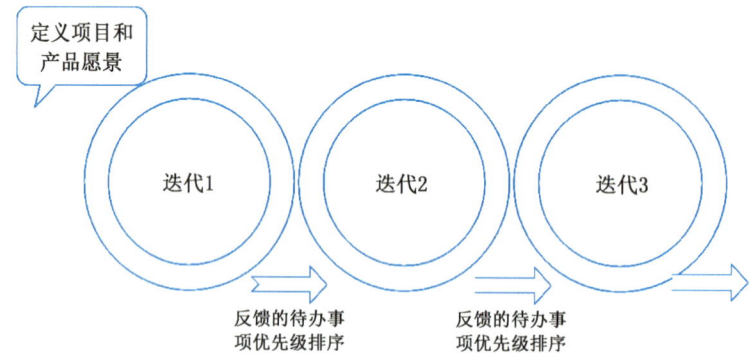

图1-4 采用敏捷型开发方法的项目生命周期示例

(3)混合型开发方法。随着信息化、数字化的发展,知识获取变得越来越便捷,知识生产越来越重要,项目需求的不确定性增加,不同行业客户的要求与专业服务企业之间的沟通增强,越来越多的项目由一个概念开始,并由行业客户与专业服务企业共同完成,行业客户具备行业经验,专业服务企业拥有专业知识,两者需要共同合作来完成项目的开发。混合型开发方法是敏捷型方法和预测型方法的结合体。这意味着,预测型方法中的某些要素和敏捷型方法中的某些要素都会用到。当需求存在不确定性或风险时,混合型开发方法将非常有用。当可交付物可以模块化时,或者当有可由不同项目团队开发的可交付物时,混合型开发方法也很有用。混合型方法比预测型方法更具适应性,但不如纯粹的敏捷型方法的适应性强。混合型方法通常使用迭代型开发方法或增量型开发方法(见图1-5)。迭代型方法对于澄清需求和调查各种选项非常有用。在最后一个迭代之前,迭代型方法可以生成视为可以被委托方接受的足够功能。增量型方法是用于在一系列迭代过程中生成可交付物。每个迭代都会在预先确定的时间期限(时间盒)内增加功能。该可交付物包含的功能只有在最后一个迭代结束后才被视为已完成。

图1-6显示了一个采用增量型开发方法的生命周期。本示例中显示了由计划、设计和构建组成的三次迭代。每个后续的构建都将在初始构建上增加功能。

项目的不同生命周期需要由交付节奏、可交付物和开发方法来描述。如随着注册制的到来,越来越多的证券公司开始关注培育中小企业,尤其是专精特新、高新技术、

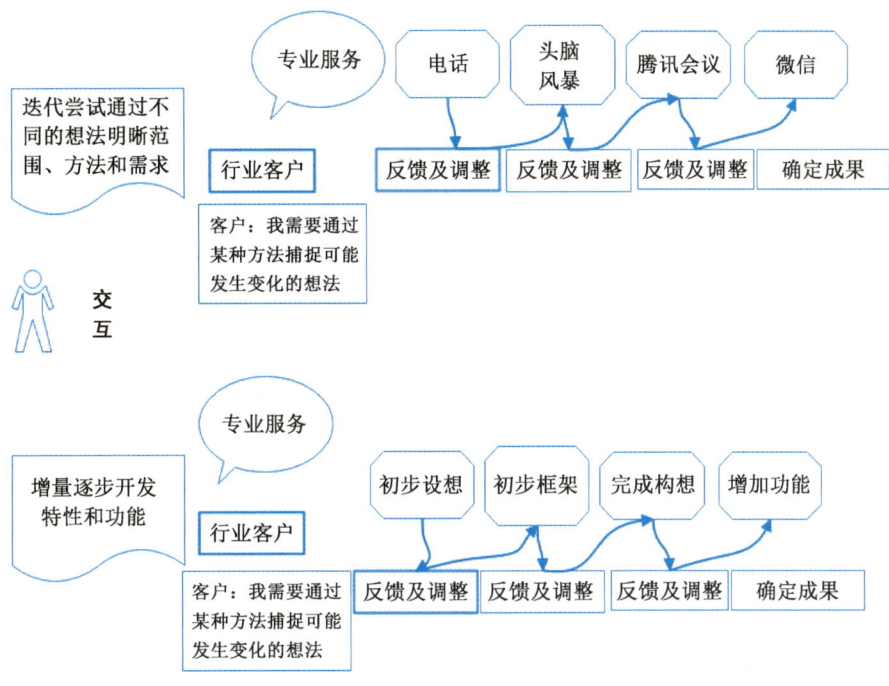

图 1-5 采用混合型开发方法的项目生命周期示例

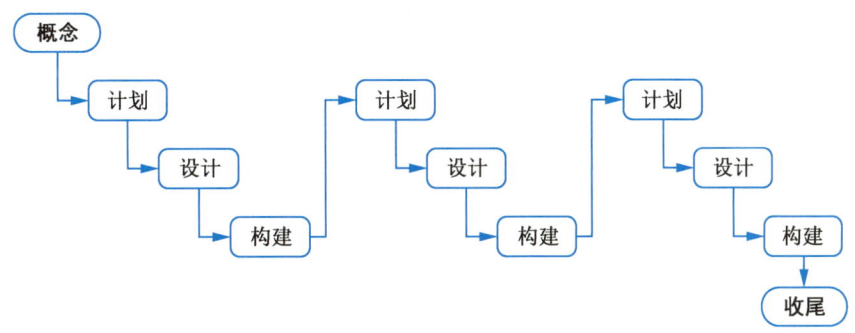

图 1-6 增量型开发方法的项目生命周期示例

小巨人等科技类型的企业。对于中小企业来说,他们最缺的是融资和市场资源,证券公司接触的上市公司比较多,如果中小企业的技术较为先进,证券公司可以将中小企业推荐给业内的上市公司收购,中小企业可以借助上市公司成熟的销售渠道快速获得市场份额,做大营业额。在证券行业中,一般对于 IPO 前的企业来说,证券公司是很难获得其投资份额的,所以最好的策略就是帮助中小企业的早期成长,但行业竞争激烈,如果没有早期介入,中小企业就有可能随时被竞争对手抢走。为此,FA 财务顾问服务也成为证券公司的获客渠道之一。

证券公司可以和中小企业签订上市顾问协议,这其中可以包括融资服务、市场资源拓展服务、上市辅导服务等,时间一般可以设为3年。

针对融资服务,中小企业拥有多年的行业经验和行业资源,他们有熟悉的战略投资人,但他们缺乏融资的专业知识,而证券公司拥有专业的融资服务能力,因此,整个服务过程需要采用敏捷型开发法,企业提供投资人信息,证券公司帮助对接(当然证券公司也能提供上市企业信息),不断迭代,最终达成目标。

针对市场资源拓展服务,中小企业拥有很好的技术,但市场销售能力弱、品牌能力弱,证券公司可以根据他们的技术或产品帮助对接上市公司,利用上市公司成熟的市场和品牌来帮助中小企业快速打开市场,短时间获得营业收入的快速增长,中小企业的此类业务需求需要与证券公司共同商讨确定,此类项目可采用增量型开发方法。

针对上市辅导,主要是在资本结构、股权架构、法律规范、财务规范等方面提供支持与帮助,这方面服务对于证券公司来说业务相对成熟且能够预测,可以采用预测型开发方法。

以上服务可形成证券公司的上市顾问服务包,其可交付物、交付节奏、开发方法如表1-3所示。

表1-3　　　　　　　　　　交付物、交付节奏及开发方法

可交付物	交付节奏	开发方法
股权融资到位	一次性交付	敏捷(迭代)型
业务合作协议	多次交付	增量型
上市辅导方案及实施	多次交付	预测型

1.2　项目组合与项目集

按照项目内涵、层次、规模和统属关系,可以将项目分为四个层次,最上层的是项目组合(Project Portfolio),下一层是项目集(Program),再下一层是项目,最底层是子项目。中国工程项目管理中的相关叫法是:工程(项目组合),单项工程(项目集),单位工程(项目),分部分项工程(子项目)。

项目组合(Project Portfolio)是指为实现战略目标而组合在一起管理的项目、项目集、子项目组合和运营工作。

项目集(Program)是指相互关联且被协调管理的项目、子项目集和项目集活动,以便获得分别管理所无法获得的收益。

不同行业的项目组合及项目集具有不同的特征。金融行业的资产管理业务是指委托人将自己的资产委托给受托人,由受托人为委托人提供理财服务,获取投资收益的行为。从性质上来分,可分为三种:第一种是定向资产管理,主要是面向单一客户;第二种是集合资产管理,面向多个客户;最后一种是专项资产管理,主要是为特定目的

设立的资产管理业务。

我国资产管理从开展资产管理的渠道来划分,包括银行、基金、信托、保险、券商、阳光私募、期货7类。资产管理行业具有两项鲜明特征:一是直接与资金打交道,利益高度密集;二是基于委托代理关系,利益需要协调。因此,相较于其他行业,资产管理行业的平稳健康发展更加依赖健全的制度保障。

金融资产管理行业的产业链主要包括"投资银行业务、资产管理业务及财富管理业务",见图1—7。

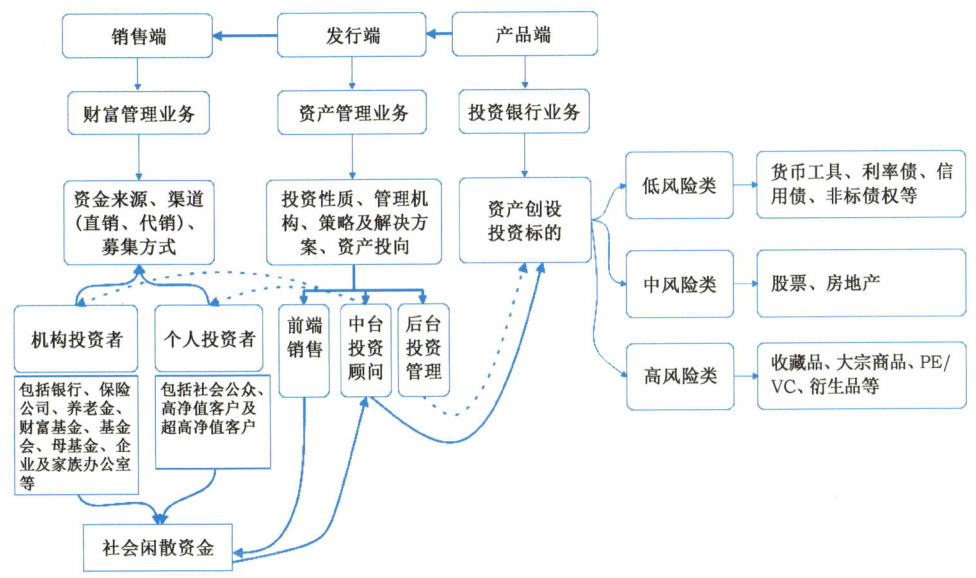

图1—7 资产管理行业产业链分析图

投资银行业务的主要工作是创设投资标的。投资银行是在资本市场上从事证券发行、承销、交易及相关的金融创新和开发等活动,为长期资金盈余和短缺双方提供资金融通服务的中介性金融机构。投资银行业的主体是投资标的,主要包括低风险、中风险、高风险三类标的。低风险标的包括货币工具、利率债、信用债、非标债权;中风险标的包括股票、房地产;高风险标的包括收藏品、大宗商品、PE/VC、衍生品等。

资产管理业务中管理人所从事的主要是投资管理业务。投资人设定好投资目标之后,委托第三方(受托人)实现投资收益。受托人根据既定规划,将客户委托的资金配置各类资产,并由专业的管理人(受托人)在各类资产中负责选择具体的投资标的,决定买卖时机,进而获得最佳的投资回报。

目前我国资管机构主要有银行及理财子公司、保险、信托、券商、公募基金、私募基金以及期货公司。各类资管机构基本已经形成前、中、后台三大业务环节,分别对应前端销售、中台投资顾问和后台投资管理。"资管新规"实施以前,产业链分工不够精细,对应的牌照也不够清晰。"资管新规"实施之后,产业分工将会越来越细。

财富管理业务为投资人提供专业的服务。这类服务以客户为中心,围绕客户的具体需求设计出一整套财富管理规划,涉及客户的资产负债等各个方面,最终是为了帮助客户实现多元投资、财务优化、财富增值、风险管理等目标。在财富管理业务中,主要的参与主体是投资者。投资者可以分为两类:一类是机构投资者,包括银行、保险公司、养老金、财富基金、基金会、母基金、企业以及家族办公室等;另一类是个人投资者,包括社会公众、高净值客户以及超高净值客户等。按照资管新规,已破除刚性兑付,投资者自行承担投资的收益与风险,将资金委托给资管机构并交付约定的管理费,最终目标是实现资产的保值增值。

随着资产管理机构可管理的资产范围逐渐放开,市场空间会释放出更大的发展潜力,但也会增加项目的复杂性。例如,地方政府为推动地方产业发展,要成立产业引导基金,目的是通过股权投资来吸引项目落户,此时,需要提供产业引导基金的交易结构、实施方案等,同时也需要有资金管理人,并帮助募集资金。地方政府往往喜欢找一家机构完成一条龙服务,此时,成立基金服务,资金管理服务、募集资金服务分别为独立的项目,但战略目标是一致的,这种类似总承包的项目可以称为"项目组合"。而在这个"项目组合"里,成立基金服务涉及基金公司注册、文件制作、召开募集资金说明会、基金备案、基金账户开设及确定托管银行等一系列服务,这些相互关联且被协调管理的项目,就可以视作项目集。

企业内部管理中也有项目组合。一是必须与紧急的项目组合,如为防范投资标的"爆雷"影响而实施的紧急措施,这类项目组合必须优先安排资源,经济回报不是首先考虑的问题。二是现有运营系统的支持性项目组合,实施该项目组合可以提高运营效率、降低成本或提高业绩,如实施企业管理计划、流程再造项目等。这类项目组合需要企业具备一定的管理基础和资金,在资源不充足时可以暂缓实施。三是战略类项目组合,这类项目组合对企业长远发展有重要影响,甚至决定企业兴衰,如技术创新项目,企业应积极做出项目规划并筹集资源实施。当企业存在多个项目组合时,需要根据所属类型初步判断出项目的优先级。

1.3 项目干系人

项目的目标是获得客户的满意度,而项目会受到委托方及相关利益方的影响。为更好地推动项目,需要引入"项目干系人"这一概念。所谓项目干系人,是指能影响项目、项目集或项目组合的决策、活动或成果的个人、群体或组织,以及会受或自认为会受他们的决策、活动或成果影响的个人、群体或组织。

为更好地掌握项目干系人的范围,需要做好干系人分析。干系人分析是指通过系统收集和分析各种定量与定性信息,来确定在整个项目中应该考虑哪些人的利益的一种方法。

项目由人实施,且为人实施。项目团队需要与干系人合作,以便保持一致,并争取他们的参与,以培养积极的关系和提高他们的满意度。现代项目管理体现了客户与团队之间的交互,干系人的参与度极大地影响了项目的结果。

干系人管理是动态的,干系人管理的目标主要在三个方面:一是在整个项目期间与干系人建立富有成效的工作关系;二是干系人对项目目标表示同意;三是作为项目受益人的干系人表示支持并感到满意,而对项目或其可交付物可能表示反对的干系人不会对项目成果产生负面影响。

干系人管理包括三个过程:一是识别能影响项目活动和受项目影响的全部人员和组织;二是识别被项目决策、活动或结果所影响的个人、项目群组织;三是制定合适的沟通策略来有效调动干系人参与到项目的执行过程中。

1.3.1 项目干系人的识别

项目干系人的识别是干系人管理的前提,识别干系人的目的是:识别能影响项目或受项目影响的全部人员或组织,以及被项目决策、活动或结果所影响的个人、群体和组织,并分析和记录他们的相关信息的过程。这些信息包括:他们的利益、参与度、相互依赖、影响力以及对项目成功的潜在影响等。

项目干系人识别的过程需要形成"干系人登记册",主要记录:基本信息(主要包括姓名、职位、地点、联系方式、项目角色等)、评估信息(干系人的主要需求、主要期望、对项目的潜在影响、与项目生命周期的哪个阶段密切相关等)、干系人分类(内部干系人还是外部干系人、支持/中立/反对)等信息。

识别干系人的方法主要有"干系人分析、专家判断、会议"。识别干系人的依据主要包括项目章程、采购文件(包括合同、招投标文件等)和实地调研走访。

项目干系人可以分为内部干系人和外部干系人。内部干系人主要包括项目经理、项目管理团队、项目成员等。外部干系人包括客户、供应商、分包商、最终用户、监管机构、出资方。

1. 客户

项目的客户是直接的购买者、最终用户、产品和服务提供的对象。客户在产品描述、预算和衡量成功的标准上最具有发言权,客户满意度是干系人管理的核心。项目委托方是一个组织,形式是合同,但与项目直接相关的是客户的内部人员,可分为决策人、决策参谋、执行人、联系人、参与人等。

2. 供应商

供应商是项目的外部合作伙伴,为项目提供原材料、设备或服务的企业,供应商的价格、响应速度、服务质量等都会影响整个项目的进程,供应商是一家企业,但代表这家企业参与到项目的执行人是重要干系人。

3. 分包商

如果项目通过总承包(项目组合)的方式承接后,受托人只能完成一部分服务,其他业务就需要分包出去,分包商承接的这部分业务也会影响项目整体。

4. 最终用户

业务模式往往有三类:一类是 To G 的,也就是政府(Government)业务,最终用户是政府;一类是 To B,也就是公司(Business)业务,最终用户是企业;一类是 To C,也就是个人(Customer)业务,最终用户是个人。不同的业务方式,其最终用户不同,服务的要求与标准也会不同,例如,客户委托研发手机,手机的最终用户是消费者,但客户的业务模式是个人业务,手机在研发后要有"用户测试"。

5. 监管机构

金融行业是一个强监管的行业,不同业务模块都有相应的监管机构,目前的监管体系下主要有两个监管主体:一是银保监会,主要监管银行理财子公司、信托公司和保险公司;二是证监会,主要监管基金管理公司及其子公司、证券公司及其子公司、私募机构以及期货公司。在银保监会和证监会的监管下,各类资管机构依据各类规章制度进行合规的业务运作。

6. 出资方

有些项目的资金需求量大,但出资方不一定是客户本身,此时出资方对项目的影响就非常大,例如,在策划基金方案时,基金的出资方包括优先层、中间层和劣后层,不同的出资方都会对方案产生影响,有些出资方可能还需要金融机构的支持,而金融机构的态度也会影响到项目的进展。

干系人包括个人、群体和组织(见图 1—8)。一个项目可能有为数不多的干系人,也可能有数百万个潜在干系人。项目的不同阶段可能有不同的干系人,而随着项目的开展,干系人的影响、权力或利益可能会发生变化。

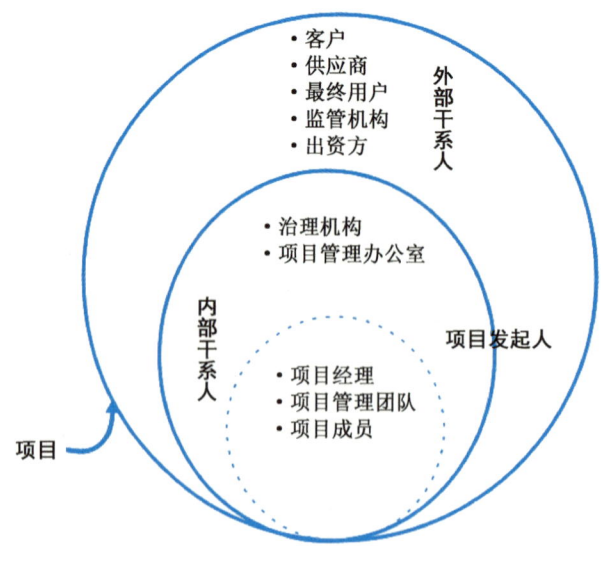

图 1—8　项目干系人分类

1.3.2 项目关系人分析

一旦识别了干系人,项目经理和项目团队就应该努力了解干系人的感受、情绪、信念和价值观,因为这些因素都会导致项目进程面临更多的机会、威胁及其变化,所以了解和分析干系人是一项持续性的工作。

针对每个干系人对项目的立场与观点,需要重点考虑干系人的几个方面,包括权力、作用、态度、信念、期望、影响程度、与项目的邻近性、在项目中的利益、与干系人和项目互动相关的其他方面。

分析项目干系人可采用"权力—利益"四象限分析法,不同的干系人对项目的影响力和关系度是由所处权力和自身利益两个方面决定的。在项目开始前,项目经理就需要了解以下几个问题:

1. 项目发起的背景、初衷是什么?客户之前对项目做过什么努力?项目的整体目标和愿景是什么?评判项目目标达成的标准是什么?

2. 当前能够投入项目的资源有哪些?限制有哪些?影响项目成败的关键资源是什么?

3. 项目团队决策流程是怎样的?需求如何审定?需求变更如何确认?项目发起人、项目资助人对项目团队的组织架构是否有思考?组织中的各个角色之间如何合作?

4. 如何与项目发起人、项目资助人保持沟通与项目信息同步?项目的进度、质量、成本、范围四大要素中,最优先考虑的要素是什么?

基于以上问题,项目经理需要将客户的干系人按照"权力"和"利益"两个维度进行分类,将其分为高权力—高利益、高权力—低利益、低权力—高利益、低权力—低利益四类(见图1—9)。

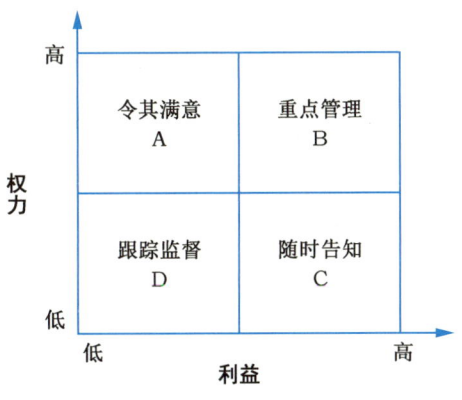

图1—9 项目干系人分析图

象限A的人属于高权力—低利益,他们虽然对项目的期望较低,但他们的权力很大,例如,公司的副总级别,他们属于公司决策层,但他们参加项目决策,是客户公司的决策参谋,对项目的影响很大。项目经理要做到让他们满意,避免他们成为项目的对立面。

象限 B 的人属于高权力—高利益,他们对项目有着高影响、高期望,一般此类人是客户公司的项目决策人。双方在项目开始时需要就项目沟通频率、方式、风险处理沟通机制达成一致,并贯穿项目始终,需要重点管理。

象限 C 的人属于低权力—高利益,他们对本项目的期待很高,但对项目的影响力很低,例如,客户公司的项目执行人、项目联系人,需要随时告知、同步项目的进展,但如果象限 C 对象限 B 的干系人有很强的影响力,这时候就需要调整他们的级别。

象限 D 的人属于低权力—低利益,他们对本项目的影响力有限,期望也有限,如客户公司的项目参与人,这时候项目经理要做好跟踪监督,防止他们变成本项目的阻力。

1.3.3 项目干系人管理

由于项目干系人影响的复杂性,项目经理必须重视干系人的管理问题,研究项目时,不仅是从技术和经济的角度进行分析,更需要从干系人的潜在影响方面进行研究,分析干系人的影响和可能的行动,采取适当措施减少利益受损者对项目的阻力。

项目生命周期中各阶段干系人管理的重点不同,在项目立项阶段,就要开始分析项目干系人,并与关键干系人建立联系,与他们分享知识,就利润、范围和约束等进行谈判,谈判结果形成文档。在项目规划阶段,需要进一步识别与项目执行相关的干系人,与新发现的干系人建立联系,沟通了解干系人的期望,让他们建立起项目意识。在项目执行阶段,要努力保持与干系人的联系,此时也会识别出一些新的干系人,需要动态把握。在项目收尾阶段,解除所有这些联系,干系人的角色消失。

在实施项目干系人管理时,也可以采用四象限的干系人管理方法。可以依据"影响程度"、"支持程度"进行分类管理,如图 1—10 所示。

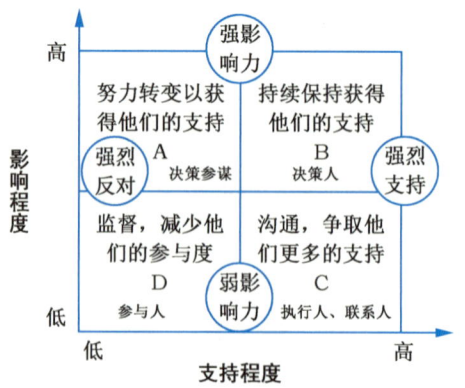

图 1—10 项目干系人影响(支持)程度分析图

象限 A 的人"影响程度高、支持程度低",需要努力转变他们的态度并获得他们的支持。

象限 B 的人"影响程度高、支持程度高",需要持续保持获得他们的支持。

象限 C 的人"影响程度低、支持程度高",需要经常沟通,争取他们更多的支持。

象限 D 的人"影响程度低、支持程度低",需要控制他们参与项目的程度。

项目干系人管理的核心是沟通,《PMBOK 指南》给出的沟通方法包括推式沟通、拉式沟通和交互式沟通三类。

1. 推式沟通。是指发送给干系人的沟通信息,如备忘录、电子邮件、状态报告、语音邮件等。推式沟通可用于同单个干系人或一组干系人进行单向沟通。推式沟通会妨碍立即判定反应和评估理解情况的能力,因此,应该谨慎使用推式沟通。

2. 拉式沟通。是指发送给干系人所寻求的信息,例如,项目团队成员在内部网中查找沟通政策或模板、运行互联网搜索和使用在线存储库。拉式沟通可用于间接察觉干系人的顾虑。

3. 交互式沟通。是干系人参与到项目讨论的沟通方式,它包括与一个或多个干系人交换信息,例如对话、电话、会议、头脑风暴和产品演示等。

项目经理需要通过各种形式的沟通,快速反馈循环可提供有用信息,以便于做到:①确认干系人获知该消息的程度;②确定干系人是否同意该消息;③识别沟通中发现的具有细微差别或其他非预期的消息;④获得其他有用的信息及思考成果。

沟通方式可以分为"口头、书面"以及"正式和非正式"。表1—4列出了各种沟通的方式,能够清晰地分辨沟通形式的类别。

表 1—4　　　　　　　　　　　　　沟通类型

类　型	正　式	非正式
口头	演示 项目审查会议 情况介绍 产品演示 头脑风暴	对话 特别讨论
书面	进展报告 项目文件 商业论证	便条 电子邮件 即时消息/短信/微信 社交媒体

随着现代服务业的发展,社会分工越来越细,社会分工要求服务业向专业化、精细化、智能化发展,设计、策划、大数据分析、审计、投资分析、资产评估等专业服务越来越重要。服务与实物不一样,服务是无形的、跨领域的,属于知识生产。专业服务需要专业的能力和技能,这些能力和技能是由无数次服务的案例、知识和经验积累形成的。当服务于跨行业的、其他领域的项目时,客户的行业经验、案例、知识积累是项目创造的重要来源,由此,现代项目需要专业服务与客户行业的交互。

为了有效地促进干系人参与到项目过程中,项目经理在项目开始之前就需要干系人参与到项目的各项活动中。项目经理可以采用"识别、理解、分析、优先级排序、参与、监督"等方式实施项目干系人参与项目的活动,见图1—11。

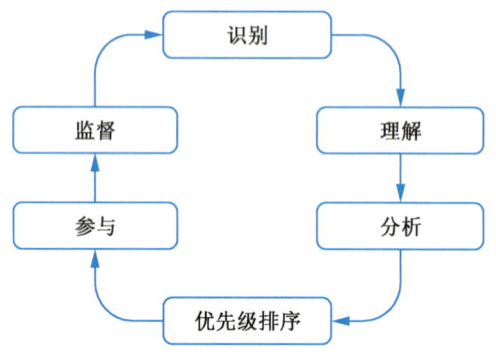

图1—11 项目干系人管理图

 实践案例

债券发行业务中的干系人管理

A公司(发行人)拟委托证券公司(主承销商)发行17亿元证券用于水利工程的建设。债券发行业务不能仅靠主承销商完成,还需要审计机构、法律机构、信用评级机构、担保机构、资产评估机构的参与(见表1—5)。显然,这是一个项目组合(Project Portfolio)。主承销商作为总承包商和A公司(发行人)进行商谈。

表1—5　　　　　　　中介机构在债券发行中的主要工作内容

中介机构	主要工作内容
主承销商	协调各中介机构开展尽职调查 牵头准备发行申请文件 进行债券市场调查,设计债券发行方案 负责债券申报工作 策划债券宣传方案,安排路演推介工作 组建承销团,领导承销团进行债券销售,并承担余额包销责任 负责债券发行后的上市申请等工作、债券存续期间的相关后续服务
审计机构	完成发行人最近三年财务报表的审计,并出具审计报告 完成发行人的财务尽职调查
法律机构	为承销团提供法律咨询服务(承销商律师) 就债券的发行、上市出具法律意见书和律师工作报告(发行人律师) 完成发行人的法律尽职调查(发行人律师)
信用评级机构	出具债券评级报告 进行债券存续期间的跟踪评级
担保机构	出具担保函,为债券的还本付息提供担保
资产评估机构	在抵押债券模式下,对相关抵押资产进行价值评估

本项目中,首先需要项目经理组织内部会议,要求项目早期跟进的商务、解决方案、产品等相关成员进行开会,讨论分析本项目的方案、合同等。

1. 输出第一版干系人登记册

每个项目都有特定的环境与资源,但债券发行工作的流程是基本固定的,需经公司决策层如董事会、股东大会等批准,再提交发改委和人民银行批准。

项目经理需要组织对客户拜访和调研,并采用干系人分析工具(权力/利益四象限分类法)进行识别和分析本项目的干系人,采用头脑风暴的方式形成第一版干系人登记册。

具体样式如表1—6所示。

表1—6　　　　　　　　　　　干系人登记册

序号	人员	单位职务	类别	权力	利益
1	A董事长	董事长	决策人	5	5
2	B总	总经理	决策人	4	5
3	C副总	副总经理	决策参谋	3	4
4	D总监	财务部负责人	执行人	2	5
5	……	……	……	……	……
6	E会计	财务人员	联系人	1	3
7	F会计	财务人员	参与人	1	1

2. 项目执行过程中的项目干系人管理

项目启动后,主承销商主要负责协调中介机构的工作及协助发行申请工作。此时,项目干系人包括内部和外部干系人,从整个债券发行安排来看,相关干系人如图1—12所示。

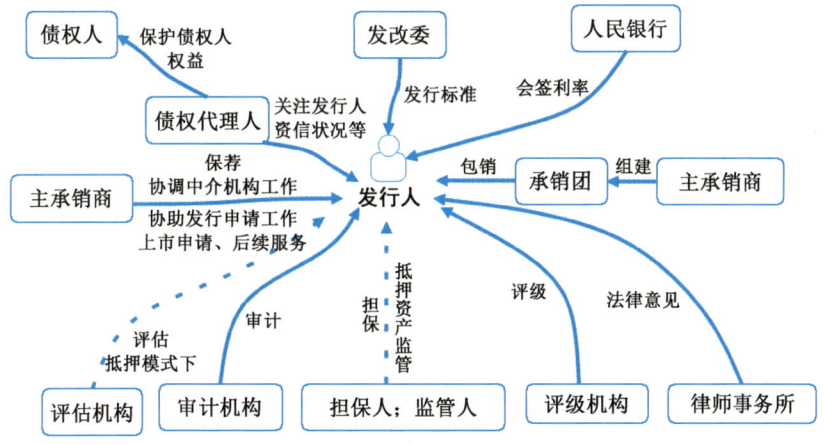

图1—12　债券发行干系人分析图

项目经理在工作中需要通过"影响程度、支持程度"两个维度对项目干系人进行动态管理,并在工作中不断发现新的干系人,并制作不同版本的分类管理表,具体样式如表1—7所示。

表1—7　　　　　　　　　　　　干系人信息登记表

序号	人员	单位职务	类别	影响程度	支持程度	管理类型	沟通方式
1	A董事长	董事长	决策人	5	5	重点管理	交互
2	B总	总经理	决策人	4	5	重点管理	交互
3	C副总	副总经理	决策参谋	3	4	令其满意	拉式
4	D总监	财务部负责人	执行人	2	5	随时告知	交互、推式
5	……	……	……	……	……	……	……
6	E会计	财务人员	联系人	1	3	随时告知	推式、交互
7	F会计	财务人员	参与人	1	1	监督	推式

在项目干系人管理中,项目经理需要拥有特有的人际关系技能,包括建立信任、解决冲突、积极倾听、克服变更阻力等。项目干系人管理技能包括:引导干系人对目标达成共识,对项目干系人施加影响以使他们支持项目,通过谈判达成共识以满足项目要求等,与项目干系人形成有效的沟通。

资管小知识

资管新规

由中国人民银行、中国银行保险监督管理委员会、中国证券监督管理委员会、国家外汇管理局于2018年4月27日共同颁布的《关于规范金融机构资产管理业务的指导意见》(银发〔2018〕106号,以下简称《资管新规》),于2022年1月起正式实施。

资产管理业务是指银行、信托、证券、基金、期货、保险资产管理机构、金融资产投资公司等金融机构接受投资者委托,对受托的投资者财产进行投资和管理的金融服务。金融机构为委托人利益履行诚实信用、勤勉尽责义务并收取相应的管理费用,委托人自担投资风险并获得收益。金融机构可以与委托人在合同中事先约定收取合理的业绩报酬,业绩报酬计入管理费,须与产品一一对应并逐个结算,不同产品之间不得相互串用。

资产管理产品按照投资性质的不同,分为固定收益类产品、权益类产品、商品及金融衍生品类产品和混合类产品(见图1—13)。固定收益类产品投资于存款、债券等债权类资产的比例不低于80%,权益类产品投资于股票、未上市企业股权等权益类资产的比例不低于80%,商品及金融衍生品类产品投资于商品及金融衍生品的比例不低于80%,混合类产品投资于债权类资产、权益类资产、商品及金融衍生品类资产且任一资产的投资比例未达到前三类产品标准。非因金融机构主观因素导致突破前述比例限制的,金融机构应当在流动性受限资产可出售、可转让或者恢复交易的 15 个交易日内调整至符合的要求。

固定收益类产品	权益类产品
固定收益类产品投资于存款、债券等债权类资产的比例不低于80%	权益类产品投资于股票、未上市企业股权等权益类资产的比例不低于80%
商品及金融衍生品类产品	混合类产品
商品及金融衍生品类产品投资于商品及金融衍生品的比例不低于80%	混合类产品投资于债权类资产、权益类资产、商品及金融衍生品类资产且任一资产的投资比例未达到前三类产品标准

图 1—13 资产管理业务分类图

资产管理业务是金融机构的表外业务,金融机构开展资产管理业务时不得承诺保本保收益。出现兑付困难时,金融机构不得以任何形式垫资兑付。金融机构不得在表内开展资产管理业务。私募投资基金适用私募投资基金专门法律、行政法规,私募投资基金专门法律、行政法规中没有明确规定的适用本意见,创业投资基金、政府出资产业投资基金的相关规定另行制定。

第二章

项目评估与管理概论

 本章导读

　　项目评估与管理既可分,亦不可分。项目评估为决策做服务,项目管理为执行做保障。项目评估、项目管理也正分别被当作相对独立的学科,有着各自不同的学科发展史。本章分别从项目评估、项目管理不同的学科角度,系统解析项目评估与管理的知识体系框架。

 学习目标

　　1. 学习了解项目评估、项目管理的基本概念。
　　2. 掌握项目评估的要素。

 本章主要知识点

　　1. 项目评估的定义
　　2. 项目评估的作用
　　3. 项目评估的要素
　　4. 项目评估的分类
　　5. 项目管理的概念
　　6. 项目管理范式的变化

 导入案例

大基金投资的项目评估

　　产业基金选择目标企业进行投资的方式分别为 IPO 前参股、定向增发参股和协议转让三种。IPO 前参股投资目的是为了 IPO 退出,其回报率较高,选择具有扶企潜力的初创期和成长期的企业,帮助其上市后退出,可以用较小的投入获得高额的回报。

定向增发参股是指参与上市企业面向特定投资者的非公开发行股份,会有较长的锁定期,为此,选择投资目标时,产业基金需要充分评估上市企业的股利政策、大股东参与定向增发的比例及增发目的等因素。协议转让最主要的动因是提升股票估值及流动性,其主要目标是以营利为目的,关注企业的短线交易。

2014年,国内成立了第一只突破千亿元的国有产业投资基金(以下简称"大基金"),投资范围覆盖我国集成电路产业的各个方面,旨在推动我国集成电路行业的高质量发展。

产业基金投资的方式决定其退出方式。如果选择IPO前参股投资,其决策是否需要评估?投资后如何管理?

需要被投资的企业太多,为此,在选择投资标的时就需要做好评估,一是目标企业尚未完成上市;二是被投资企业具有高成长性,有增值空间;三是产业基金与被投资企业有共同推动企业完成上市的一致目标。

从项目评估的角度看,这就是三个大类指标:第一类指标尚未完成上市,就是必要指标(属于一票否决性质的);第二类指标,具有高成长性,有增值空间,属于可选指标,可以细分为财务指标之类的二级指标和三级指标;第三类指标,共同完成上市也是可选类指标,可以细化为二级指标和三级指标。

产业基金投资是优中选优的过程,经过一轮筛选,某公司(GKW)成为该基金的投资标的。GKW公司成立于2008年,主营业务是广播电视系列和智能视频监控系列芯片,以"中国梦,中国芯"为己任,重视研发创新,经过评估决策,成为大基金一期投资的重点项目。

对于GKW公司这种还未上市的高新技术企业,因科研成果认定困难、产品市场难以量化等问题造成融资渠道狭窄,获取资金难度较大,限制了其进一步发展。同时,因GKW公司还未上市,存在严重的信息不对称,对外部投资者而言有较大的逆向选择风险。而大基金的加入在其中发挥了认证作用,向市场传递了利好信号,吸引社会资本进入,形成良性循环,对GKW公司而言,也增强了企业的发展信心。

大基金于2015年5月以IPO前参股的方式进入GKW公司,先后共投入4亿元,持有GKW公司21.05%的股份,成为其第二大股东。

项目投资后,就需要投后管理,一是持股后需要逐步帮助企业完成股改,辅导上市;二是派人参与管理,协助推动上市。

参股后,大基金派了两位高级管理人员进驻GKW公司,参与公司治理与决策。同时,开始进行股改,2015年9月,GKW公司由原来的有限责任公司变更为湖南GKW电子股份有限公司,为下一步股份制改革和上市做好准备。2017年,GKW公司成功上市,大基金后期成功退出。

资料来源:仇雯雯.产业基金参与方式对企业研发创新影响的案例研究[J].财务管理研究,2021,25(10):30—34.

2.1 项目评估的定义

"人的一生,都在为认知买单。"评估(Evaluation)作为一种有效的认知手段,已经被广泛应用于各类组织机构的项目管理中。布鲁姆(Bloom)提出认知领域(Cognitive Domain)的六个层次,依次为知识(Knowledge)、理解(Comprehension)、应用(Application)、分析(Analysis)、综合(Synthesis)、评价(Evaluation)。

《项目评估——方法与技术》的作者罗西等人认为,"评估的广义定义包括所有探讨时间、事物、过程或人的价值的努力"。

项目评估(Project Evaluation)是在对所投资项目进行可行性研究的基础上,从组织或企业整体的角度对拟投资项目的计划、设计、实施方案进行全面的技术经济论证和评价,从而确定投资项目未来发展的前景,同时对项目的结构、功能、环境影响、可操作性和可持续性进行系统研判的活动。

项目评估是一个整体的概念,可以进一步分成项目论证与项目评估两大部分,其中,项目论证主要是指在项目方案的设计和变更过程中所做的论述、推理和证明等方面的工作,而项目评估则主要是指在项目方案完成之后对于项目方案的评价、评审和审查等方面的工作,两者都属于为决策提供支持和依据。

2.1.1 项目评估的作用

项目评估的根本作用是为项目管理提供决策支持。由于项目具有独特性、一次性和风险性等特性,项目的决策不能仅凭借自身的经验来判断,而是需要采用科学的评估方法来实现较为客观、合理的评估结果,作为决策支持与依据。其作用主要为:

1. 项目评估是项目决策的前提和保证

项目决策往往需要解决做什么、怎么做、做到什么程度的问题。很多大型投资项目往往是临时的或预想的,很多事项超出决策者个人的认知范围,德尔菲法就是借助其他各类专家的论证帮助决策者实现项目评估,并作出科学决策。例如,各类基金都有投资决策委员会,投资决策委员会的构成类似于各类专家的组合。

2. 项目评估是项目获得融资的凭证和依据

很多投资项目都需要借助于外部融资,资方此时也都需要有决策,大部分融资机构都会要求申请融资者提供项目的评估报告,同时也会对项目评估报告再次论证,因而各种融资机构都会设立有项目评估的部门(类似投融资部、风控部门等),或者使用第三方项目评估机构为自己提供这方面的服务。

3. 项目评估是提升项目管理的手段和方法

项目管理是动态的,从项目立项、项目变更乃至项目结束,评估能及时地提供项目的分析与判断,并能帮助决策者或项目管理人作出理性的选择及决策。每个项目结束后,项目的后评估还能做好总结,为后面的项目管理提供经验。

4. 项目评估是政府开展宏观经济管理的手段

项目评估也是政府主管部门开展宏观经济调控的重要手段之一,例如,我国推行专精特新企业、高新技术企业、科技小巨人企业等项目申报,为引导各类企业往科技创新方面发展,不同的科技项目申报设立了不同的评价指标,并经专家评估后由主管部门批准。

2.1.2 项目评估的发展历程

我国项目评估的发展主要经历了四个阶段的历程:

1. 初期引进阶段。

我国的项目评估始于20世纪50年代,主要以学习苏联的经验与模式为主,在经济领域主要采用一些简单的静态分析方法,开始对一些大型建设项目进行技术经济论证,用于对项目决策提供依据。

2. 推广和应用阶段

20世纪80年代后,在公共管理和工商管理的一些领域开始设立评估机制和评估制度,1981年,我国成立了中国投资银行,中国投资银行随后推出了《工业贷款项目评估手册(试行本)》。1986年,由前国家计划委员会和建设部成立编制组并于1987年推出《建设项目经济评价方法与参数》,1988年11月,前国家计划委员会下达《关于委托进行利用国外贷款项目后评估工作的通知》,要求选择重点项目进行后评估,是我国关于推行后评估工作的第一个文件,逐步推动了具有中国特色的评估研究理论和方法体系。

3. 改进与提升阶段

随着社会对评估的认知的不断发展,绩效评估、资产评估、环境评估等各类评估走入公共管理、经济管理等各个领域,1997年国家计划委员会先后出台《建设项目经济评价方法》《建设项目经济评价参数》和《中外合资项目经济评价方法》,标志着国家项目评估技术已经达到了较为成熟的水平。在可行性研究报告方面,中国国际工程咨询公司在2002年编制了《投资项目可行性研究指南》,这一整套制度、技术体系的建立,基本建立健全了项目投资决策制度体系。

2004年,国务院发布《关于投资体制改革的决定》,明确提出要"完善重大项目稽查制度,建立政府投资项目后评价制度,对政府投资项目进行全过程监管"。2005年5月,国资委下发了《中央企业固定资产投资项目后评价工作指南》,这是中央企业开展投资项目后评价工作的指导性文件。2008年底,国家发改委发布了《中央政府投资项目后评价管理办法(试行)》,明确在中央政府投资项目中开展后评价的有关规定,这标志着我国投资项目后评价工作进入制度化、规范化轨道。2014年,国家发展改革委以发改投资〔2014〕2129号文修订《中央政府投资项目后评价管理办法》,并印发《中央政府投资项目后评价报告编制大纲(试行)》。2016年7月,中共中央、国务院发布《关于深化投融资体制改革的意见》,投资项目审批范围大幅度缩减,投资管理工作重心逐步从事前审批转向过程服务和事中事后监管，企业投资自主权进一步落实，调动了社会资本积极性。2017年1月，国务院国有资产监督管理委员会以国资委令第34号发布《中央企业投资监督管理办法》，要求建立投资项目后评价制度。目前，我国投资项目后评价制度性文件已基本形成，一些企业集团也把后评价作为投资项目管理的一项重要举措。

4. 现代化发展阶段

20世纪90年代以来，科技项目的评估逐步受到重视。科技项目在我国科技资源配置中占有较大的份额。1998年，经济合作与发展组织在介绍一些发达国家科技评估的主要做法时，提到了"科学和技术评估"（Science and Technology Evaluation/S&T Evaluation），科技评估是部门对其政策、项目、计划的战略性和成本效益进行评估，并在制定决策和报告中使用这一成果。2000年国家科技部颁布了《科技评估管理暂行办法》，2003年国家科技部出台了《国家科技计划项目评估评审行为准则与督察办法》。

科技评估可分为科技政策的评估、科技项目的评估、科技计划的评估、科技人员的评估。同行评议是当前最主流的科研项目评估手段，很多研究围绕会议评审、专家库等方面展开。

随着我国经济与社会从工业社会向知识社会转型，我国的项目评估学已进入一个全新的发展阶段。我国推动现代化"科技强国"，同时在开展"大众创业，万众创新"过程中涌现出大量的创新创业项目，在天使融资阶段、风险融资阶段及PE融资阶段过程中都需要全新的项目评估原理和方法。在地方建设项目引入社会资本投资方面（PPP模式），REITs基金、产业引导基金、企业专项债、资产证券化等各方面都需要全新的项目评估原理和方法。

2.1.3 项目评估的分类

1. 按评估方法分类

可以分为定性评估、定量评估及定性与定量相结合的评估三类。定性评估主要是同行评议、德尔菲法；定量评估方法包括主成分分析法、数据包络分析法、灰色关联分析法；定性与定量相结合的评估方法主要有层次分析法、D-S证据理论、综合性评估等。

2. 按评估对象所处阶段分类

可分为项目前评估、项目跟踪评估和项目后评估。项目评估是为项目决策提供支持的，以建设项目与服务类项目区分，项目的生命周期分为"项目决策、项目实施和项目运行或收尾"三个阶段（见图2—1）。

项目决策阶段需要项目前评估提供决策依据，项目实施阶段需要跟踪评估提供变更、迭代或概念构建等的决策依据，项目运行或收尾阶段需要项目后评估为后期项目管理提供经验与教训。

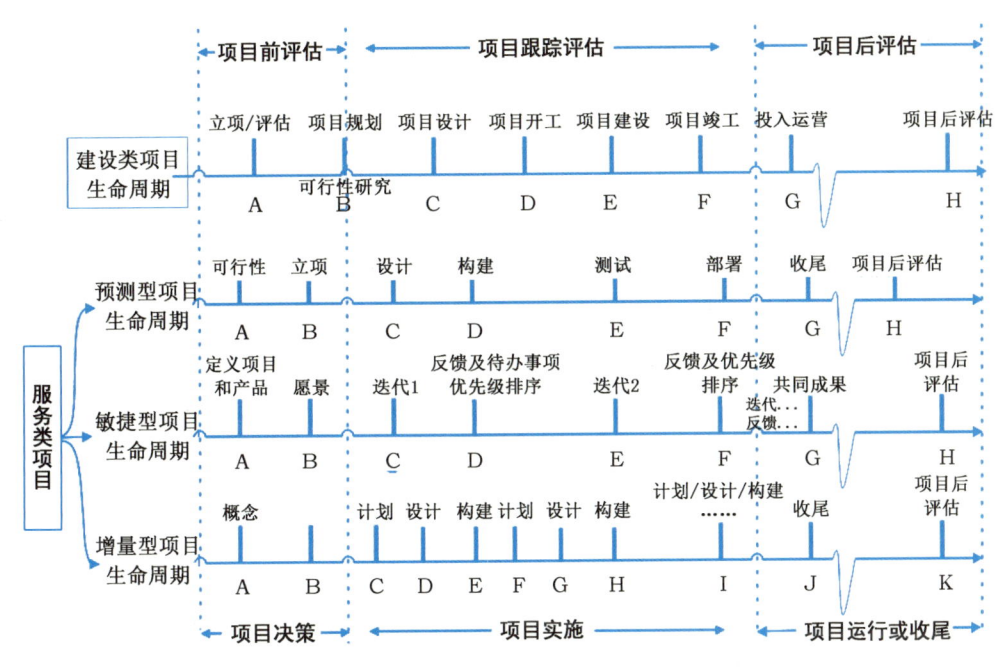

图 2—1 项目全生命周期各阶段项目评估环节分析图

3. 按评估主体分类

可以分为内部评估与外部评估。这是由实施评估的主体为标准分类的,有很多基金在对外投资项目时都需要做尽职调查,做尽职调查的目的也就是要在内部进行项目评估,特别是要提交投资决策委员会做决策时,这种内部项目评估的做法就称为内部评估。但有很多投资项目在交易时会找到外部第三方进行评估,出具书面的评估报告,这就属于外部评估。

4. 按评估对象分类

可以分为投融资类项目评估(固定收益类、权益类)、科技类项目评估(科技项目申报类、软件或技术研发类)、建设类项目评估、商务咨询服务类项目评估等。投融资类项目评估是在可行性研究的基础上,根据有关法律、法规、政策、方法和参数,由贷款银行或相关金融机构对拟投资建设项目的规划方案所进行的全面技术经济论证和再评估,其目的是判断项目方案的可行性或比较不同投资方案的优劣。科技类项目评估是按照一定的原则、程序和标准对科技项目进行专业化评价和咨询活动,也是科技项目管理的重要手段之一,其结果直接影响科技项目的立项和实施。建设类项目评估是建设项目投资决策的重要环节和步骤,它是在可行性研究的基础上,对拟建项目在工程、技术、经济、环境、社会等方面可行性的可靠程度进行全面审核、分析和评估,以利用最少的投入取得最大效益的综合性评估研究方法。商务咨询服务类项目评估是项目咨询公司对项目的相关信息进行收集和整理,并针对收集和整理的信息进行分析,将获得的资料反馈给项目管理人员,从而实现项目管理的科学性、有效性和针对性。

5. 按评估内容分类

可分为单项内容评估和综合指标评估。项目的单项内容评估是指针对项目的某个方面进行评估,一般包括技术分析评估、财务效益评估、风险分析评估、环境(生态)分析评估和节能评估等。技术分析评估主要是针对生产工艺技术、设备选型、工程设计和节约能源等方案设计进行的评估工作,是项目可行性研究和评估最重要的内容。项目的财务效益分析评估是根据项目现行财税制度以及项目评估、市场价格体系的项目规定,从项目的财务角度,分析预测与项目直接发生的财务效益与费用,需要编制财务报表并计算财务评估指标。风险研究分析是决策投资的一项重点依据,用来对未来发生事件做出分析、判断和预测,在风险投资领域应用较广,各类资产管理机构都有风险控制管理部门。环境生态分析评估是根据现有的环境文件政策,针对项目的生态环境等维度进行评估。节能评估是根据项目的生产工艺、运营过程等按照碳排放标准进行评估。

项目的综合指标评估是指根据多属性(多指标)对事物或现象做出全面的、整体性的评估,即根据选取的评价指标使用一定的方法对每个评估事物计算出一个评价值,然后依据此评价值排序或择优。经典的多指标综合评估方法被人们广泛应用于各类综合评估实践活动中,主要包括层次分析法、模糊综合评价法、主成分分析法、BP 神经网络评价法等。

2.1.4 项目评估的要素

项目评估的要素组成主要包括评估目的、评估主体、评估对象、评估指标、权重、评估方法、评估结果七个方面。

1. 评估目的

必须明确评估的目的,这是评估工作的根本指导方针。对某一事物开展评估,首先要明确为什么要评估、评估事物的哪一方面(评估目标)、评估的精确度要求如何等。

2. 评估主体

评估主体是指针对所研究对象的价值,有能力做出判断的个人或集体。其主要责任在于明确目的、提出问题,规定总任务和总需求,确定价值判断准则,提供偏好信息。项目评估主体不同,项目评估的角度就不同,项目评估的内容也会有所不同。评估主要涉及评估发起者、评估实施者和评估结果的使用者。评估主体是评估的发起者,负责设定评估活动的目的。评估执行者通常来自两个大类:一是具有被评估对象领域专门知识和技能的人;二是具有评估方法学知识和技能的人,也称专业评估人员。国际上通常的做法是由第三方评估机构或专业人员实施项目评估。评估主体的选择至关重要,对评估的质量和可信赖程度会造成极大影响,从而直接影响评估活动自身的价值。

3. 评估对象

评估对象即评估客体,其准确界定是整个评估活动实施的基础,也就是被评估的人或事物,如装备、设备、方案、实力、能力等,通常是同类事物(横向)或同一事物在不

同时期的表现(纵向)。项目评估的对象不同,则项目评估的内容和方法都会有很大的差异。具体的评估对象一般可概括为以下几类:

(1)对评估对象进行分类。把多个具有相同或相近属性的对象归为一类,有利于对客观事物进行科学管理。例如,我国的经济特区、西部大开发的划分,有利于国家制定有关政策,促进经济发展。

(2)对上述分类的序化,即在第一类基础上对各个小类按优劣排出顺序。

(3)对某一对象做出整体评估。当然也必须有参考系,否则无法做出评估。如果已经有了一些同类事物的评估结果(即了解其综合表现情况),就称其为训练样本,这样,只需将所评估对象与这些训练样本进行比较,用训练样本的先验信息对该对象进行评估。若没有训练样本,则可以根据评估要求设计虚拟样本进行比较。

4. 评估指标

指标是指根据研究的对象和目的,能够确定地反映研究对象某一方面情况的特征依据。每个评估指标都是从不同侧面刻画评估对象所具有的某种特征。指标体系是指由一系列相互联系的指标所构成的整体。它能够根据研究的对象和目的,综合反映出评估对象各个方面的情况。评估指标一般包括以下几个方面:

(1)研究方案

项目调研计划是否全面、合理、可行,根据调研信息,科学分析报告的准确性。

(2)需求回应度

项目方案对需求的回应度是高还是低。

(3)内容设置

项目方案与目标匹配程度,采用的专业技能与工作方法是否得当。

(4)方案实施

项目方案执行的可行性。指标体系不仅受评估对象与评估目标的高度制约,而且也受评估主体价值观念的影响。

5. 权重

相对于某种评估目标,评估指标之间的相对重要性是不同的。评估指标之间的这种相对重要性大小可用权重来刻画。指标的权重,是指标对总目标的贡献程度。当评估对象及评估指标都确定时,评估的结果就依赖于权重。权重确定的合理与否,将关系到评估结果的可信程度。

6. 评估方法

评估方法是在评估理论指导下进行具体评估所采取的途径、步骤、手段等,就是通过一定的数学模型将多个评估指标值合成为一个整体性的综合评估值。可用于合成的数学方法较多,关键在于如何根据评估目的及评估对象的特点来选择合适的合成方法。评估方法一般分为定性方法、定量方法和定性与定量相结合三类。

7. 评估结果

评估结果是通过使用评估方法而产生的结论。人们依据评估结果进行决策,应正确认识评估方法,公正看待评估结果。评估结果只具有相对意义,即只能用于性质相同的对象之间的比较和排序。

项目评估的主要功能在于全面优化项目建设方案,完善项目可行性研究与建设内容,确保项目决策科学化以及立项的科学、合理,避免重复和盲目建设。确保项目采用的各类技术处于科学前沿或先进水平,为项目投入产出效益最大化保驾护航,提高管理者决策、管理和服务水平。

2.1.5 项目评估的质量控制要点

项目评估是一项重要的评价活动,对于资产管理企业来说,也需要确保项目评估的质量控制。从项目管理的角度,项目评估主要从四个方面遵循其管理的质量控制点:

1. 项目评估的目的和重要性

资产管理业务是需要通过投资分析对受托的投资者财产进行投资和管理的金融服务。在金融服务中如何通过项目评估服务提升投资决策行为的质量以及获得更好的收益,就需要明确项目评估的目的和重要性。

2. 项目评估的流程

项目评估属于无形的服务,服务与实物资产不同,看不见摸不着,为体现投资决策行为的科学性,需要建立投资标的项目的评估流程。为体现项目评估在员工之间与客户之间的互动性,需要进行项目评估的流程设计,体现项目评估的成效。

3. 质量控制要点

(1)配置人力资源:包括在评项目的项目经理的选任、专家聘用
(2)收集待评资料
(3)制订工作计划
(4)建立评审制度(公司评审、部门评审)
(5)建立质量控制责任制

4. 承担甲方投资咨询的任务及要求

(1)咨询评估范围
(2)咨询评估机构管理
(3)工作规范
(4)质量管理

2.2 项目管理概述

项目具有一次性、独特性、临时性、约束性、不确定性、系统性等特点,其管理区别于运营的日常管理模式、原理与方法。

传统的项目管理原本只局限于工程建设领域的管理,现代项目管理已演变为影响公司或组织的管理体系。

2.2.1 项目管理的概念

关于项目管理,国际上有很多定义,其中最典型的是 PMI(美国项目管理协会)和 ISO 给出的定义。

PMI 有关项目管理的定义:将知识、技能、工具与技术应用于项目活动,以满足项目的需求。项目管理指的是指导项目工作以交付预期成果。项目团队可以使用多种方法(如预测型、混合型和适应型)实现成果。

ISO 也给出了项目管理的定义,项目管理就是应用相关的方法、工具、技术和能力来管理项目的活动。项目管理包括集成项目生命周期的各个阶段所开展的管理。这是贯穿于项目全过程的管理,而项目全过程需要按照系统观点去划分成一系列可执行的项目阶段,项目生命周期的每个阶段都必须有自己的可交付物,且这些可交付物要在项目过程中按规定进行评估,以满足项目发起人客户和其他相关利益主体的要求。

两者对项目管理的定义基本一致,其内涵主要包括以下几点:

1. 项目管理是一个分阶段的过程

现代服务类项目往往都有明确的目的,从内部项目管理的角度,每个项目都会经历立项(决策)、规划、执行与收尾四个阶段。每个阶段都需要有成效,需要形成不同的交付物,体现项目的进展和结果。

2. 项目管理负责人需要有效领导力

项目经理是项目管理的直接负责人,项目成立的临时组织有别于组织的常设机构,项目组织通常会涉及多个组织、部门、职能或供应商,项目必须不定期与相关干系人进行互动,而项目的利害关系和期望可能高于常规的运营职能,项目进程也往往会与日常运营的工作形成冲突,项目经理的领导力就非常重要。PMI 对有效领导力特别重视,认为领导力包括对项目团队内外的个人施加影响以实现预期成果的态度、才能、性格和行为。

3. 交付成果的重要性

服务类项目实施是为达到委托方(客户)的满意度,甲方的水平决定了乙方的水平,如果委托方有明确的目的和任务书,也就容易形成每个阶段的交付成果,但如果委托方缺乏明确的目的,就需要和委托方进行沟通,并明确阶段性的成果。

4. 项目管理也要追求效率和效果

项目管理是有明确期限的管理过程,制约项目的包括进度、成本和质量三大要素。服务类项目与传统的建设工程类项目不同,服务类项目主要包括两个方面:一是人力成本,包括项目经理的占比和团队的费用,国际知名咨询公司或投行往往把人员费用按照其能力分级,按每小时或每日核定其劳动成本。二是支持服务成本,如前期的商务成本、知识库、内部管理、资源支持等成本。进度、成本和质量三大目标之间存在相互制约的关系,任何一个方面出现问题都会影响三者的平衡。

5. 项目管理具有专业性质

项目管理作为管理学的一门分支,按照其定义,项目管理需要应用到相关知识、技能、方法与工具。显然项目管理的知识体系已经较为完善,需要充分掌握。项目管理的技能需要训练得到提升,项目管理的方法与工具需要不断更新与应用。

2.2.2 项目管理的发展历程

项目管理的思想不是哪个人或哪个组织单独发明创造的,而是随着人类社会的项目实践逐步发展成熟的。

我国历史上实施过大量大规模的工程建设项目,如万里长城、京杭大运河、圆明园等,这些项目都会涉及计划、组织、协调和控制等管理职能,其管理要素也包含人员组织、物资运输、成本控制等。

漫长历史长河在我国古代积累了丰富的工程管理经验,比美国更早地形成了独立的知识体系。国外的项目管理作为一门系统的方法论,形成于20世纪40年代美国原子弹研制项目曼哈顿工程,这个项目历时3年,参与人员达到10万。现代项目管理诞生的标志是关键路径法(CPM)和项目评审技术(PERT)的问世。1958年,美国海军北极星项目采用了PERT,杜邦化学公司开发了CPM。20世纪60年代,项目管理所使用的特殊计划、控制技术和项目过程,在军事和航天项目领域基本开发完成,包括PERT、CPM、矩阵组织结构、范围管理、配置管理及挣值法。

矩阵组织是为管理跨学科项目而开发的。美国航空航天和国防工业将项目管理用于所有项目中,大多数其他行业的公司采用了非正式的方法管理项目,多数项目由部门经理来管理,只涉及1~2条职能链,以非正式的沟通为主,人们不把项目管理作为职业。

20世纪70年代,项目生命周期的重点从执行阶段(资源消耗最多的阶段)转移到前端定义和规划阶段,此阶段增加价值的潜力最大、变更的代价最小。

20世纪80年代,计算机的发展和项目管理软件变革了计划编制和控制算法,数据库的应用促使职能部门共享信息,这是一个显著的变化,把多个部门集成起来,并把计划制定和信息控制职能转移到项目办公室。项目规模和复杂性不断提高,许多公司放弃了非正式的项目管理,采用正式的项目管理流程,美国航空航天局和国防部要求分包商采用项目管理技术,一些行业的企业也很快跟进,进入90年代,大企业开始通过项目管理办公室(PMO)采用项目管理技术,项目管理办公室扮演了项目管理领导层的卓越中心角色,进入21世纪后,项目管理被各个行业采纳,最佳实践也不断积累,对项目管理技能的需求逐步增长。

PMP考试是由PMI(美国项目管理协会,英文全称为Project Management Institute)组织和出题,严格评估项目管理人员知识技能是否具有高品质的资格认证考试。1999年,PMP考试在所有认证考试中第一个获得ISO9001国际质量认证,从而成为全球最权威的认证考试之一。自1984年以来,美国项目管理协会(PMI)就一直致力于全面发展,并保持一种严格的、以考试为依据的专家资质认证项目,以便推进项目管理行业和确认个人在项目管理方面所取得的成就。国内自1999年开始推行PMP认证,由国家外国专家局引进,由PMI授权REP机构负责培训,国际监考机构普尔文进行监考及考试组织。

2.2.3 项目管理管理范式的变化

1. 项目管理知识体系发生了变化

国内传统的项目管理普遍应用于建设工程项目,前期,我国的城市化快速发展,大量的工程建设都需要用到项目评估与项目管理,至2021年,我国的城镇化率达到了64.72%,我国城市的创新创业能力也开始成为城市可持续发展的重要指标,金融市场需要为创新创业服务,资产管理业务迎来新的时代。

传统的建设工程项目管理知识体系主要包括项目工期、造价和质量管理三个方面。现代的项目管理在项目时间、项目成本和项目质量管理的基础上,增加了项目整合管理、范围管理、人力资源管理、沟通管理、风险管理、采购管理、干系人管理等全新的项目管理知识体系。

2021年出版的《项目管理知识体系指南》[《PMBOK指南》(第七版)]做出了重大调整,首次提出了项目管理的12项原则和8个项目绩效域,并基于此重新构建了项目管理的知识体系,与原有的知识体系已完全不同。第七版中,提出了管家式管理、团队、干系人、价值、系统思考、领导力、裁剪、质量、复杂性、风险、适应性和韧性、变革12项原则,以及干系人、团队、开发方法和生命周期、规划、项目工作、交付、测量、不确定性8个绩效域。同时,第七版中提出了裁剪这一方法,应该说,新的项目管理要求更为便捷和有效的项目范式,不再拘泥于传统的知识体系,而是需要熟练的应用常用模型(7大类)、常用方法(4大类)和常用工件(9大类)来达成目标。

传统项目管理	现代项目管理	最新项目管理
・工期 ・造价 ・质量	集成管理、范围管理、风险管理、成本管理、时间管理、质量管理、沟通管理、采购管理、人力资源管理、干系人管理	・12项原则:管家式管理,团队,干系人,价值,系统思考,领导力,裁剪,质量,复杂性,风险,适应性和韧性,变革 ・8个绩效域:干系人,团队,开发方法和生命周期,规划,项目工作,交付,测量,不确定性 ・7类常用模型 ・4类常用方法 ・9类常用工件

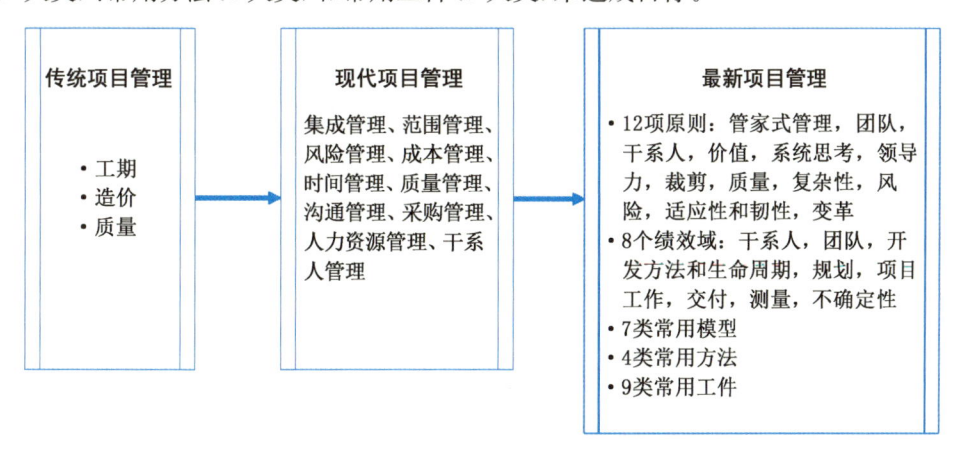

图2—2 项目管理知识范式变化图

2. 项目管理应用领域发生了变化

原有的传统项目管理主要局限在建设工程项目管理领域,而现代项目管理理论与方法已广泛应用于人类社会生产与生活的各个领域。尤其是软件与信息行业、高端制造行业等,由于现代社会信息变化过快,项目管理随着人类生产生活方式的变化而不断发展。尤其在资产管理领域,金融服务的特性与项目管理的特征相融性更强。资金都有时间价值和风险价值,金融服务更加需要项目管理知识的应用。金融服务既需要专业知识,更需要行业知识,对于实物资产的投资与金融资产的投资都需要用到项目管理。

3. 项目组合的特征愈加突出

现代服务业的发展使得项目管理跨行业、跨领域、跨体系的需求明显,项目的复杂性和单一性交织,例如,目前国内流行的 EPC(Engineering Procurement Construction)项目,EPC 俗称交钥匙工程,也是总承包,甲方只负责出资,其他一概由乙方完成,甚至还演变成 EPC+F(Finance)融资,甲方的融资也由乙方承包了,以及 EPC+F+O(Operation)运营,后期的运营也由乙方承担。这也说明了项目的复杂性,项目组合、项目集、项目、子项目等需要项目分层管理。

4. 项目的知识生产管理要求

知识需要不断积累与创造,数字化时代下,数字资产也是重要的管理环节。在瞬息变化的经济环境中,项目的更新迭代是知识生产的重要过程。很多项目的起源可能就只是一个想法,最后创造出产品、服务和成果。在项目执行过程中,项目组织的方式也在改变,委托方和受托方都需要参与其中,委托方代表行业经验,受托方代表专业知识及技能,通过不断头脑风暴和思想交汇来实验、构建,最终形成共同的成果。

服务类项目也需要注重积累,尤其是数字化时代下,企业或机构内部的知识积累是非常重要的一个环节。这其中,项目团队对外服务时,还需要有内部的资源系统来支持,这些内部的资源系统包括知识库、专家库、案例库、视频库、工具库、方法库、成果库等。每次项目完成后,都需要将这些知识要素归档,以便于为后续服务提供经验,也可以用于企业内部培训。

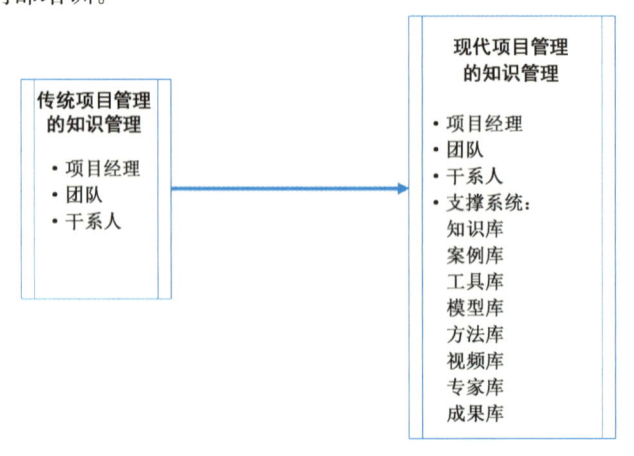

图2—3 传统项目管理与现代项目管理的知识管理区别图

2.2.4 项目管理的知识体系

ISO 于 2012 年 9 月发布了 ISO21500 标准,这是 ISO 针对项目管理发布的首个国际标准。PMI(美国项目管理协会)在 2017 年 3 月发布了第六版项目管理指南手册,并于 2021 年 7 月发布了第七版项目管理指南手册。

1. ISO21500 的项目管理知识体系

ISO21500 重视环境、项目治理、项目组织及项目支持过程。ISO 的项目管理知识体系具有 39 个项目的具体过程。见表 2-2。

表 2-1　　　　　　　　　ISO21500 具有 39 个项目管理具体过程

项目专项管理	启动过程	计划过程	实施过程	控制过程	收尾过程
项目集成管理	创建项目章程	制订项目计划	指导项目实施	控制项目工作、控制项目变更	项目阶段或整个项目终结
项目干系人管理	识别干系人		管理干系人		
项目范围管理		定义项目范围、编制 WBS、定义项目活动		项目范围控制	
项目资源管理	建立项目团队	定义项目资源、定义项目组织	开发项目团队	项目资源控制、项目团队管理	
项目时间管理		项目活动排序、活动工期估算、制订进度计划		项目进度控制	
项目成本管理		项目成本估算、项目成本预算		项目成本控制	
项目风险管理		识别项目风险、评估项目风险	监督项目风险	项目风险控制	
项目质量管理		项目质量计划	开始质量保障	工作质量控制	
项目采购管理		项目采购计划	选定资源供给者	采购过程管理	
项目沟通管理		项目沟通计划	分发项目信息	项目沟通管理	

2. PMBOK(第六版)项目管理的 47 个具体过程

PMI 的 2017 年版 PMBOK 的项目管理知识体系架构和 ISO 的项目管理知识体系架构有相似之处,但项目管理过程更为详细,见表 2-2。

表 2-2　　　　　PMI 的 PMBOK(第六版)的项目管理过程及知识领域

项目专项管理	启动过程组	计划过程组	执行过程组	监制过程组	收尾过程组
4. 项目整合管理	4.1 制定项目章程	4.2 制定项目管理计划	4.3 指导与管理项目工作	4.4 监控项目工作 4.5 实施整体变更控制	4.6 结束项目或阶段

续表

项目专项管理	启动过程组	计划过程组	执行过程组	监制过程组	收尾过程组
5.项目范围管理		5.1 规划范围管理 5.2 收集需求 5.3 定义范围 5.4 创建工作分解结构		5.5 确认范围 5.6 控制范围	
6.项目时间管理		6.1 规划进度管理 6.2 定义活动 6.3 排列活动顺序 6.4 估算活动资源 6.5 估算活动持续时间 6.6 制定进度计划		6.7 控制进度	
7.项目成本管理		7.1 规划成本管理 7.2 估算成本 7.3 制定预算		7.4 控制成本	
8.项目质量管理		8.1 规划质量管理计划	8.2 实施质量保证	8.3 控制质量	
9.项目人力资源管理		9.1 规划人力资源管理	9.2 组建项目团队 9.3 建设项目团队 9.4 管理项目团队		
10.项目沟通管理		10.1 规划沟通管理	10.2 管理沟通	10.3 控制沟通	
11.项目风险管理		11.1 规划风险管理 11.2 识别风险 11.3 实施定性风险分析 11.4 实施定量风险分析 11.5 规划风险应对		11.6 控制风险	
12.项目采购管理		12.1 规划采购管理	12.2 实施采购	12.3 控制采购	12.4 结束采购
13.项目干系人管理	13.1 识别干系人	13.2 规划干系人管理	13.3 管理干系人参与	13.4 控制干系人	

3. PMI 的 2021 年版 PMBOK 的管理知识体系

2021 年出版的《项目管理知识体系指南》(第七版)适用于所有的项目,其内容做出了重大调整,首次提出了项目管理的 12 项原则和 8 个项目绩效域,并基于此重新构建了项目管理的知识体系,见表 2—3。

表 2—3　　　　　　　　　　　PMBOK 7 主要知识框架

重点	原则类别	原则内容	知识结构
12项管理原则	管家式管理	成为勤勉、尊重和关心他人的管家	人
	团队	营造协作的项目团队环境	
	干系人	有效干系人参与	
	价值	聚焦于价值	过程
	系统思考	识别、评估和响应系统交互	
	领导力	展现领导力行为	
	裁剪	根据环境进行裁剪	
	质量	将质量意识融入过程和结果中	
	复杂性	驾驭复杂性	商业环境
	风险	优化风险应对	
	适应性和韧性	拥抱适应性与韧性	
	变革	为实现预期的未来状态而驱动变革	
8项绩效域	干系人、团队、开发方法和生命周期、规划、项目工作、交付、测量、不确定性		

书中还提供了 22 个模型、60 项方法以及 67 个工件。

📖 实践案例

A公司是一家中小型系统集成公司，3月份正在准备对京发证券公司数据大集中项目进行投标，A公司副总裁张某授权销售部的林某为本次投标的负责人，负责组织和管理整个投标过程。

林某接到任务后，召集了由公司商务部、销售部、客服部和质管部等相关部门参加的启动说明会，并把各自的分工和进度计划进行了部署。

随后，在投标前3天进行投标文件评审时，发现技术方案中所配置的设备在以前的项目使用中是存在问题的，必须更换，随后修改了技术方案。最终A公司中标，并和客户签订了合同。根据公司的项目管理流程，林某把项目移交到了实施部门，由他们具体负责项目的执行与验收。

实施部门接手项目后，鲍某被任命为实施项目经理，负责项目的实施和验收工作。

鲍某发现由于项目前期自己没有介入，许多项目前期的事情都不是很清楚，而导致后续跟进速度较慢，影响项目的进度。同时，鲍某还发现设计方案中尚存在一些问题，主要有：方案遗漏一项基本需求，有多项无效需求，没有书面的需求调研报告；在项目的工期、系统功能和售后服务等方面，存在过度承诺现象。于是项目组重新调研用户需求、编制设计方案，这就增加了实施难度和成本。可是后来又发现采购部仍是按照最初的方案采购设备,导致设备中的模块配置功能不符合要求。而在 A 集成公司中,类似现象已多次发生。

[**思考 1**]针对说明中所描述的现象,分析 A 公司在项目管理方面存在的问题。

[**思考 2**]针对 A 公司在该项目管理方面存在的问题,提出补救措施。

资管小知识

资管是指银行、信托、证券、基金、期货、保险资产管理机构、金融资产投资公司等金融机构接受投资者委托,对受托的投资者财产进行投资和管理的金融服务。

在这个行业中,较为专业的职业岗位有上市顾问、私募融资顾问、投资决策顾问、并购重组顾问、直接投资岗等。这些岗位根据不同的企业需求,为企业提供专业的服务,见图 2—4,图中提供了不同岗位根据企业需求提供业务的服务流程。

上市顾问	确定融资总体规划 → 成立工作小组 → 聘请中介机构 → 尽职调查 → 改制重组/上市辅导 → 编制申报文件 → 上报证监会 → 初审反馈/证监会审核 → 核准发行 → 路演与定价 → 挂牌
私募融资顾问	熟悉融资过程 → 业务梳理 → 融资方案制定 → 商业计划书 → 投资者洽谈 → 条款清单 → 尽职调查 → 设计交易结构 → 合同谈判 → 签约 → 整合
投资决策顾问	确定投资战略 → 确定投资目标 → 外部环境分析 → 内部环境分析 → 产业分析 → 市场分析 → 产业链分析 → 投资切入点选择 → 投资方式选择 → 进入策略 → 实施方案
并购重组顾问	确定并购战略 → 识别目标并排序 → 初步价值评估 → 建立沟通和流程 → 提出初步价格或方案 → 进行尽职调查 → 修订出价/确定结构和获得资金 → 协议谈判 → 签署协议 → 合并前计划/交易完成
直接投资	项目信息 → 项目初选 → 项目立项 → 尽职调查 → 投资备忘录 → 条款清单 → 投资决策委员审批 → 投资方案谈判 → 项目签约 → 项目实施 → 项目管理

图 2—4 资产管理相关业务的服务流程图

第三章

项目评估的理论与方法

本章导读

项目评估为决策提供服务,项目评估可分为项目前评估、项目跟踪评估和项目后评估。

项目评估同个人在日常判断事物一样,就如个人一辈子都在做选择时会需要有一个综合的评估。科学的项目评估理论与方法为决策者提供了相对较优的选择与判断依据。本章选取了较为常见的项目评估方法,包括同行评议法、德尔菲法、熵值法、层次分析法、灰色关联法、D-S证据理论。

学习目标

1. 学习了解同行评议法、德尔菲法、灰色关联法等基本的知识。
2. 掌握熵值法、层次分析法及D-S证据理论等方法的基本知识及应用。

本章主要知识点

1. 同行评议法
2. 德尔菲法
3. 熵值法
4. 层次分析法
5. 灰色关联法
6. D-S证据理论
7. 数据包络分析法

导入案例

招标项目的专家评估

某业主拟招标选择一家工程咨询公司来编制某项目可行性研究报告,资格预审后有三家符合标准条件的工程咨询公司参加了投标。本次评价，技术标的权重为70%，商务标的权重为30%。技术标对工程咨询公司的经验、本项目拟采用的咨询方法和项目组人员构成三个分项进行评审，分项权重分别为20%、30%和50%。评标委员会由5人组成，评委们对三家咨询公司的技术标评分结果如表3—1所示。三家咨询公司的投标报价分别为：A公司120万元、B公司115万元、C公司125万元。

表3—1　　　　　　　　　　　技术标评价打分表

评委	评价内容	评委打分 A公司	B公司	C公司
甲	公司经验	80	70	90
甲	咨询方法	90	85	70
甲	人员构成	60	80	70
乙	公司经验	80	70	80
乙	咨询方法	90	70	60
乙	人员构成	80	80	80
丙	公司经验	75	60	90
丙	咨询方法	60	75	80
丙	人员构成	80	70	90
丁	公司经验	75	80	70
丁	咨询方法	80	80	90
丁	人员构成	70	60	80
戊	公司经验	80	70	90
戊	咨询方法	70	90	80
戊	人员构成	80	70	90

商务标评分以最低报价为100分，其他报价得分按其报价成反比递减。针对分项权重及专家打分结果，技术标的打分分别为A公司76分，综合分81.95分；B公司74分，综合分81.8分；C公司80.6分，综合分84.02分。按照综合打分结果，推荐中标公司的顺序依次为C公司、A公司及B公司。

隔行如隔山，类似专业性较强的招投标项目适合采用"同行评议法"来确定结果。

3.1　同行评议法

3.1.1　同行评议法的定义

顾名思义，同行（Peer）评议法就是同一个行业的专家给予评价的方法，美国国会技术评估办公室高级分析家达里尔·E.楚宾(Daryl E. Chubin)在其专著《难有同行的科学:同行评议与美国的科学政策》中提出了同行评议的概念,指出同行评议是用于评价科学工作的一种组织方法,这种方法常常被科学界用来判断工作程序的正确性、确认结果的可靠性以及对有限资源的分配,诸如:杂志版面、资助经费、公认性和特殊荣誉。

一般认为,同行评议是某一或若干领域的专家采用同一种评议标准,共同对涉及相关领域的某一事物进行评价的活动,其评价结果对有关部门的决策具有重要的参考价值,目前期刊论文、科技项目评价应用得较多。

3.1.2 同行评议法的兴起与发展

同行评议作为评价事物的一种方法,最早始于15世纪欧洲专利申请的审查。1416年,威尼斯共和国在世界上首先实行专利制度。它在对发明者提出的新发明、新技艺等进行审查,确定是否授予发明人对其发明的垄断权时,采用的做法就类似于今天的同行评议方法。

1666年,英国皇家学会设立专业委员会,其官方刊物《哲学学报》采用由其会员对该刊论文手稿进行审查的机制,正是同行评议在科学活动中的最早实践,开启了由科学家对同行的研究工作进行评价的制度化进程,建立起了科学家内部有组织地进行学术交流和质量控制的有效制度。1937年,美国成立癌症咨询委员会(NACC),采用同行评议方法评审申请研究经费的科研项目。20世纪40年代末,美国海军总署海军研究实验室(ONR)也采用同行评议方法资助大学的科学研究。20世纪50年代初成立的美国国家科学基金会(NSFC)也采用了海军总署的做法。1986年,我国建立了国家自然科学基金委员会,也采用了同行评议法。

科研资助常常在官方与非官方的同行评议之间进行,其中半数以上的科研拨款还通过项目管理模式的形式予以分配。历经多年的发展和补充,同行评议已经具备了一套成熟的制度和方法,包括匿名审核、专家评审、专家表决等。同行评议法主要用于科研项目的立项评估、科研成果的评定、学位与职称的评定以及研究机构运行效率评估。它是进行科学研究评估应用最广泛和可信度较高的方法。评价结果可以通过严格的专家选择、制定专家个人判断的规则、使用文献计量方法以及其他定量方法来补充和矫正,对业绩优秀和业绩非常差的两种极端情形能够准确一致地得出结论。

同行评议法也存在一些缺陷和不足,主要表现在:一是同行评议可以形成一个熟人关系网、老朋友网络,在这种网络包围的评议制度下,那些要冒风险的创新性计划难以得到评议者的认同。二是在同行评议的操作过程中,易犯一种普遍性、常规性的错误,即在选择专家时,将范围局限在那些计划分支领域中具有专门知识的人身上,这种评议会导致评议结果集中在项目实施的过程(与项目的技术质量有关)而不是项目是否值得做的决策上(与项目投资策略相关)。

3.1.3 具体做法

就科研项目而言,同行评议法的标准主要有三个:(1)项目申请的科学意义;(2)项目申请者完成项目申请的能力;(3)项目申请者所在单位对该项目研究的支持能力。

对于企业来说,内部科研项目立项、绩效评估等也可以使用同行评议法。其步骤如下:

一是选择专家。选取的专家应当熟悉项目的研究领域,具有较高的权威性和代表性,人数适当。虽然评估专家越多,专家个体对评估项目总体结果的影响越小,但评估专家越多,成本就越大,所以也需要控制人数。

二是确定权数。专家根据各项指标的相对重要性,分别确定其权数,且权数之和为1。

三是划分等级。专家需要将每个指标划分成多个等级,并为各等级赋值,用于判断具体指标所占的等级。

四是计划总分。将每项指标权数与对应的等级分别相乘,求出该指标得分,各项指标得分之和即为项目的总分。

专家评分法的计算方法主要有平均值评价型和加权值评价型。平均值评价型,是指将专家评价各指标所得的分值加法求和,再除以专家数,以其平均值表示评价结果。加权值评价型,是指将专家按照其权威性程度给予不同的加权,分别乘以其评分值加总后再除以专家数,如表3-2所示。

表3-2 专家评分法评分例表

一级指标	二级指标	分数	权重	专家打分		
				专家1	专家2	专家3
项目执行(X1)	工作进展(X11)	100	0.1	50	80	40
	经费执行(X12)	100	0.15	50	50	80
	人才保障(X13)	100	0.05	70	70	80
	项目风险(X14)	100	0.25	80	40	80
	项目组织(X15)	100	0.15	90	70	90
问题解决(X2)	解决问题的时效(X21)	100	0.15	90	50	30
	解决问题的方法(X22)	100	0.1	50	30	60
	解决问题的成效(X23)	100	0.05	70	70	90
总分		100	1	71.5	53.5	55.7

(1)按平均值评价型计算,得(71.5+53.5+55.7)÷3=60.2。

(2)按加权值评价型计算,先给三个专家的权重赋值(合计为1),专家1权重0.5,

专家 2 权重 0.3,专家 3 权重 0.2,则 71.5×0.5+53.5×0.3+55.7×0.2=35.75+16.5+11.14=63.39。

3.2 德尔菲法

3.2.1 德尔菲法的定义

德尔菲法是专家调查法中很重要的一种方法,它是根据经过调查得到的情况,凭借专家的知识和经验,直接或经过简单的推算,对研究对象进行综合分析研究,寻求其特性和发展规律,并进行预测的一种方法。于 20 世纪 40 年代由美国兰德公司创始实行,借用了古希腊有关太阳神阿波罗的神话。1946 年德尔菲法首先被用于技术预测,由于其可信度高,该方法被迅速传播到世界各国。德尔菲法是决策、预测和技术咨询的一种有效方法,其方法是通过征求一群人(通常是有关问题的专家,一般为 20~50 人)对复杂决策问题的意见,并据此做出判断。因此它是一种群体决策技术,能有效地征求和提炼群体的意见。

3.2.2 德尔菲法的特性

(1)匿名性。专家成员只是通过函件交流,以便消除权威的影响,专家之间不能相互讨论,不发生横向联系,只能与组织人员发生关系。

(2)反馈性。3~4 轮的信息反馈。

(3)统计推断性。调查结果由组织者进行统计分析处理,经过多次使专家意见趋于一致。

3.2.3 具体做法

1. 德尔菲法有三个构成要素(见图 3-1),包括:

(1)组织协调者;

(2)专家组(一群与决策问题有关的专家);

(3)一套特制的咨询调查表和程序。

2. 主要程序与步骤:

(1)明确主题与目的;

(2)挑选专家、准备背景资料;

(3)设计调查表(根据反馈再设计);

(4)轮番征询(3~4 次);

(5)数据处理。

3. 组织协调者的主要工作:

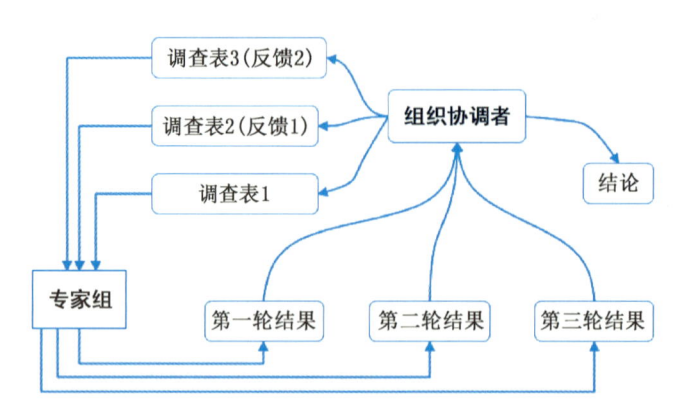

图 3—1 德尔菲法的规程图

(1)确定要咨询的问题；
(2)挑选专家；
(3)寄出咨询调查表；
(4)收集、归纳综合、整理；
(5)反馈调查结果,进行下一轮的意见再征询；
(6)提出预测报告或决策意见。

4. 统计分析处理：

(1)组织 r 个专家,对每个指标 $X_j(j=1,2,\cdots,n)$ 的权重进行评估,得到指标权重估计值 $W_{k1},W_{k2},\cdots,W_{kn}(k=1,2,\cdots,r)$。

(2)按式(3.1)计算 r 个专家给出的权重估计值的平均评估值：

$$\overline{W}_j = \frac{1}{r}\sum_{k=1}^{r} W_{kj} \qquad (j=1,2,\cdots,n) \tag{3.1}$$

(3)按式(3.2)计算估计值和平均值的偏差：

$$\Delta_{kj} = |w_{kj} - \overline{w}_{kj}| \qquad (k=1,2,\cdots,r;r=1,2,\cdots,n) \tag{3.2}$$

(4)对于偏差 Δ_{kj} 较大的第 j 项指标权重估计值,再请第 k 个专家重新估计 w_{kj},经过几轮反复,直到偏差满足一定的要求为止,最后得到一组指标权重的平均估计修正值 $\overline{w}(j=1,2,\cdots,n)$。

5. 专家评价结果一致性检验：

(1)肯德尔协调系数 W

肯德尔协调系数(Kendall coefficient of concordance)W 的取值在 0～1 之间,越接近 1,表示所有专家对全部因子评分的协调程度较好。

(2)指标的变异系数(Cv)

变异系数可反映专家对某一条目判断意见的一致性,变异系数越小,说明专家的协调程度越高,一般 $Cv>0.25$ 表明该指标的专家协调程度不够。第一轮调查变异系数最小值 0.00,最大值 0.51,平均 0.18。

3.3 熵权法

3.3.1 熵权法(熵值法)的定义

熵权法,物理学名词,按照信息论基本原理的解释,信息是系统有序程度的一个度量,熵是系统无序程度的一个度量;根据信息熵的定义,对于某项指标,可以用熵值来判断某个指标的离散程度,其信息熵值越小,指标的离散程度越大,该指标对综合评价的影响(即权重)就越大,如果某项指标的值全部相等,则该指标在综合评价中不起作用。因此,可利用信息熵这个工具来计算各个指标的权重,为多指标综合评价提供依据。

熵主要是信息论中的一个概念,是对不确定性的一种度量。信息量越大,不确定性就越小,熵也就越小;信息量越小,不确定性就越大,熵也就越大。将此概念引入指标权重的分配上:若某个指标的信息熵越小,表明指标值的变异程度越大,提供的信息量越多,在综合评价中所能起到的作用也越大,其权重也就越大。某个指标的信息熵越大,表明指标值的变异程度越小,提供的信息量也越少,在综合评价中所起到的作用也越小,其权重也就越小。

3.3.2 熵值法的起源

熵(Entropy)最早由德国物理学家克劳修斯(R. Clausius)在热力学中引入,熵在热力学中表示物质热状态的概率,在数学中,表示情况或问题的不确定性,在信息论中,则表示信源发出信息的能力。

香农(Shannon)于1948年创立了信息论,提出信息熵概念,杰恩斯(Jaynes)于1957年提出最大熵原理,又称最大熵方法或极大熵法则。威尔逊(Wilson)利用熵研究城市和区域模型(Wilson,1970)。

1991年,中国学者顾昌耀和邱苑华首次定义了复熵,并将它应用于决策分析,1994年,邱苑华研究了群决策复熵模型,得到了一系列有价值的结论。以优化理论和最大熵原理为依据,给出了一种系统评价指标综合赋权方法——线性组合赋权法,提出了基于广义最大熵原理和遗传算法的多指标赋权方法。

知网显示,采用熵权法的文献近几年逐年上升。采用熵权法确定权重的评价方法应用领域也越来越广。

3.3.3 具体做法

1. 数据标准化处理:

$$\text{正向指标 } X'_{ij} = \frac{X_{ij} - \min\{X_j\}}{\max\{X_j\} - \min\{X_j\}} \tag{3.3}$$

负向指标 $X'_{ij} = \dfrac{\max\{X_j\} - X_{ij}}{\max\{X_j\} - \min\{X_j\}}$ (3.4)

2. 计算第 i 年份第 j 项指标值的比重：

$$Y_{ij} = \dfrac{X'_{ij}}{\sum\limits_{i=1}^{m} X'_{ij}}$$ (3.5)

3. 计算指标信息熵：

$$e_j = -k \sum_{i=1}^{m} (Y_{ij} \times \ln Y_{ij})$$ (3.6)

4. 计算信息熵冗余度：

$$d_j = 1 - e_j$$ (3.7)

5. 计算指标权重：

$$W_i = d_j / \sum_{j=1}^{n} d_j$$ (3.8)

6. 计算单指标评价得分：

$$S_{ij} = W_i \times X'_{ij}$$ (3.9)

式中：X_{ij} 表示第 i 个年份第 j 项评价指标的数值，$\min\{X_j\}$ 和 $\max\{X_j\}$ 分别为所有年份中第 j 项评价指标的最小值和最大值，$k = 1/\ln m$，其中 m 为评价年数，n 为指标数。

3.3.4　利用 Excel 进行熵值法计算求解

题干是购买汽车的一个决策矩阵，给出了四个方案供我们进行选择，每个方案中均有相同的六个属性，我们需要利用熵值法求出各属性的权重以及在方案中的贡献度，见表 3—3。

表 3—3　　　　　　　　　　购买汽车决策指标列表

	油耗	功率	费用	安全性	维护性	操作性
本田	5	1.4	6	3	5	7
奥迪	9	2	30	7	5	9
大众	8	1.8	11	5	7	5
别克	12	2.5	18	7	5	5

1. 求第 j 个属性下第 i 个方案 A_i 的贡献度。在 Excel 中，先求各列的和，然后用每行的数值比列和，形成新的矩阵。可利用熵信息的概念确定权重，假设以上指标构成多属性决策矩阵，则用公式 $P_{ij} = \dfrac{x_{ij}}{\sum\limits_{i=1}^{m} x_{ij}}$ 表示第 j 个属性下第 i 个方案 A_i 的贡献度，见表 3—4。

表3—4　　　　　　　　　　　购买汽车决策 p 矩阵值

购买汽车决策矩阵							
原始数据		油耗	功率	费用	安全性	维护性	操作性
	本田	5	1.4	6	3	5	7
	奥迪	9	2	30	7	5	9
	大众	8	1.8	11	5	7	5
	别克	12	2.5	18	7	5	5
	求和	34	7.7	65	22	22	26
p 矩阵							
		0.147059	0.181818	0.09230769	0.136364	0.227273	0.269231
		0.264706	0.25974	0.46153846	0.318182	0.227273	0.346154
		0.235294	0.233766	0.16923077	0.227273	0.318182	0.192308
		0.352941	0.324675	0.27692308	0.318182	0.227273	0.192308

2. 求出所有方案对属性 X_j 的贡献总量。在 Excel 操作中,将刚才生成的矩阵每个元素变成每个元素与该 ln(元素) 的积,如表3—5所示。

表3—5　　　　　　　　　　　对属性 X_j 的贡献值列表

原矩阵					
0.147059	0.181818	0.09230769	0.136364	0.227273	0.269231
0.264706	0.25974	0.46153846	0.318182	0.227273	0.346154
0.235294	0.233766	0.16923077	0.227273	0.318182	0.192308
0.352941	0.324675	0.27692308	0.318182	0.227273	0.192308
新矩阵					
−0.2819	−0.30995	−0.2199349	−0.2717	−0.33673	−0.35328
−0.35183	−0.35015	−0.3568569	−0.36436	−0.33673	−0.36722
−0.34045	−0.33976	−0.3006371	−0.33673	−0.36436	−0.31705
−0.36757	−0.36524	−0.3555735	−0.36436	−0.33673	−0.31705

3. 求出常数 k,k 为 1/ln(方案数)。本例中有 4 个方案,所以求得 k 为 0.721348,再求 k 与新矩阵每一列和的乘积,这样获得的 6 个积为所有方案对属性 x_j 的贡献度。至此所有的 E_j 就求出来了(见表3—6)。

表 3-6　　　　　　　　　　　　　　　　　k 值及 E_j 的计算值

	-0.2819	-0.30995	-0.2199349	-0.2717	-0.33673	-0.35328
	-0.35183	-0.35015	-0.3568569	-0.36436	-0.33673	-0.36722
	-0.34045	-0.33976	-0.3006371	-0.33673	-0.36436	-0.31705
	-0.36757	-0.36524	-0.3555735	-0.36436	-0.33673	-0.31705
	-1.34175	-1.3651	-1.2330024	-1.33714	-1.37455	-1.35461
$k=$	0.721348					
$E_j=$	0.967871	0.984714	0.88942321	0.964545	0.991525	0.977141

4. d_j 为第 j 属性下各方案贡献度的一致性程度。$d_j = 1 - E_j$，利用上面求得的 E_j，可以得到 d_j，见表 3-7。

表 3-7　　　　　　　　　　　　　　　信息熵冗余度值计算列表

$E_j=$	0.967871	0.984714	0.88942321	0.964545	0.991525	0.977141
$D_j=$	0.032129	0.015286	0.11057679	0.035455	0.008475	0.022859

5. 各属性权重为对应的 d_j 与所有 d_j 和的商。d_j 的和为 0.22478，求得各属性的权重为 0.14、0.07、0.49、0.16、0.04、0.10，见表 3-8。

表 3-8　　　　　　　　　　　　　　　　　指标权重表

$E_j=$	0.967871	0.984714	0.88942321	0.964545	0.991525	0.977141	
$D_j=$	0.032129	0.015286	0.11057679	0.035455	0.008475	0.022859	0.22478
$W_j=$	0.142936	0.068004	0.49193262	0.15773	0.037705	0.101694	1
	0.14	0.07	0.49	0.16	0.04	0.10	

所以在购买汽车时，据所提供的信息，利用熵值法计算得出的权重为油耗占 14%、功率占 7%、费用占 49%、安全性占 16%、维护性占 4%、操作性占 10%。故我们在进行购买决策时，更多的是考虑车型的价格和安全性等重要因素，这是从权重角度考虑的。

就本例而言，每个车型每个指标的得分与其权重的乘积之和为其综合评价值，这样求得本田 5.118 分、奥迪 18.32 分、大众 8.216 分、别克 12.495 分。所以综合评价排序为奥迪、别克、大众、本田,见表3—9。

表 3—9　　　　　　　　　　综合评价值得分表

原始数据		0.14	0.07	0.49	0.16	0.04	0.10	
		油耗	功率	费用	安全性	维护性	操作性	综合评价值
	本田	5	1.4	6	3	5	7	5.118
	奥迪	9	2	30	7	5	9	18.32
	大众	8	1.8	11	5	7	5	8.216
	别克	12	2.5	18	7	5	5	12.495

3.4　灰色关联法

3.4.1　基本概念

灰色关联分析是灰色系统理论的重要成果之一,是目前应用最广泛、成果最多的灰色分析方法之一。灰色关联分析的目的就是通过一定的数据处理方法,寻求系统中各因素相互制约、相互依赖的关系,找到影响系统目标的主要因素,从而掌握事物的主要特征,抓住主要矛盾。

灰色系统理论是1982年由邓聚龙创立的一门边缘性学科(Interdisciplinary)。灰色系统用颜色深浅来反映信息量的多少。说一个系统是黑色的,就是说这个系统是黑洞洞的,信息量太少;说一个系统是白色的,就是说这个系统是清楚的,信息量充足。

这种处于黑白之间的系统,就是灰色系统,或者说是信息不完全的系统,称为灰色系统或简称灰系统(Grey System)。

灰色关联分析本质上是一种多因素统计分析方法,以各因素的样本数据为依据,用灰色关联度来描述因素间关系的强弱、大小和次序,主要是分析各个组成因素与整体的关联大小,其操作的对象是各因素的时间序列。而对于多指标综合评估对象,可以把比较序列看作由被评事物的各项指标值构成的序列。参考序列是一个理想的比较标准,受到距离评估方法的启示,选最优指标数据和最劣指标作为参考数列,通过比较各个评估方案与最优和最劣方案的关联程度,来评估各个方案相互之间的优劣。

3.4.2　具体做法

1. 确定分析数列

确定反映系统行为特征的参考数列和影响系统行为的比较数列:反映系统行为特征的数据序列,称为参考数列;影响系统行为的因素组成的数据序列,称为比较数列。

母序列(又称参考数列、母指标):能反映系统行为特征的数据序列,类似于因变量 Y。子序列(又称比较数列、子指标):影响系统行为的因素组成的数据序列,类似于自变量 $X(X_1, X_2, \cdots, X_m)$。

2. 对变量进行预处理

由于系统中各因素列中的数据可能因量纲不同,不便于比较或在比较时难以得到正确的结论。为此,在进行灰色关联度分析时,一般都要进行数据的无量纲化处理。

3. 处理方法

计算子序列中各个指标与母序列的关联系数:

$$X_0 = (X_0(1), X_0(2), \cdots, X_0(n))^T$$
$$X_1 = (X_1(1), X_1(2), \cdots, X_1(n))^T$$
$$\cdots$$
$$X_m = (X_m(1), X_m(2), \cdots, X_m(n))^T \quad (3.10)$$

记两极最小差为:

$$y(x_0(k), x_i(k)) = \frac{a + \rho b}{|x_0(k) - x_i(k)| + \rho b} \quad (3.11)$$

两极最大差为:

$$b = \max_i \max_k |x_0(k) - x_i(k)| \quad (3.12)$$

则关联度计算的方法为:ρ,其中,$y(X_0, X_1) = \frac{1}{n} \sum_{k=1}^{n} y(X_0(k), X_1(k))$ 为分辨系数,它通常取 0.5。

4. 计算灰色关联度

结合前三步,可以最终计算得到 X_0 和 X_i 之间的灰色关联度为:

$$a = \min_i \min_k |x_0(k) - x_i(k)| \quad (3.13)$$

5. 关联度排序

因素间的关联程度,主要是用关联度的大小次序描述,而不仅是关联度的大小。通过大小次序的比较,得出子序列对母序列关联度的大小,即影响力度。

3.4.3 实践案例

表 3-10 为某地区国内生产总值的统计数据(以百万元计),问:该地区 2016 年到 2021 年之间哪一种产业对 GDP 总量影响最大?

表 3-10　　　　　　　　　　　原始数据

年份	国内生产总值	第一产业	第二产业	第三产业
2016	1 988	386	839	763
2017	2 061	408	846	808
2018	2 335	422	960	953

续表

年份	国内生产总值	第一产业	第二产业	第三产业
2019	2 750	482	1 258	1 010
2020	3 356	511	1 577	1 268
2021	3 806	561	1 893	1 352

1. 确定分析序列

母序列：国内生产总值，记为 X_0。

子序列：第一产业、第二产业和第三产业，分别记为 X_1, X_2, X_3。

2. 对变量进行预处理，去量纲

得到表 3-11 数据：

表 3-11　　　　　　　　　　　去量纲化后的数据

	X_0	X_1	X_2	X_3
预处理	0.7320	0.8361	0.6828	0.7439
	0.7588	0.8838	0.6885	0.7878
	0.8597	0.9141	0.7812	0.9292
	1.0125	1.0440	1.0237	0.9847
	1.2356	1.1069	1.2833	1.2363
	1.4013	1.2152	1.5405	1.3182
均值	2 716	461.6666667	1228.833333	1025.666667

3. 计算子序列中各个指标与母序列的关联系数

借助关联系数公式，结合 Excel 求得各个指标与母序列的关联系数，如表 3-12 所示，然后根据公式（3.11），可以求得 $a=0.006, b=0.1862$。

表 3-12　　　　　　　　各个指标与母序列的关联系数

$|X_1 - X_0|$	$|X_2 - X_0|$	$|X_3 - X_0|$
0.4751	0.6586	0.8922
0.4299	0.5733	0.7680
0.6356	0.5462	0.5766
0.7520	0.8985	0.7753
0.4224	0.6657	1.0000
0.3356	0.4035	0.5317

详细步骤如下：

	x0	x1	x2	x3
预处理	0.7320	0.8361	0.6828	0.7439
	0.7588	0.8838	0.6885	0.7878
	0.8597	0.9141	0.7812	0.9292
	1.0125	1.0440	1.0237	0.9847
	1.2356	1.1069	1.2833	1.2363
	1.4013	1.2152	1.5405	1.3182
平均值	2716.0000	461.6667	1228.8333	1025.6667
a		|x1-x0|	|x2-x0|	|x3-x0|
0.0006	=ABS(C10 - $B10)		0.0492	0.0119
	ABS（数值）		0.0704	0.0289
	0.0544		0.0785	0.0694
	0.0315		0.0112	0.0278
b		0.1288	0.0477	0.0006
0.1862		0.1862	0.1392	0.0832

图 3-2　预处理

	x0	x1	x2	x3
预处理	0.7320	0.8361	0.6828	0.7439
	0.7588	0.8838	0.6885	0.7878
	0.8597	0.9141	0.7812	0.9292
	1.0125	1.0440	1.0237	0.9847
	1.2356	1.1069	1.2833	1.2363
	1.4013	1.2152	1.5405	1.3182
平均值	2716.0000	461.6667	1228.8333	1025.6667
a		|x1-x0|	|x2-x0|	|x3-x0|
=MIN(C21:E26)		0.1041	0.0492	0.0119
MIN（数值1, …）		0.1249	0.0704	0.0289
		0.0544	0.0785	0.0694
		0.0315	0.0112	0.0278
b		0.1288	0.0477	0.0006
0.1862		0.1862	0.1392	0.0832

图 3-3　计算 $|X_i - X_k|$

4. 计算灰色关联度

将图 3-5 中的数据进行按列求平均值,得到 $y_1=0.5084$,$y_2=0.6243$,$y_3=0.7573$,即为各指标与母序列的灰色关联度。

5. 关联度排序

将得到的三个关联度进行排序,$y_3>y_2>y_1$,因此可以得出结论:该地区 2016—2021 年间的国内生产总值受到第三产业的影响最大(其灰色关联度最大)。

a 0.0006	|x1-x0|	|x2-x0|	|x3-x0|
	0.1041	0.0492	0.0119
	0.1249	0.0704	0.0289
	0.0544	0.0785	0.0694
	0.0315	0.0112	0.0278
b	0.1288	0.0477	0.0006
0.1862	0.1862	0.1392	0.0832
rho*b	0.0931	a+rho*b	0.093728445
gamma(x0(k),xi(k))	= E29 /(C21 + C29)	0.6587	0.8922
	0.4299	0.5733	0.7680
	0.6356	0.5462	0.5767
	0.7521	0.8985	0.7753
	0.4224	0.6657	1.0000
	0.3356	0.4035	0.5318

图 3—4　计算 a 和 b

rho*b	0.0931	a+rho*b	0.093728445
gamma(x0(k),xi(k))	0.4752	0.6587	0.8922
	0.4299	0.5733	0.7680
	0.6356	0.5462	0.5767
	0.7521	0.8985	0.7753
	0.4224	0.6657	1.0000
	0.3356	0.4035	0.5318
灰色关联度	=AVERAGE(C30.C35)	0.6243	0.7573
	AVERAGE（数值1，...）		

图 3—5　计算关联系数

3.5　D-S 证据理论

3.5.1　证据理论的起源与基本思想

Dempster-Shafer（D-S）证据理论产生于 20 世纪 60 年代，是由哈佛大学数学家 A. P. Dempster 于 1967 年首先提出的，它利用上、下限概率来解决多值映射问题，Dempster 的学生 G. Shafer 对证据理论做了进一步的发展，引入信任函数概念，对上、下概率重新进行诠释，开成了一套基于"证据"和"组合"来处理不确定性推理问题的数学方法，1976 年《证据的数学理论》一书的出版标志着证据理论正式形成。由于具有处理不确定性的能力，D-S 证据理论提出后被广泛应用于信息融合、模式识别和决策分析等领域。

其基本思想是：用基本概率分配 $m(A)$ 来度量不确定性，通过识别框架、信任函数 $Bel(A)$、似然函数 $Pl(A)$ 表示对命题和非假的信任程度。

3.5.2 基本概念

D-S 证据理论的核心是在一个假设空间内,通过对某些证据进行合成以实现信息融合,从而推理出有用的事实。

1. 假设空间

首先要定义假设空间,一般用字母 Θ 来表示所有的集合,也可以称为识别框架。Θ 是由 N 个两两相斥元素组成的有限的完备集合。它的选取依赖于人们的知识和认识水平。如果 Θ 中有 N 个元素,Θ 的所有可能集合用幂集 2^Θ 来表示,则:

$$2^\Theta = \{\varnothing, \Theta_1, \Theta_2, \cdots, \Theta_N, \{\Theta_1, \Theta_2\}, \cdots, \{\Theta_1, \Theta_N\}, \cdots, \Theta\} \tag{3.13}$$

在绩效研究评价中,辨识框架可以是综合绩效评价指标的特征值、专家的模糊评语集等。

2. 基本概率分配(Basic Probability Assignment,BPA)

在 Θ 上的 BPA 是一个 $2^\Theta \to [0,1]$ 的函数 m,称为 mass 函数,它满足:

$$m(\varnothing) = 0 \tag{3.14}$$

$$\sum_{A \subseteq \Theta} m(A) = 1 \tag{3.15}$$

$m(A)$ 表示证据支持命题 A(不包括 A 的真子集)发生的程度,也叫信度或 mass 函数。其中,使得 $m(A) > 0$ 的 A 称为焦元(Focal Elements)。

3. 信任函数(Belief Function),也称下限函数

在识别框架上,基于 BPA 的信任函数定义为:

$$\mathrm{Bel}(A) = \sum_{B \subseteq A} m(B) \tag{3.16}$$

4. 似然函数(Plausibility function),称为上限函数

在识别框架上,基于 BPA 的似然函数定义为:

$$\mathrm{Pl}(A) = \sum_{B \cap A \neq \varnothing} m(B) \tag{3.17}$$

$$\mathrm{Pl}(A) = 1 - \mathrm{Bel}(\overline{A}) \tag{3.18}$$

似然函数也称似真函数(Plausibility Function),似然函数表示不反对命题 A 的程度,$\mathrm{Pl}(A)$ 包含了所有与 A 相容的那些集合(命题)的基本概率分配,是比 $\mathrm{Bel}(A)$ 更为宽松的一种估计。

5. 信任区间

在证据理论中,对于识别框架中的某个假设命题 A,根据 BPA 可以分别计算出信任函数和似然函数,用于组成关于该假设的信任区间:$[\mathrm{Bel}(A), \mathrm{Pl}(A)]$。用于表示对某个假设命题 A 的确认程度,也就是命题 A 发生可能性的下限和上限。

6. D-S 证据理论的合成规则

【定义】 对于 $\forall A \subseteq \Theta$,再假设空间上的两个 mass 函数 $m_1(\cdot)$ 和 $m_2(\cdot)$ 的合成规则为:

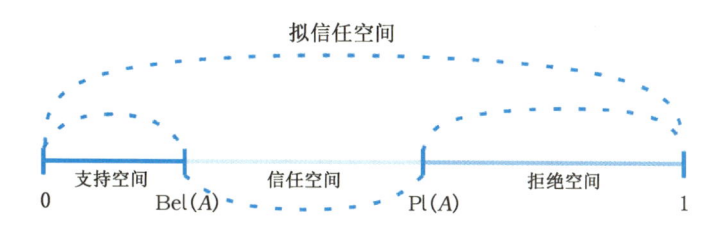

图 3-6 证据理论的识别框架图

$$m_1 \oplus m_2(A) = \frac{\sum_{B \cap C = \{A\}} m_1(B) m_2(C)}{k} \tag{3.19}$$

其中，K 是一个归一化系数，是为了让合成后的 mass 函数仍能满足上面说过的第二个条件：

$$K = \sum_{B \cap C \neq \emptyset} m_1(B) \cdot m_2(C) = 1 - \sum_{B \cap C = \emptyset} m_1(B) \cdot m_2(C) \tag{3.20}$$

3.5.3 评估应用的步骤

D-S 理论可用于表达专家估计方法中的不确定性，给出的判断不是一个单一的值，而是一个判断区间，且对这个判断区间有一个主观的可靠度估计。通过综合各位专家的意见，找出专家们意见最集中的判断区间，并计算出相应的可信度。其基本步骤为：

1. 确定需要处理的对象。

2. 收集专家们对此事件估计的判断区间和可信度，以 $[a_i, b_i]$ 来表示第 i 位专家对此事件的判断区间，以 cf_i 表示该专家给出的可信度。

3. 由于专家的意见存在不确定性，利用 D-S 合成法则对各个未确知性信息进行融合，具体做法如下：

(1) 设 n 名专家给出的估计区间分别为 $[a_1, b_1], [a_2, b_2], \cdots, [a_n, b_n]$，每个区间的可信度分别为 $cf_1, cf_2, \cdots, cf_n$。

(2) 由于专家们给出的区间有交叉，而证据理论与概率论中的假设检验理论一样是建立在互不相容的假设上的，所以需要对这些区间重新进行无交叉化划分。将专家估计区间的端点值 a_i 和 $b_i (i=1,2,\cdots,n)$ 按大小进行排序，得 $c_0, c_1, \cdots, c_k$，并找出此序列的最小值 $c_0 = \min\{a_i, b_i\}$ 和最大值 $c_k = \max\{a_i, b_i\}$，则根据此新序列可构成新的区间序列 $[c_0, c_1], [c_1, c_2], \cdots, [c_{k-1}, c_k]$，简记为 $A_1, A_2, \cdots, A_k$，则每位专家给出的估计区间就可表示为若干个新区间的并集。

(3) 将 n 名专家在新区间中的概率函数分别简记为 $M_1, M_2, \cdots, M_n$，将其逐一进行证据融合，得到 M。

4. 对从上述方法得到的数据进行分析，最后确定出专家们意见最集中的判断区间，并计算出相应的可信度值。

3.5.4 实践案例

某银行在学校内部实施培训,准备开设一门课程,假设其课时可设置在50到80之间,为了得到更准确的值,由若干名专家对其作进一步估计。设有5名专家:E_1,E_2,…,E_5,组成专家组,从成熟性角度对课时设置的可能性进行估计,得到的估计区间分别为50~70、60~70、50~70、50~60和60~80课时。为了简便计算,将区间设为[0.5,0.7],[0.6,0.7],[0.5,0.7],[0.5,0.6],[0.6,0.8],专家的可信度:cf_1=0.8,cf_2=0.7,cf_3=0.9,cf_4=0.7,cf_5=0.8。下面利用证据推理方法对这一问题进行处理。

1. 首先将5名专家给出的估计区间的端点值按大小进行排序:0.5,0.6,0.7,0.8,并根据此排序结果得到新的区间序列:A_1=[0.5,0.6],A_2=[0.6,0.7],A_3=[0.7,0.8]。

因此,专家E_1,E_2,…,E_5给出的区间估计分别可表示为$A_1 \cup A_2$,A_2,$A_1 \cup A_2$,A_1,$A_2 \cup A_3$。

2. 以[0.5,0.8]为样本空间,设每位专家的可信度为该估计区间的基本概率分配函数,则:

$M_1(A_1 \cup A_2)=0.8$;$M_1(d)=1-0.8=0.2$

$M_2(A_2)=0.7$;$M_2(d)=0.3$

$M_3(A_1 \cup A_2)=0.9$;$M_3(d)=0.1$

$M_4(A_1)=0.7$;$M_4(d)=0.3$

$M_5(A_2 \cup A_3)=0.8$;$M_5(d)=0.2$

3. 利用证据理论的合成规则,逐步计算各专家评估信息的融合值:

(1)先对$M_1(A_1,A_2,A_1 \cup A_2,d)$和$M_2(A_1,A_2,A_1 \cup A_2,d)$进行证据融合,计算出冲突值:

$M_1(A_1,A_2,A_1 \cup A_2,d)=\{0,0,0.8,0.2\}$

$M_2(A_1,A_2,A_1 \cup A_2,d)=\{0,0.7,0,0.3\}$

则:

$$K=1-\sum_{x \cap y=\varnothing} M_1(x) \times M_2(y)$$
$$=1-[M_1(A_1) \times M_2(A_2)+M_1(A_2) \times M_2(A_1)]$$
$$=1-(0 \times 0.7+0 \times 0)$$
$$=1$$

K=1,表明专家1、专家2的意见具有一致性,进一步计算出的信息融合值分别为:

$$M_{12}(A_1)=K^{-1} \times \sum_{x \cap y=A_1} M_1(x) \times M_2(y)$$
$$=K^{-1} \times [M_1(A_1) \times M_2(A_1 \cup A_2)+M_2(A_1) \times M_1(A_1 \cup A_2)$$

$$+M_1(d) \times M_2(A_1) + M_1(A_1) \times M_2(d) + M_1(A_1) \times M_2(A_1)]$$
$$= 1 \times (0 \times 0 + 0 \times 0.8 + 0.2 \times 0 + 0 \times 0.3 + 0 \times 0)$$
$$= 0$$

$$M_{12}(A_2) = \sum_{x \cap y = A_2} M_1(x) \times M_2(y)$$
$$= K^{-1} \times [M_1(A_2) \times M_2(A_1 \cup A_2) + M_2(A_2) \times M_1(A_1 \cup A_2)$$
$$+ M_1(d) \times M_2(A_2) + M_1(A_2) \times M_2(d) + M_1(A_2) \times M_2(A_2)]$$
$$= 1 \times (0 \times 0 + 0.7 \times 0.8 + 0.2 \times 0.7 + 0 \times 0.3 + 0 \times 0.7)$$
$$= 0.7$$

$$M_{12}(A_1 A_2) = K^{-1} \times \sum_{x \cap y = A_1 \cup A_2} M_1(x) \times M_2(y)$$
$$= K^{-1} \times [M_1(A_1 \cup A_2) \times M_2(A_1 \cup A_2) + M_2(d) \times M_1(A_1 A_2)$$
$$+ M_1(d) \times M_2(A_1 \cup A_2)]$$
$$= 1 \times (0.8 \times 0 + 0.3 \times 0.8 + 0.2 \times 0)$$
$$= 0.24$$

$$M_{12}(d) = K^{-1} \times \sum_{x \cap y = u} M_1(x) \times M_2(y)$$
$$= K^{-1} \times [M_2(d) \times M_1(d)]$$
$$= 1 \times 0.2 \times 0.3$$
$$= 0.06$$

则 $M_{12}(A_1, A_2, A_1 \cup A_2, d) = \{0, 0.7, 0.24, 0.06\}$ 为专家 1 和专家 2 的信息融合值。

(2) 按上面的方法，将专家 1、专家 2 的信息融合值 $M_{12}(A_1, A_2, A_1 \cup A_2, d)$ 和 $M_3(A_1, A_2, A_1 \cup A_2, d)$ 进行融合后，得 $K = 1$。表明专家 3 与专家 1、专家 2 的合成意见也具有一致性，计算出的信息融合值分别为：$M_{123}(A_1) = 0$；$M_{123}(A_2) = 0.7$；$M_{123}(A_1 \cup A_2) = 0.294$；$M_{123}(d) = 0.006$，即 $M_{123}(A_1, A_2, A_1 \cup A_2, d) = \{0, 0.7, 0.294, 0.006\}$。

(3) 再与 $M_4(A_1, A_2, A_1 \cup A_2, d)$ 融合后，得 $K = 0.51$。此时，可以认为专家 E_1、E_2、E_3 与专家 E_4 的意见相矛盾，则不采纳专家 E_4 的意见。

(4) 再与 $M_5(A_1, A_2, A_1 \cup A_2, A_3, A_2 \cup A_3, d)$ 融合后，得 $K = 1$。表明专家意见具有一致性。最后得到各位专家总的信息融合值分别为：

$M(A_1) = 0$；$M(A_2) = 0.9352$；$M(A_3) = 0$；$M(A_1 \cup A_2) = 0.0588$；
$M(A_2 \cup A_3) = 0.004$；$M(d) = 0.0012$；
$M(A_1, A_2, A_1 \cup A_2, A_3, A_2 \cup A_3, d) = \{0, 0.9352, 0, 0.0588, 0.0048, 0.0012\}$

从上述计算结果可知，5 位专家对该项目意见最集中的区域是 $A_2 = [0.6, 0.7]$，其可信度为 0.9352，即选择 $60 \sim 70$ 课时是大多数专家的意见，且是可行的。由此可知，利用 D-S 证据理论对专家意见进行融合时，随着专家意见（即证据）的增加，评估精度与可信度都随之提高。

3.6 层次分析法

3.6.1 层次分析法的起源和基本原理

层次分析法(Analytical Hierarchy Process,简称"AHP法"),由美国科学家萨蒂(Saaty)教授于1971年提出,这种方法能把决策过程中定性与定量因素有机地结合在一起,用一种统一的方式进行处理,既能保证模型的系统性、合理性,又能使决策管理专家充分运用其有价值的经验与判断能力。

AHP法的基本原理是将复杂的问题进行分解,将分解的因素按照一定的规律组合成不同的层次,然后按层次之间的关系,在德尔菲法的基础上,对每层的因素进行两两比较,来确定组成元素对于决策的相对重要程度。层次分析法将分解成的要素构成层次结构模型,其中:第一层为目标层;第二层为准则层,用来衡量问题的实现方法,即指标;第三层为子准则层,是对第二层准则层的细化;还可以再对第三层进行细化,以此类推。

3.6.2 具体做法

1. 建立层次结构模型

将决策的目标、考虑的因素(决策准则)和决策对象按它们之间的相互关系分为最高层、中间层和最低层,绘出层次结构图,见图3—7。最高层指决策的目的、要解决的问题。最低层是指决策时的备选方案。中间层是指考虑的因素、决策的准则,对于相邻的两层,称高层为目标层,低层为因素层。

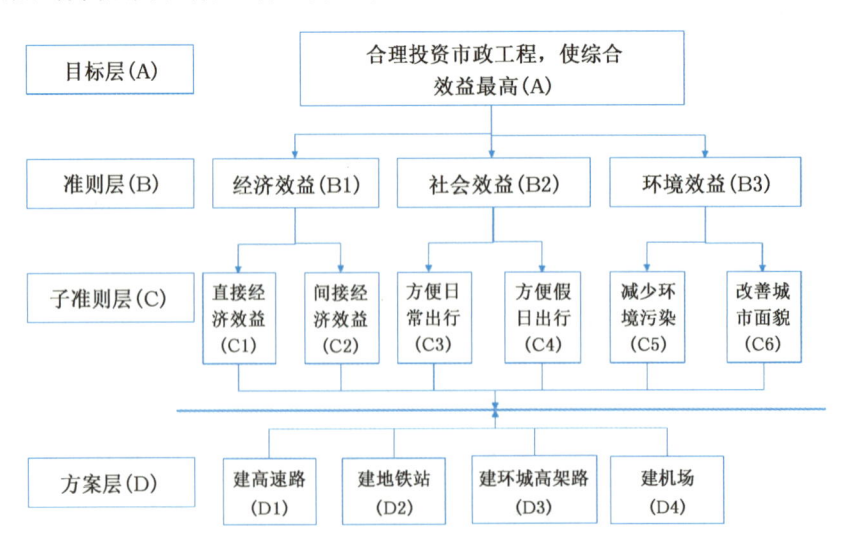

图3—7 层次分析法的基本框架图

2. 构造判断(成对比较)矩阵

在确定各层次各因素之间的权重时,如果只是定性的结果,则常常不容易被别人接受,因而萨蒂等人提出"一致矩阵法",即不把所有因素放在一起比较,而是两两相互比较,对比时采用相对尺度,尽可能减少性质不同的诸因素相互比较的困难,以提高准确度。如对某一准则,对其下的各方案进行两两对比,并按其重要性程度评定等级。a_{ij} 为要素 i 与要素 j 重要性比较结果,按两两比较结果构成的矩阵称作判断矩阵。判断矩阵具有公式(3.21)的性质:

$$a_{ij}=\frac{1}{a_{ji}} \tag{3.21}$$

判断矩阵元素 a_{ij} 的标度方法如表 3—13 所示。

表 3—13　　　　　　　　　　　比例标度表

因素 i 比因素 j	量化值
同等重要	1
稍微重要	3
较强重要	5
强烈重要	7
极端重要	9
两相邻判断的中间值	2,4,6,8

3. 层次单排序及其一致性检验

对应于判断矩阵最大特征根 $\lambda_{\max}$ 的特征向量,经归一化(使向量中各元素之和等于1)后记为 W。W 的元素为同一层次因素中对于上一层次因素中某因素相对重要性的排序权值,这一过程称为层次单排序。能否确认层次单排序,则需要进行一致性检验。所谓一致性检验,是指对 A 确定不一致的允许范围。其中,n 阶一致阵的唯一非零特征根为 n;n 阶正互反阵 A 的最大特征根 $\lambda_{\max} > n$,当且仅当 $\lambda_{\max} = n$ 时,A 为一致矩阵。

由于 $\lambda_{\max}$ 连续地依赖于 a_{ij},则 $\lambda_{\max}$ 比 n 大得越多,A 的不一致性越严重,一致性指标用 CI 计算,CI 越小,说明一致性越大。用最大特征值对应的特征向量作为被比较因素对上层某因素影响程度的权向量,其不一致程度越大,引起的判断误差就越大。因而可以用 $\lambda - n$ 数值的大小来衡量 A 的不一致程度。定义一致性指标见式(3.22):

$$CI=\frac{\lambda_{\max}-n}{n-1} \tag{3.22}$$

$CI=0$ 时,有完全的一致性;CI 接近于 0 时,有满意的一致性;CI 越大,则不一致性越严重。

为衡量 CI 的大小,引入随机一致性指标 RI,见式(3.23):

$$RI = \frac{CI_1 + CI_2 + \cdots + CI_n}{n} \qquad (3.23)$$

其中，随机一致性指标 RI 和判断矩阵的阶数有关，一般情况下，矩阵阶数越大，则出现一致性随机偏离的可能性也越大，其对应关系见表3—14。

表3—14　　　　　　　　平均随机一致性指标 RI 标准值

矩阵阶数	1	2	3	4	5	6	7	8	9	10
RI	0	0	0.58	0.90	1.12	1.24	1.32	1.41	1.45	1.49

考虑到一致性的偏离可能是由于随机原因造成的，因此在检验判断矩阵是否具有满意的一致性时，还需将 CI 和随机一致性指标 RI 进行比较，得出检验系数 CR，见式（3.24）：

$$CR = \frac{CI}{RI} \qquad (3.24)$$

一般，如果 $CR < 0.1$，则认为该判断矩阵通过一致性检验，否则就不具有满意的一致性。

4. 层次总排序及其一致性检验

计算某一层次所有因素对于最高层（总目标）相对重要性的权值，称为层次总排序。这一过程是从最高层次到最低层次依次进行的，层次分析法的优点主要是：第一，评估者可以利用判断矩阵较好地衡量相互关联的事物之间的优劣关系，可以简化系统分析与计算。直接使用层次分析法进行评估，方法简便且易于接受。第二，层次分析法依靠主观评估得到方案的优劣排序，所需信息较少，评估花费时间很短。它要求评估者对问题的本质、包含的要素及其相互之间的逻辑关系具有深刻的认识。

层次分析法的缺点是：第一，在使用过程中，无论建立层次结构还是构造判断矩阵，人的主观判断、选择、偏好对结果的影响极大，判断失误即可能造成评估失误。这使得用此方法进行评估其中的主观成分很大。当评估者的判断过多受其主观偏好影响而产生对某种客观规律的歪曲时，此方法的结果就会受到影响。第二，当遇到因素众多、规模较大的问题时，该方法易出现问题。

层次分析法在科技项目评估中主要用于数目不多的项目粗排序，或仅作为一种辅助方法而与其他方法一并使用。

3.6.3　实践案例

我们搞明白了很多原理，但在实际应用中，我们还是需要借助软件来提升使用效率，目前国内开发较优且使用较好的 AHP 辅助决策软件为 Yaahp 软件，Yaahp 是由山西元决策软件科技有限公司开发的专门用于多准则决策分析、系统分析和优化的决策分析辅助软件，属于国内自主知识产权的软件（建议从官网上下载软件）。下面，以选择旅游目的地为例，通过 Yaahp 软件使用辅助决策。

1. 打开界面

如图 3—8 所示，建立新文档，即出现层次结构模型、判断矩阵、计算结果三个界面。

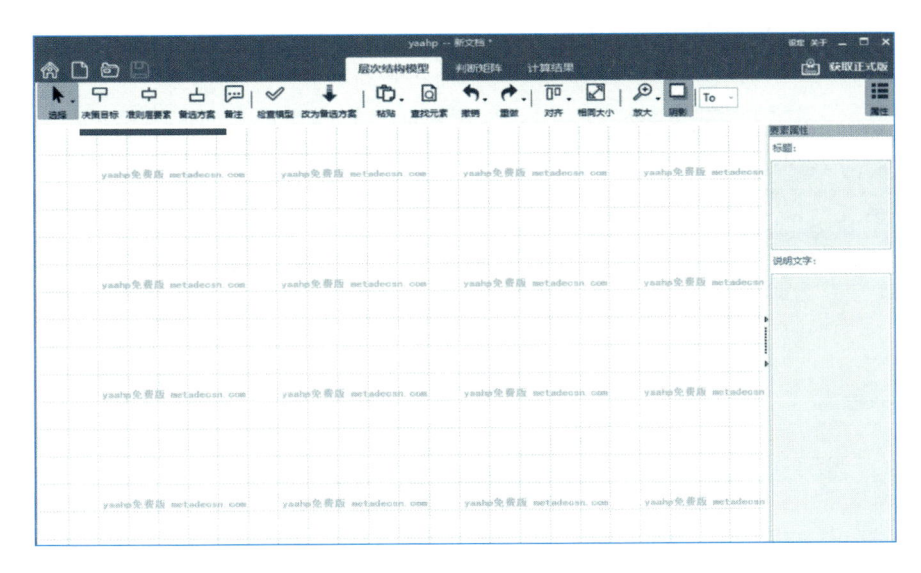

图 3—8　Yaahp 软件操作界面

2. 构建模型

如图 3—9 所示，软件提供了类似绘图工具一样的栏目，可以点击相关图形进行操作。接下来，输入目标层：旅游目的地；输入准则层：景色、旅途、居住、饮食、费用；然后是方案层：苏杭、北戴河、桂林。

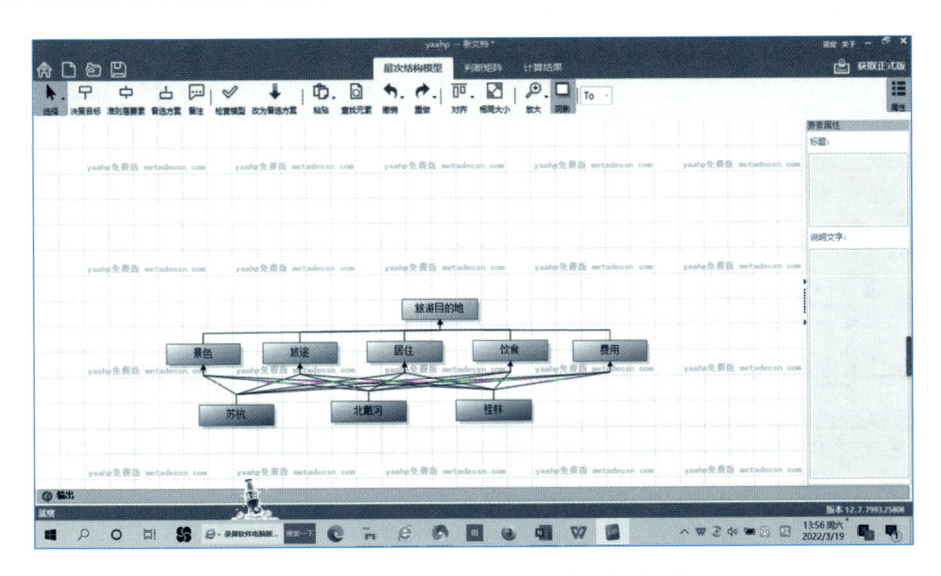

图 3—9　Yaahp 软件操作界面（输入相关目标）

3. 判断矩阵

选择"判断矩阵"界面，左边：上是备选方案，下是层次结构；右侧是对应需要输入的分值。每个备选方案中，不同的准则层需要有一个判断值，如景色和景色比，不用填，景色与旅途比，就可以通过比例标度表在1～9之间选择，注意，如果是倒过来比，就得使用标度值的倒数，准则层每个参数都需要输入判断的比例标度值。

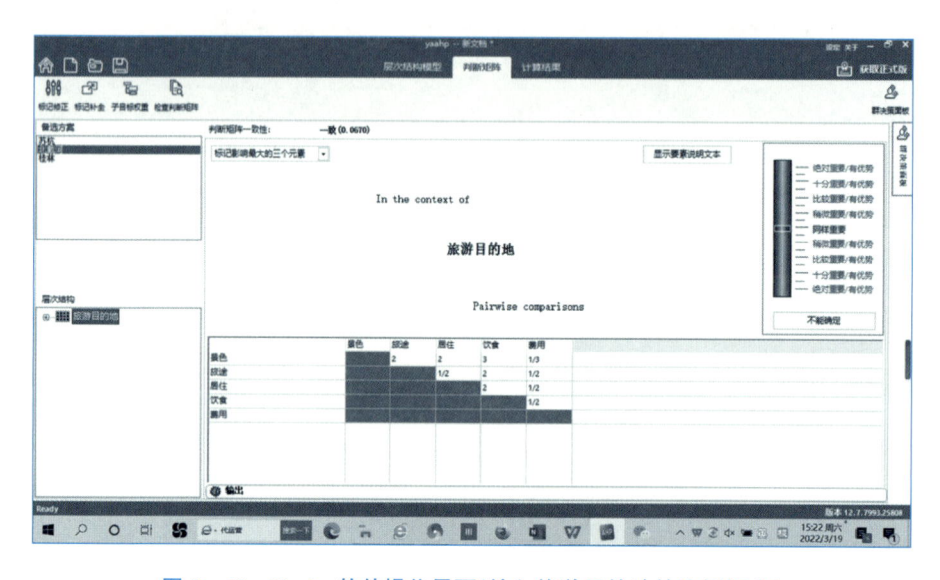

图3—10　Yaahp软件操作界面(输入旅游目的地的比例标度)

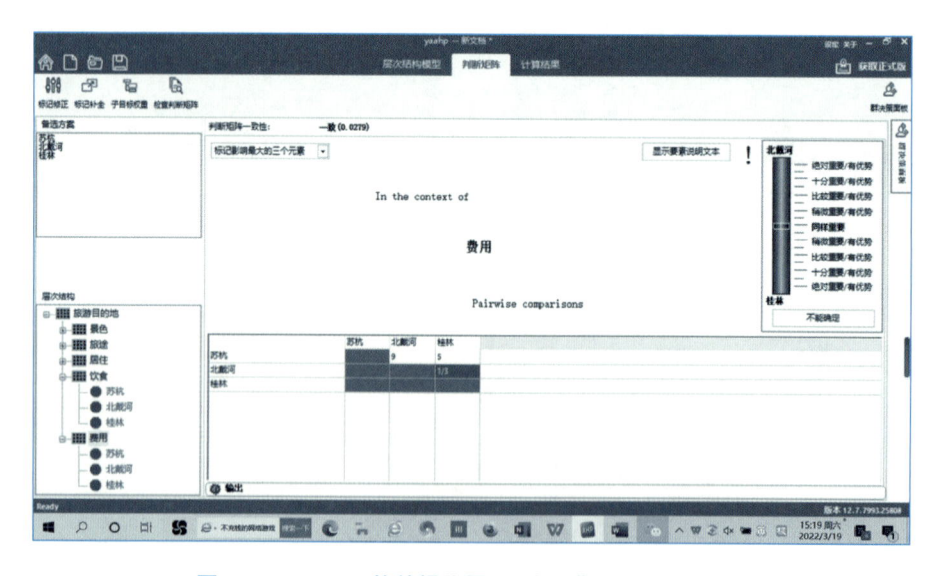

图3—11　Yaahp软件操作界面(输入费用的比例标度)

4. 计算结果

判断矩阵数据完成后，可以直接选择"计算结果"界面，软件将自动完成层次排序

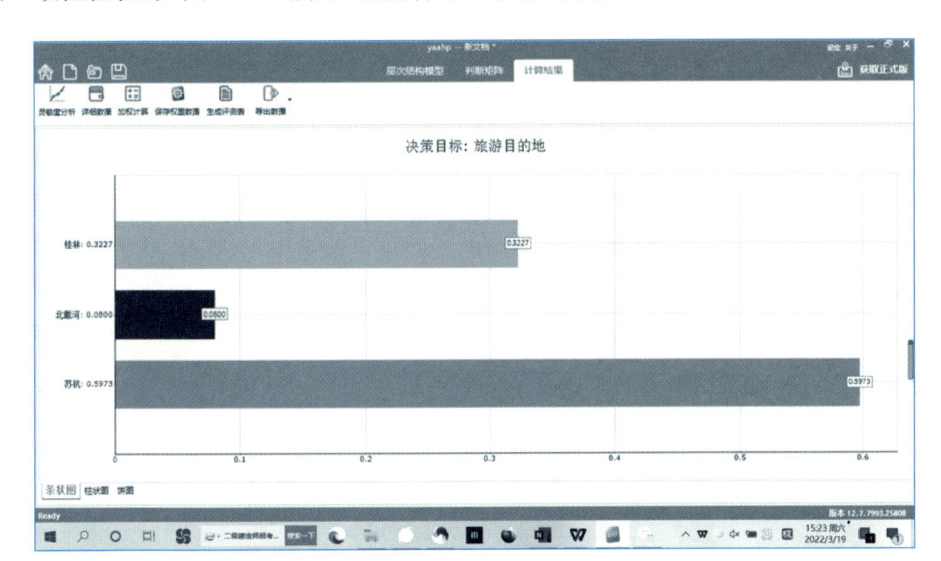

及一致性检验,如图3—12所示,选择苏杭的方案最优。

图3—12　Yaahp软件操作界面(运营结果)

3.7　数据包络分析法

3.7.1　起源及定义

数据包络分析法(DEA,data envelopment analysis)是1978年由著名运筹学家A. Charnes提出的基于相对效率的多投入多产出分析法。DEA的原型可以追溯到1957年,Farrell对英国农业生产力进行分析提出的包络思想。此后,在运用和发展运筹学理论与实践的基础上,逐渐形成了主要依赖线性规划技术并常常用于经济定量分析的非参数方法。经过美国著名运筹学家A. Charnes和W. W. Copper等人的努力,使得非参数方法以数据包络(DEA)的形式在20世纪80年代初流行起来。因此,DEA有时也被称为非参数方法或Farrell型有效分析法。我国自1988年由魏权龄系统地介绍DEA方法,后被广泛应用于技术和生产力进步以及技术创新、关于成本、收益、利润的问题、资源配置、金融投资、非生产领域、灵敏度分析与随机DEA等。

DEA可以视作确定状况下多属性评估模式的一种。数据包络分析是运筹学中用于测量决策部门生产效率的一种方法,它是评价多输入指标和多输出指标的较为有效的方法,将多投入与多产出进行比较,得到效率分析,可广泛使用于业绩评价。

详细来说,通过使用数学规划模型来计算决策单元相对效率,从而评价各个决策单元。每个决策单元(DMU)都可以看作为相同的实体,各DMU有相同的输入、输出。综合分析输入、输出数据,DEA可得出各个DMU的综合效率,据此定级排队

DMU,确定有效(即相对效率最高)的 DMU,挖掘其他 DMU 非有效的程度和缘由。

3.7.2 基本概念

1. 技术效率:指在保持决策单元投入不变的情况下,实际产出同理想产出的比值。

2. 规模报酬:规模报酬是要说明,当生产要素同时增加了一倍,如果产量的增加正好是一倍,则称之为规模报酬不变(一),如果产量增加多于一倍,则称之为规模报酬递增(IRS),进而,如果产量增加少于一倍,则称之为规模报酬递减(DRS)。

3. 决策单元(DMU)就是效率评价的对象,可以理解为一个将一定"投入"转化为一定"产出"的实体。此文中,DMU 就是每个楼盘。

4. DEA 强有效:任何一项投入的数量都无法减少,除非减少产出的数量或者增加其他至少一种投入的数量;任何一项产出的数量都无法增加,除非增加投入的数量或减少其他至少一种产出的数量。

5. DEA 弱有效:无法等比例减少各项投入的数量,除非减少产出的数量;无法等比例增加各项产出的数量,除非增加投入的数量。这种情况下,虽然不能等比例减少投入或增加产出,但某一项或几项(但不是全部)投入可能减少,所以称为弱有效。

6. 生产前沿面:对于给定的生产要素和产出价格,选择要素投入的最优组合和产出的最优组合,即投入成本最小、产出收益最大的组合。它所对应的生产函数所描述的生产可能性边界就是生产前沿面。

7. Golany 和 Roll 提出的 DEA 方法使用程序,可划分为四大步:
(1)问题定义与决策单位的选取;
(2)投入产出项的选取;
(3)DEA 模式的选取;
(4)评估结果的分析。

8. DEA 模型具体又可细分为三种类型:
(1)CCR 模型。该模型假定规模报酬不变,主要用来测量技术效率;指对 DMU 通过"投入一定数量的生产要素,并产出一定数量的产品"的经济系统来判断各个单元的相对合理性和有效性。从投入资源的角度来看,在当前产出的水准下,比较投入资源的使用情况,以此作为效益评价的依据,这种模式称为"投入导向模式"。

(2)BCC 模型。该模型假定规模报酬可变,主要测算纯技术效率,即技术效率与规模效率的比值;从产出的角度探讨效率,即在相同的投入水准下,比较产出资源的达成情况,这种模式称为"投入导向模式"。所得到的是"技术效益",DEA=1 称为"技术有效",最优解是决策单元 j 的"技术效益"。

(3)DEA-Malmquist 指数模型:该模型可以测算出决策单元(DMUs)的生产效率在不同时期的动态变化情况。

DEA 模型有多种类型,最具代表性的有 CCR 模型、BCC 模型。CCR 模型基于规模报酬不变的假设,而 BCC 模型则基于规模报酬可变的假设,二者各有侧重,可以选择结合两个方法同时展开数据分析(一般较多采用 BCC 模型)。

3.7.3 实践案例

目前使用较多的 DEA 软件有 MaxDEA、Deap2.1 等。本案例将采用 SPSSPRO 数据分析平台作说明,SPSSPRO 是一款区别于 SPSS、SAS 传统客户端模式的全新在线数据分析平台(网址:https://www.spsspro.com)。

1. 首先搭建模型确认相应的投入指标、产出指标

投入变量为:政府财政收入占 GDP 的比例、环保投资占 GDP 的比例、每千人科技人员数/人。

产出变量为:人均 GDP、城市环境质量指数。

试分析投入产出效率,得出如何调整投入变量和产出变量,才能达到最优效率。

城市名	政府财政收入占GDP的比例	环保投资占GDP的比例	每千人科技人员数/人	人均GDP	城市环境质量指数
城市1	0.2212647974528904	0.0491979419997336	164.3925221476873	152742.7027737305	30.54008270903903
城市2	0.1824354439273296	0.0490685079728454	161.2091674755783	83152.00889149064	36.51343988793383
城市3	0.1762546455483456	0.0597351980096123	172.7476849776795	110137.2509636013	36.02854494054782
城市4	0.2263571663733694	0.0541262267411049	154.5242698068128	152938.6046752807	28.50291828609647
城市5	0.2444730977907392	0.0499554870381134	117.8066403261514	100653.2001397634	26.75653706383506
城市6	0.2262119987718575	0.0445348834379542	177.2562325706743	81626.11664922578	27.03162227856709
城市7	0.2667752244944158	0.0599429134160142	141.4956727230155	125628.4865058203	26.81394339708482
城市8	0.1843636273971721	0.0438368442626567	145.4174078242079	181290.9248999168	29.47615527630422
城市9	0.2252267686229245	0.0513075136075718	131.2882827780171	136304.5939439337	33.94276185200264
城市10	0.1262726716713249	0.0538931875159639	176.0751882474749	129370.9699260908	36.54747500199031

图 3—13　原始数据输入

Step 1:新建分析。

Step 2:上传数据。

Step 3:选择对应数据打开后进行预览,确认无误后点击开始分析。

Step 4:选择【数据包络分析】。

Step 5:查看对应的数据格式,【数据包络分析】要求先放入投入指标(>=1 的定量变量),再放入产出指标(>=1 的定量变量),最后放入索引项(<=1 的定类变量)。

Step 6:设置 DEA 类型[规模报酬不变(CCR)或规模报酬可变(BCC)],例子中选择规模报酬可变模型(BCC)。

Step 7:点击【开始分析】,完成全部操作。

2. 结果解读

(1)效益分析表

图表说明:

CCR 模型只有综合效益,而在 BCC 模型(VRS)会将综合效益分解为技术效益和

决策单元	技术效益	规模效益	综合效益	松弛变量S−	松弛变量S+	有效性
城市1	0.907	0.989	0.897	1.475	0.000	非DEA有效
城市2	1.000	1.000	1.000	0.000	0.000	DEA强有效
城市3	0.938	0.996	0.935	0.002	23431.758	非DEA有效
城市4	0.890	0.941	0.838	0.010	0.000	非DEA有效
城市5	1.000	0.878	0.878	0.041	6793.534	非DEA有效
城市6	0.984	0.846	0.832	25.556	0.000	非DEA有效
城市7	0.893	0.892	0.796	0.045	0.000	非DEA有效
城市8	1.000	1.000	1.000	0.000	0.000	DEA强有效
城市9	1.000	1.000	1.000	0.000	0.000	DEA强有效
城市10	1.000	1.000	1.000	0.000	0.000	DEA强有效

图 3−14 分析结果图

规模效益。

①效益 S 的意义

A. 综合技术效益反映的是决策单元在最优规模时投入要素的生产效率,是对决策单元的资源配置能力、资源使用效率等多方面能力的综合衡量与评价,其值等于 1 时,代表该决策单元的投入与产出结构合理,相对效益最优。

B. 技术效益反映的是由于管理和技术等因素影响的生产效率,其值等于 1 时,代表投入要素得到了充分利用,在给定投入组合的情况下,实现了产出最大化。

C. 规模效益反映的是由于规模因素影响的生产效率,其值等于 1 时,代表规模效率有效(规模报酬不变),也就是规模适宜,已达到最优的状态。

②松弛变量的意义

松弛变量 S− 是指为达到目标效率可以减少的投入量,增加这些投入量就能达到更高的效率。

松弛变量 S+ 是指为达到目标效率可以增加的产出量,减少这些投入量就能达到更高的效率。

③有效性的意义

有效性分析结合综合效益指标、S− 和 S+ 共 3 个指标,可判断 DEA 有效性:

A. 如果综合效益=1 且 S− 与 S+ 均为 0,则"DEA 强有效";

B. 如果综合效益为 1 但 S− 或 S+ 大于 0,则"DEA 弱有效";

C. 如果综合效益<1,则为"非 DEA 有效"。

分析:由图 3−13 可知,其中城市 2、8、9、10 达到了 DEA 强有效(松弛变量均为 0),这说明达到了资源充分利用,是一种帕累托最优的状态。

其余决策单元非 DEA 有效,需要减少投入或者增加产出,怎么改变产出需要具体见后面的投入冗余分析和产出不足分析。

规模效益分析可以见后续的结果——规模报酬分析。

(2)效益有效性分析

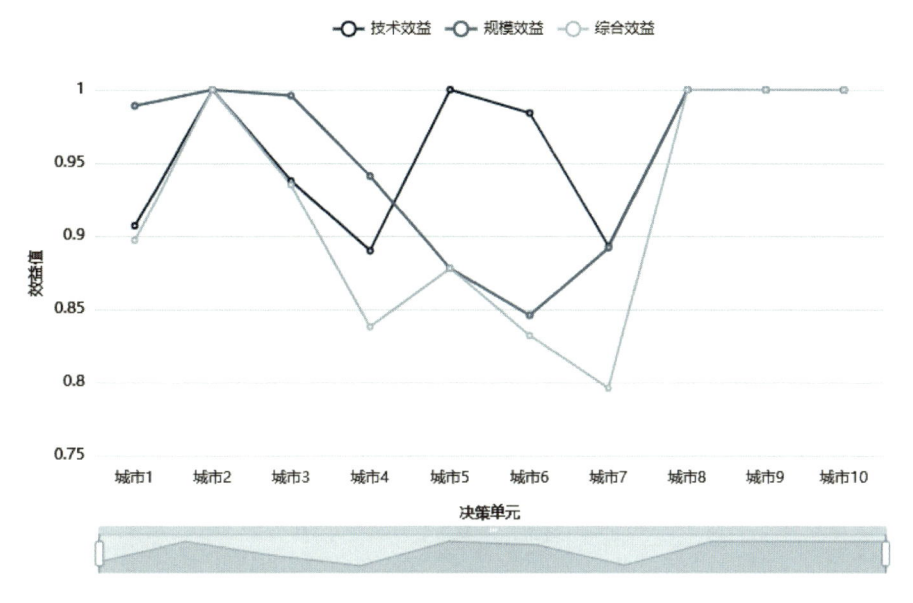

图 3—15　效益分析图

图表说明:图 3—15 展示了效益分析图。其中,X 轴代表决策单元,Y 轴代表效益值。

分析:该图是上述有效性的可视化图,主要用于分析各个决策单元的有效性情况,寻找效益最低的决策单元,可见大部分城市是规模效益不足,少部分为技术效益不足。

(3)规模报酬分析

项	规模报酬系数	类型
城市1	0.977	规模报酬递增
城市2	1.000	规模报酬固定
城市3	1.012	规模报酬递减
城市4	0.920	规模报酬递增
城市5	0.788	规模报酬递增
城市6	0.774	规模报酬递增
城市7	0.828	规模报酬递增
城市8	1.000	规模报酬固定
城市9	1.000	规模报酬固定
城市10	1.000	规模报酬固定

图 3—16　规模报酬分析图

图表说明:

在不同的生产规模下,规模报酬将会随之改变:

①规模报酬系数<1时,生产规模较小,投入产出比会随着规模增加而迅速提升,称为规模报酬递增(IRS)(规模过小可扩大规模增加效益);

②规模报酬系数=1时,生产达到高峰期,产出与投入成正比而达到最适生产规模,称为规模报酬固定;

③规模报酬系数>1时,生产规模过于庞大,导致产出减缓,则称为规模报酬递减(DRS),也就是投入增加时,产出增加的比例会少于投入增加的比例(规模过大可减少规模增加效益)。

分析:由图3—16可知,城市1、4、5、6、7需要提升规模以提高效率,城市3需要降低规模以提高效率,城市2、8、9、10达到了最优效率,可以认为暂不需要变动。

(4)象限分析

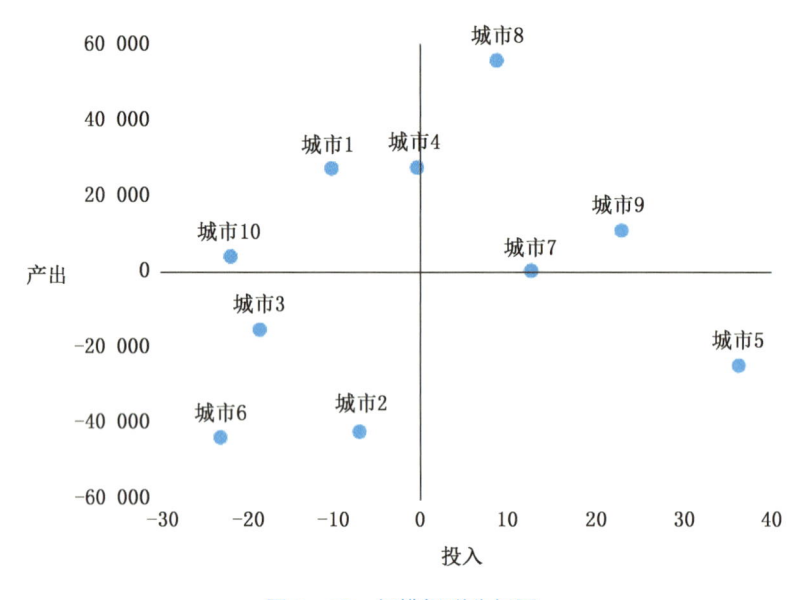

图3—17 规模报酬分析图

图表说明:投入产出象限图利用PCA降维方式把投入、产出指标进行单维化,进而通过象限图的方式呈现决策单元的空间分布。以下为各个象限的意义:

第一象限——高投入,高产出。

第二象限——低投入,高产出。

第三象限——低投入,低产出。

第四象限——高投入,低产出。

(5)象限分析输出汇总

图表说明:

图3—18展示了象限分析的部分/全部的象限分布。

决策单元	投入	产出	象限分布
城市1	-10.171	27358.217	第四象限
城市2	-6.988	-42232.477	第三象限
城市3	-18.526	-15247.235	第三象限
城市4	-0.303	27554.119	第四象限
城市5	36.415	-24731.286	第二象限
城市6	-23.035	-43758.369	第三象限
城市7	12.726	244.001	第一象限
城市8	8.804	55906.439	第一象限
城市9	22.933	10920.108	第一象限
城市10	-21.854	3986.484	第四象限

图 3—18　规模报酬分析图

(6)投入冗余分析

决策单元	松驰变量S-分析			汇总	投入冗余率		
	政府财政收入占GDP的比例	环保投资占GDP的比例	每千人科技人员数/人		政府财政收入占GDP的比例	环保投资占GDP的比例	每千人科技人员数/人
城市1	0.019	0.000	1.456	1.000	0.085	0.000	0.009
城市2	0.000	0.000	0.000	0.000	0.000	0.000	0.000
城市3	0.000	0.002	0.000	0.000	0.000	0.038	0.000
城市4	0.007	0.003	0.000	0.000	0.033	0.050	0.000
城市5	0.037	0.003	0.000	0.000	0.152	0.069	0.000
城市6	0.047	0.000	25.509	26.000	0.206	0.000	0.144
城市7	0.038	0.007	0.000	0.000	0.141	0.124	0.000
城市8	0.000	0.000	0.000	0.000	0.000	0.000	0.000
城市9	0.000	0.000	0.000	0.000	0.000	0.000	0.000
城市10	0.000	0.000	0.000	0.000	0.000	0.000	0.000

图 3—19　冗余分析图

图表说明：

投入冗余分析(差额变数分析)主要用于分析各变量需要减少多少投入时才能达到目标效率。

①松弛变量 S－(差额变数)指为达到目标效率需要减少的投入量。

②投入冗余率指"过多投入"与已投入的比值,该值越大则意味着"过多投入"越多。

分析:从图 3—19 可知,在城市 5、6 中政府财政收入占 GDP 的比例的量分别冗余了 0.037 个单位和 0.047 个单位,占该城市这个量的 15.2%和 20.6%,政府需要减少财政收入或者增加其他财政收入的方式。城市 4、5、7 中环保投资占 GDP 的比例分别冗余了 0.003 个单位、0.003 个单位和 0.007 个单位,占该城市这个量的 5.0%、6.9% 和 12.4%,政府需要减少环保投资占 GDP 的比例。城市 6 中每千人科技人员数冗余了 25.509 个单位,占该城市这个量的 14.4%,说明在城市 6,每千人中可以减少约 25.509 个单位的科技人员数。

(7)产出不足分析

决策单元	松弛变量S+分析			产出不足率	
	人均GDP	城市环境质量指数	汇总	人均GDP	城市环境质量指数
城市1	0.000	0.000	0.000	0.000	0.000
城市2	0.000	0.000	0.000	0.000	0.000
城市3	23431.758	0.000	23432.000	0.213	0.000
城市4	0.000	0.000	0.000	0.000	0.000
城市5	6793.534	0.000	6794.000	0.067	0.000
城市6	0.000	0.000	0.000	0.000	0.000
城市7	0.000	0.000	0.000	0.000	0.000
城市8	0.000	0.000	0.000	0.000	0.000
城市9	0.000	0.000	0.000	0.000	0.000
城市10	0.000	0.000	0.000	0.000	0.000

图 3—20 产出不足分析图

图表说明:

产出不足分析(超额变数分析)主要用于分析各变量需要增加多少产出时才能达到目标效率。

①松弛变量 S+(超额变数)指为达到目标效率可以增加的产出量。

②产品不足率指"产出不足"与已产出的比值,该值越大则意味着"产出不足"越多。

分析:从图 3—20 可知,在城市 3、5 中人均 GDP 需要增加 23 432.000 个单位和 6 794.00 个单位,占该城市人均 GDP 的 21.3%和 6.7%,政府需要想办法增加这些城市的人均 GDP。

各城市的环保指数都达到了最优产出。

第四章

可行性研究报告的编制及评估

本章导读

投资项目一般都涉及市场规模、资金规模、回报周期以及可行性等问题,建设项目都需要经过发改委等批准立项,相较于商业计划书,可行性研究报告有官方的标准,本章节的可行性研究报告按照国家发改委网站公布的编制大纲进行讲解。①

学习目标

1. 学习掌握可行性研究报告大纲的基本框架。
2. 掌握可行性研究报告评估的基本要点。

本章主要知识点

1. 政府项目可行性研究报告编制大纲的主要内容
2. 企业项目可行性研究报告编制大纲的主要内容
3. 政府项目与企业项目可行性研究报告编制大纲的区别
4. 可行性研究报告的主要评估要素及评估方法

导入案例

M 公司融资可行性分析

M 公司项目初步融资方案为:用于建设投资的项目资本金为 94 190 万元,建设投资借款为 160 219 万元,年利率为 6%,计算的建设期利息为 9 613 万元(采用项目资本金支付建设期利息,利率按单利计算)。流动资金的 30% 来源于项目资本金,70% 为流动资金借款。以投资者整体要求的最低可接受收益率 13% 作为财务基准收益率。已编制的项目资本金现金流量表如表 4—1 所示,试根据该表计算项目资本金财

---

① https://www.ndrc.gov.cn/xxgk/zcfb/ghxwj/202304/t20230407_1353356.html.

务内部收益率,并评价项目资本金的盈利能力是否满足要求。

表 4—1　　　　　　　　　某项目现金流量表

序号	项 目	建设期 1	建设期 2	运营期 3	运营期 4	运营期 5	运营期 6	运营期 7	运营期 8
	生产负荷			90%	100%	100%	100%	100%	100%
1	现金流入			131 054	145 616	145 616	145 616	145 616	164 414
1.1	营业收入			114 888	127 653	127 653	127 653	127 653	127 653
1.2	销项税额			16 167	17 963	17 963	17 963	17 963	17 963
1.3	回收资产余值								8 767
1.4	回收流动资金								10 031
2	现金流出	49 498	54 305	101 182	106 223	114 997	118 795	119 205	126 689
2.1	项目资本金	49 498	54 305	2 810	200				
2.2	长期借款本金偿还			22 969	24 348	25 808	27 357	28 998	30 738
2.3	流动资本借款本金偿还								7 022
2.4	借款利息支付			9 974	8 621	7 160	5 612	3 970	2 230
2.5	经营成本			56 960	61 516	61 516	61 516	61 516	61 516
2.6	进项税额			6 104	6 782	6 782	6 782	6 782	6 782
2.7	增值税				8 008	11 181	11 181	11 181	11 181
2.8	税金及附加				801	1 118	1 118	1 118	1 118
2.9	维持运营投资								
2.10	所得税			2 365	4 756	4 921	5 229	5 639	6 102
3	净现金流	—49 498	—54 305	29 872	39 393	30 619	26 821	26 411	37 724

4.1　项目可行性研究报告编制大纲

任何投资项目都需要进行投资可行性的分析报告。目前我国对政府投资型项目已有明确的编制要求。根据国家发改委网站关于政府投资项目可行性研究报告编制通用大纲。

4.1.1　政府投资项目可行性研究报告编制大纲

1. 项目概况

(1)项目基本情况

项目全称及其简称,概述项目建设地点、建设内容和规模、主要产出、主要技术经济指标等。

(2)项目单位

简述既有项目法人或新设项目法人的基本信息。对于政府资本金注入项目,简述项目公司基本信息、投资人(或者股东)构成及政府出资人代表等情况。

(3)编制依据

概述项目建议书及其批复文件、国家和地方有关支持性规划、专题研究成果、委托合同以及其他依据、资料有关情况。

2. 项目建设背景和必要性

(1)项目建设背景

简述项目提出的背景以及项目前期工作的进展情况。

(2)规划政策符合性

论述拟建项目与国民经济和社会发展规划、区域规划、专项规划、国土空间规划等重大规划的衔接性,与共同富裕、乡村振兴、科技创新、碳达峰碳中和、国家安全、基本公共服务保障等重大目标的符合性,并从区域发展重大战略和产业政策等层面论证项目建设的必要性。

3. 需求分析与项目任务

(1)项目需求分析

通过市场调查方式和数字化技术手段,采用调查问卷、个人访谈、专题座谈、实地观察、网络调查、大数据采集和分析、文献法等方法,实地考察和深入分析当地经济社会发展水平、居民生活状况、社会习俗文化及社会供求等情况,分析与项目相关的社会需求现状,预测拟建项目提供产品或服务的总量及结构等情况。

(2)建设内容和规模

研究项目战略目标和功能定位等,提出拟建项目的主要内容及其规模。大型、复杂及分期建设项目的建设规模应根据项目总体规划,明确项目建设初期规模和远景规模,并说明项目的预留发展空间及其合理性、预留条件对远景规模的影响。确定拟建项目到正常运营年份应达到的生产或服务能力及其质量要求。

(3)项目实施模式

研究提出项目实施模式,包括政府自行投资建设、政府和社会资本合作(PPP)模式、代建管理或全过程咨询、工程总承包(EPC)等,说明其主要理由。

4. 建设条件与要素保障

(1)项目建设条件

分析拟建项目所在区域的自然条件,包括地形地貌、气象、水文、地质、地震等条件;交通运输条件,包括港口、铁路、公路、机场、通讯等条件;公用工程条件,包括拟选场址周边水、电、气、热和通讯等设施的现状条件和发展规划要求;施工条件、生活配套设施及公共服务依托条件等。

(2)要素保障情况

①土地要素保障。说明拟建项目用地总体情况,包括土地占用和供地方式,地上

(下)物情况,如涉及耕地、林地、草地、农田水利用地、养殖水面等农用地转为建设用地的,说明农用地转用指标的落实、转用审批手续办理安排的情况。分析拟建项目相关的国土空间规划、土地利用总体规划、土地利用年度计划、建设用地控制指标等土地要素保障条件。

②资源环境要素保障。分析当地的水资源、大气环境、生态等承载能力及其保障条件,以及能耗、碳排放强度和污染减排指标控制要求等。对于用海项目,应分析利用港口岸线资源、航道资源、海洋资源的基本情况及其保障条件。

③保障指标分析。对于重大工程项目,应单独列示规划、用地、用能、环境等要素保障指标,并进行对比分析,细化落实要素保障。

(3)项目选址

从规划条件、技术条件和经济条件等方面,对拟定的备选场址方案进行比较和择优,选择最佳或合理场址方案。明确拟建项目场址的土地权属类别、占地面积、土地利用状况、占用耕地情况、取得土地方式等内容。

(4)征地补偿安置

对于水利、水电、交通等涉及征地补偿安置的项目,调查征地安置实物量,明确征地补偿安置的原则、范围和方式,保证项目受影响人的生产生活水平不受损失。对于涉及农村移民的项目,合理确定移民生产安置人口;对于涉及城镇、集镇迁建的项目,确定征收补偿安置方式和补偿金额、安置用房面积和安置地点、搬迁期限、搬迁过渡方式和期限等,并对其合理性进行分析。

5. 项目建设方案

(1)项目技术方案

研究项目预期达到的技术目标、技术来源及其实现路径。对于关键核心技术,需要分析其知识产权和自主可控性,如果关键技术源于国外进口,需要关注可能存在的"卡脖子"技术风险,保障项目产业链、供应链的安全稳定。

(2)项目设备方案

提出所需主要设备的规格、性能参数和数量、来源和价格,提出关键设备推荐方案及进口设备国产化替代状况。

(3)项目工程方案

研究项目建设标准、工程总体布置、主要建筑物和系统设计方案等,提出外部运输方案、市政配套方案和其他设施条件。根据建设生态文明、推进绿色发展等要求,重视绿色建材、绿色建筑、海绵城市、生态修复等绿色及韧性工程相关内容。

(4)建设管理方案

提出项目组织实施的关键岗位职责和人员配备标准,确定项目总工期,对项目建设主要里程碑做出时序性安排。提出包括招标范围、招标组织形式和招标方式等在内的拟建项目招标方案。对于拟采用PPP模式的项目,明确社会资本方遴选方式、遴选文件构成等内容。

6. 项目运营方案

(1)运营模式选择

研究提出项目运营模式,确定自主运维还是委托第三方运营管理。通过综合性开发(如 TOD 或 EOD)、数字化设计－施工－运维等模式创新,分析项目服务能力和潜在综合收益,提出运营模式思路或方案,评价项目采用市场化运营的可行性和利益相关方可接受性。

(2)运营组织方案

研究项目组织机构设置方案、人力资源配置方案、员工培训需求及计划,提出项目在合规管理、治理体系和资信管理等方面的措施。

(3)安全管理和应急方案

分析项目运营管理中存在的危险因素及其危害程度,明确安全生产责任制,提出消防、防疫、保险等安全防范措施,制定项目安全生产应急预案。

(4)绩效管理方案

根据拟建项目目标,制定项目全生命周期关键绩效指标和绩效管理机制,从绩效考核的角度提出项目管理要求。

7. 项目融资与财务方案

(1)项目投资估算

对项目建设和生产运营所需投入的全部资金即项目总投资进行估算,包括建设投资、建设期融资费和流动资金,说明投资估算编制依据,明确建设期内分年度投资计划、更新改造和追加投资计划等事项。

(2)项目盈利能力分析

分项测算项目营业收入和补贴性收入及各种成本费用。对于没有营业收入的非经营性项目,开展项目周期资金平衡分析,提出开源节流措施;如果营业收入不足以覆盖项目成本费用,分析可行性缺口补助方案,评价政府付费能力。对于政府资本金注入项目,通过分析项目计算期的财务报表,计算财务内部收益率、财务净现值等指标,评价项目盈利能力。

(3)项目融资方案

说明政府财政资金介入的必要性、方式,明确资金来源,形成资金闭环。对于政府资本金注入项目,说明项目与金融机构对接情况,评价项目的可融资性,明确股债结构和资金来源,研究发行产业基金、权益型和股转类金融工具、专项债等融资方式的可行性。对于基础设施项目,研究项目建成后采取不动产投资信托基金(REITs)、政府和社会资本合作(如 TOT)等方式盘活存量资产,实现项目资本金退出的可能路径。

(4)债务清偿能力评价

对于使用负债融资的政府资本金注入项目,分析利息备付率、偿债备付率等指标,评价债务清偿能力、当地财政可负担性和是否可能引发地方政府隐性债务等情况。

(5)财务可持续性评价

对于经营性政府投资项目,编制财务计划现金流量表,计算净现金流量和累计盈余资金,判断拟建项目是否有足够的净现金流量维持正常运营。对于在项目经营期出现经营净现金流量不足的政府投资项目,应研究提出资金接续方案,分析政府补贴所需资金,评价项目财务可持续性。

8. 项目影响效果专题分析

(1)资源利用效率分析

研究拟建项目的矿产资源、森林资源、水资源和其他资源利用情况,通过单位生产能力主要资源消耗量等指标分析,评价资源利用效率,提出关键资源保障和供应链安全等方面的措施。

(2)项目节能效果分析

分析拟建项目能耗种类、能耗总量和强度指标,研究控制化石能源消费、推动可再生能源利用等措施方案,评价项目是否符合节能审查要求。

(3)环境和生态影响分析

分析拟建项目所在地的生态环境现状,评价项目在污染物排放、生态修复、生物多样性和特殊环境等方面的影响,提出环境和生态影响缓释及保护措施,评价拟建项目能否满足有关生态环境保护政策要求。

(4)碳排放与"双碳"目标影响分析

说明拟建项目碳排放量的核算依据,估算项目全生命周期碳排放总量和强度,提出项目降碳、碳捕集利用和封存及碳汇等措施,论证绿证交易、碳交易等市场化工具应用的可能性及实施路径,评价项目碳排放水平、固碳量与中和程度以及对当地"双碳"目标的影响。

(5)经济影响评价

对于具有明显外部效应的政府投资项目,分析项目耗费的经济资源和实际贡献,论证项目费用效益或费用效果,以及重大项目对宏观经济、产业经济和区域经济所产生的影响,评价拟建项目的经济合理性。

(6)社会影响评价

通过社会调查和公众参与,识别项目主要社会影响因素和主要利益相关者,分析不同目标群体的诉求及其对项目的支持程度,评价项目在促进员工发展、社区发展和社会发展等方面的社会责任,提出减缓负面社会影响的措施和行动方案。

9. 项目风险管控方案

(1)风险识别和管控方案

全面识别政府投资项目的主要风险因素,特别关注在满足社会需求、保护生态环境、促进经济发展和公平正义等方面的风险,分别分析风险发生的可能性和影响程度以及风险承担主体的韧性或脆弱性,判断各风险后果的严重程度及其可控性,并提出对主要风险因素的防范和化解措施。

(2)重大项目社会稳定风险管控方案

针对拟建项目可能引发社会稳定的"邻避"问题,在风险调查、风险识别、风险估计的基础上综合施策,提出风险防范和化解措施,保证影响社会稳定的所有风险在采取措施后都能处于低风险且可控状态。

(3)重大风险管控应急预案

根据前述风险评价,对于存在重大风险的拟建项目,应专题研究制定应急预案。

10. 研究结论及建议

(1)主要研究结论

归纳总结拟推荐的项目实施方案,评价项目环境－社会－治理(ESG)责任投资效果,结合项目建议书的批复意见,提出项目是否可行的研究结论。

(2)问题与建议

针对拟建项目需要重点关注的风险因素及需要进一步研究解决的问题,提出相关建议。

11. 附表、附图和附件

根据项目实际情况,按照相关规范要求,确定可行性研究报告的附表、附图和附件等具体内容。

4.1.2 企业投资项目可行性研究报告编制大纲

1. 项目及企业概况

(1)项目概况

项目全称及其简称,概述投资项目建设地点、目标定位、主要建设内容和规模、主要建设方案、主要技术经济指标等内容。

(2)企业概况

简述企业基本信息、企业发展现状和总体能力,有关金融机构支持和政府批复等内容。如果是国有企业,应说明其主责主业。

2. 项目需求及产出方案

(1)企业战略需求分析

通过分析评价企业内部环境,论述企业战略对拟建项目的支撑程度和拟建项目对促进企业战略实现的意义,评价项目投资与企业战略目标的一致性等。

(2)项目市场需求分析

分析项目所在行业的业态、市场环境和容量、产业链供应链、产品或服务价格,结合企业自身情况,评价项目产品或服务的竞争力,提出市场营销策略方向。

(3)项目商业模式

明确项目投资目的,分析拟建项目收入来源和结构,判断项目是否具有充分的商业可行性和金融机构等相关方可接受性。结合当地政府或相关单位可以提供的条件,提出商业模式及其创新需求,研究项目综合开发(XOD)等模式创新路径及可行性。

(4)政策符合性分析

论述拟建项目建设背景和前期进展情况，与国家发展战略、相关规划以及产业政策的符合性。对标行业和市场准入标准，判断拟建项目是否符合相关条件。

(5) 项目产出方案

阐述拟建项目总体目标及分阶段、分领域目标，提出拟建项目建设内容和规模，确定项目产品或服务方案。

3. 项目选址与要素可获得性

(1) 项目选址方案

选定拟建项目场址及其建设条件，通过场址方案比选，确定最佳或合理场址方案。明确拟建项目场址的土地权属类别、占地面积、土地利用状况、占用耕地情况、取得土地方式等内容。

(2) 要素保障能力分析

分析拟建项目规划建设条件、用地现状和规划条件，当地的水资源、能耗、碳排放强度和污染减排指标控制要求及保障能力等。

(3) 征地补偿安置方案

对于涉及征地补偿安置的项目，应根据国家有关政策法规规定及当地实际情况，明确征地补偿安置的原则、范围和方式，明确相关实物量指标，提出移民生产生活安置和搬迁规划。

4. 项目建设方案

(1) 项目技术方案

简述项目技术来源及其实现路径，确定项目生产方法、工艺流程和应用技术。对于关键核心技术，需要分析其知识产权和自主可控性。如果关键技术源于国外进口，需要关注可能存在的"卡脖子"技术风险，保障产业链、供应链安全稳定。

(2) 项目设备方案

综合比选确定建设项目主要设备的规格、性能参数和数量、来源和价格，提出关键设备推荐方案及进口设备国产化替代状况。利用和改造原有设备的，提出改造方案及其效果。涉及超大型、超重、超高设备的，研究提出相应的运输和安装的技术措施。

(3) 项目工程方案

通过综合比选确定拟建项目的建设标准、工程总体布置方案、主要建筑物和系统的设计方案。

(4) 资源开发方案

对于资源开发类项目，应依据资源开发规划、可开发量、自然品质、赋存条件、开发价值等，研究制定资源开发和综合利用方案，评价资源利用效率。

(5) 建设管理方案

提出项目建设组织模式、控制性工期和分期实施方案，确定项目建设是否满足投资管理合规性要求。如果涉及招标，明确招标范围、组织形式和招标方式等。

5. 项目运营方案

(1) 生产经营方案

对于产品生产类企业投资项目,基本确定拟定建设项目的产品质量安全保障方案、原材料供应保障方案、燃料动力供应保障方案以及维护维修方案,评价生产经营有效和可持续性。

对于运营服务类企业投资项目,明确拟建项目运营服务内容、运营服务标准、运营服务流程、运营服务计量和运营维护与修理方案等,基本确定运营服务方案,评价运营服务效率。

(2)安全保障方案

分析项目运营管理中存在的危险因素及其危害程度,建立安全评价体系,设置安全管理机构,明确安全生产责任要求,提出相应的防范措施,制定项目生产安全应急预案。

(3)运营管理方案

简述拟建项目的执行机构设置方案,明确项目治理结构要求,包括项目负责人的专业能力、员工配置标准、薪酬以及选聘方案和培训计划等,阐述项目绩效标准、激励奖惩机制及绩效评价结果应用等要求。

6. 项目融资与财务方案

(1)项目投资估算

说明投资估算编制依据,估算项目建设投资、流动资金、建设期融资费用,建设期内分年资金使用计划,编制相关表格。

(2)财务盈利能力评价

估算项目营业收入和补贴性收入及各种成本费用,分析项目的现金流入和流出情况,评价项目的财务盈利能力。

(3)项目融资方案

比较项目融资和企业主体融资模式,结合企业自身能力,分析项目资本金和债务资金来源及结构、融资成本以及资金到位情况,评价项目的可融资性。结合环境-社会-治理(ESG)责任投资要求,评价项目获得绿色金融、绿色债权支持的可能性。对于基础设施项目,研究提出项目建成后通过不动产投资信托基金(REITs)盘活存量资产、实现资本金退出的可能性。如果企业拟申请政府投资补助或贴息,还应根据相关要求研究提出申请投资补助或贴息的资金额度。

(4)债务清偿能力评价

按照负债融资的期限、金额、还本付息方式等条件,编制预测的项目借款偿还计划表等财务报表,计算偿债备付率、利息备付率、借款偿还期等债务清偿能力评价指标,从而判断项目支付利息及偿还债务本金的能力。

(5)财务持续能力评价

根据投资项目财务计划现金流量表,统筹考虑企业整体财务状况、总体信用及综合融资能力等因素,判断拟建项目是否有足够的净现金流量维持正常运营及资金链安全。

7. 项目影响效果评价

(1)资源和能源利用效率评价

分析论证拟建项目所需消耗的资源品种、数量、来源情况,提出资源综合利用方案和资源节约措施;分析采取节能措施后的能源消耗总量和强度指标,评价项目节能方案是否符合当地节能审查要求。

(2)生态环境和"双碳"目标影响评价

分析拟建项目所在地的生态环境现状,分析项目污染物排放、生态环境保护等影响,论证绿证交易、碳交易等市场化工具应用的可能性及实施路径,评价项目碳排放水平、固碳量与中和程度以及对当地"双碳"目标的影响。

(3)经济影响评价

对于具有明显外部效应的企业投资项目,论证项目费用效益或费用效果,以及项目对宏观经济、产业经济和区域经济可能产生的影响,评价拟建项目的经济合理性。

(4)社会影响评价

通过社会调查和公众参与,识别项目主要社会影响因素和关键利益相关者,分析不同目标群体的诉求及其对项目的支持程度,评价项目在促进企业员工发展、社区发展和社会发展等方面的社会责任,提出减缓负面社会影响的措施和行动方案。

8. 项目风险管控方案

(1)项目风险识别和管控方案

识别项目市场需求、产业链供应链、融资环境、建设运营、财务盈利性、生态环境等方面的主要风险,分析其发生的可能性和造成的损失,判断各风险后果的严重程度及其可控性,提出对主要风险因素的防范和化解措施。

(2)重大项目社会稳定风险管控方案

针对拟建项目直接关系人民群众切实利益且涉及面广、容易引发的社会稳定问题,进行风险评价并提出"邻避"问题的应对措施。

(3)项目重大风险管控应急预案

根据前述风险评价,对于存在重大风险的企业投资项目,应专题研究制定应急预案。

9. 研究结论及建议

(1)主要研究结论

归纳总结拟推荐方案的项目建设内容和规模、建设和运营方案、投融资和财务效益、评价环境-社会-治理(ESG)责任投资效果和风险,提出项目是否可行的研究结论。

(2)问题与建议

指出项目可能存在的问题,提出相关措施建议。

10. 附表、附图和附件

根据项目实际情况,按照相关规范要求,确定可行性研究报告的附表、附图和附件等内容。

综上所述,政府投资项目与企业投资项目的可行性研究编制大纲有相同也有差异,见表4—2。

表4—2　　　　可行性研究报告编制大纲(政府投资项目和企业投资项目比较)

项目类别	政府投资项目编制大纲	企业投资项目编制大纲
主要内容	项目概况	项目及企业概况
	项目建设背景和必要性	项目需求及产出方案
	需求分析与项目任务	项目选址与要素可获得性
	建设条件与要素保障	
	项目建设方案	项目建设方案
	项目运营方案	项目运营方案
	项目融资与财务方案	项目融资与财务方案
	项目影响效果专题分析	项目影响效果评价
	项目风险管控方案	项目风险管控方案
	研究结论及建议	研究结论及建议
主要区别	1. 政府出资 2. 政府项目的必要性、公共绩效目标 3. 建设条件及要素保障	1. 企业出资,自营或合作运营 2. 企业项目的产出方案、经济效益 3. 企业项目选址及要素
相同点	都需要提供建设方案、运营方案、融资及财务方案、影响效果、风险管控等	

可研报告编制要求是由于项目需要通过发改委立项审批,发改委必须从可研报告中获得足够的信息。

很多基金投资决策委员会面对可行性研究报告时,他们对于项目的可研报告该如何处理?这就涉及项目可行性研究报告的评估了。

4.1.3　可行性研究报告与项目评估

金融行业是需要通过利润分配实现利益的,往往金融机构不参与项目的建设阶段和运营阶段,但他们参与项目的前期和项目后期的利益分配阶段。对于金融行业从业人员来说,可行性研究报告和项目评估都是必备的知识。

1. 可行性研究报告与项目评估的联系

(1)都处于项目投资周期的前期阶段

可行性研究报告和项目评估都处于项目投资的前期,一个大型建设项目的形成需要经过项目机会研究(项目策划)、项目可行性报告(论证)、项目评估、项目决策等阶段。可行性研究报告是对项目机会(项目策划)是否可行进行全面的分析论证,而项目评估则是对可行性研究报告进行审查分析,为项目决策提供依据。

毕竟建设项目都是长期投资,可行性研究报告与项目评估都是为了实现投资决策的科学化、规范化,减少投资风险和避免投资决策失误,两者都是决定项目成败的重要环节,这两项工作的质量如何,对项目投资决策都会产生极大的影响。

(2) 工作基本原理和内容相同

可行性研究报告和项目评估无论从经济评价指标计算的基本原理、分析对象、分析依据来看,还是从分析内容来看,都是相同的。就同一个投资项目而言,其评价指标的基本原理都是相同的:分析对象一致,都是同一个项目;分析依据相同,都是国家的有关规定和有关部门为拟建项目下达的批复文件等;内容相同,都包括建设必要性、市场条件、资源条件、工程技术、经济效益等部分。

(3) 最终工作目标及要求相同

可行性研究报告和项目评估的最终工作目标是一致的,都是通过分析论证,判断项目的可行与否,实现投资决策的科学化、程序化和民主化,提高投资效益,使资源得到最佳配置。两者的要求也是相同的,都是在调查研究的基础上进行分析和预测。

2. 可行性研究和项目评估的区别

(1) 行为主体不同

可行性研究和项目评估分别由不同的行为主体完成。可行性研究工作是由投资者负责组织委托,项目策划源于决策者的想法由委托或企业内部完成,可行性研究报告是为了客观验证项目策划方案的可行性,为此,投资者应当委托第三方实施可行性研究报告的编制工作。项目评估则是由项目相关的金融机构、贷款银行或相关行政审批部门负责组织委托,项目评估是为了项目相关利益方决策提供依据。

(2) 立足点不同

可行性研究是站在直接投资者的角度来考察项目,而项目评估则是站在项目相关利益方决策的角度来考察项目。由于不同相关利益方看待项目的角度不同,其结论也不同。

3. 项目评估的工作程序及主要工作内容

项目评估的工作程序包括:①评估前的准备;②成立评估小组;③制定工作计划;④收集整理资料;⑤审查分析;⑥编写评估报告;⑦报送评估报告并归档。

项目评估的主要内容包括三种分析、三种评价。三种分析包括:①必要性分析;②生产建设条件分析;③技术方案分析。三种评价包括:①财务评价;②经济评价;③社会评价。

4.2 项目可行性研究报告的评估

4.2.1 必要性分析

项目必要性分析是项目成立与否的前提,建设性项目动辄百万、千万乃至上亿,从投资者的角度,是利益驱动。利益与风险是并存的,相关利益方必然要从自身的角度进行分析。一般来说,项目的必要性分析主要包括以下几个方面:

1. 项目新建理由的评估

项目新建的理由一般有以下几个:

(1)新建或扩大企业的生产能力,为社会提供所需产品和服务,以满足社会需求和提高企业经济效益的需要。

(2)是否优化国家资源配置,合理开发和综合利用当地丰富的资源,增加社会财富,实施可持续发展的需要。

(3)是否为提高产品的质量,扩大需求面,可增加产品的附加值,填补本地区的空白或可替代进口,可以出口创汇,满足国际市场需要。

(4)新建基础设施或充分利用现有基础设施优越的社会协作条件和政府的优惠政策,改善交通运输等投资环境,提高人民的生产和生活条件,促进地区经济和社会发展的需要。

评估时可采用项目预期指标(如项目建设内容和建设规模、项目技术装备水平、产品性能和档次、项目收益和成本费用等经济目标、项目建成后在同行业的地位等)分别进行评估。

2. 项目投资环境评估

项目建设的投资环境评估是指项目评估者从宏观和微观两个方面就是否应当组织有关投资项目建设提出建议和评价的工作。

宏观因素包括:考察项目对国民经济总量平衡的影响;考察项目对经济结构优化的影响;考察项目对国家产业政策的影响;考察项目对国家生产力布局的影响;考察项目对国民经济长远发展规划、行业规划和地区发展规划的影响;考察项目产品在国民经济和社会发展中的地位与作用。

微观因素包括:分析项目所生产的产品是否符合市场需求;分析项目建设是否符合企业发展战略;分析项目建设是否考虑合理生产规模的问题;分析项目建设是否有利于科技进步;考察项目建设是否符合人民银行和商业银行的信贷政策。

Johnson(2008)提出了 PESTEL(Political 政治、Economical 经济、Social 社会、Technological 技术、Environmental 环境、Legal 法律)六个维度的投资环境分析框架,见表4—3。

表 4—3   投资环境分析框架

宏观环境	直接影响项目的宏观环境因素	间接影响项目的宏观环境因素	环境因素的相对重要程度			
			时间	类型	力度	权重
政治环境						
经济环境						
社会环境						

续表

宏观环境	直接影响项目的宏观环境因素	间接影响项目的宏观环境因素	环境因素的相对重要程度			
			时间	类型	力度	权重
技术环境						
自然环境						
法律环境						
全面综合评估						

每个地区都有总体规划、空间规划,目前我国都在推行"多规合一",产业与城镇建设空间融合,在论证项目必要性时,建设项目的指向是否符合区域发展规划就需要具体论证。建设项目指向类型如表4—4所示。

表 4—4　　　　　　　　　　　建设项目指向类型

序号	项目类型	概　念
1	资源地指向型	以自然资源的开采和利用为目的的项目,这些项目在布局时只能考虑建在某种自然资源储量的地区。
2	原料地指向型	项目趋于接近原材料产地的倾向。
3	燃料动力指向型	在生产过程中对燃料和动力依赖性极强,且消耗量非常大的工程项目。
4	市场指向型	项目靠近消费地比靠近原料产地布点更有利的布局倾向。
5	资金指向型	某些项目具有朝着资金丰裕地区布点的倾向。
6	劳动力指向型	某些项目具有密集使用廉价劳动力的倾向。
7	技术指向型	某些项目随着新技术变革而产生的一系列新兴产业朝着文化、教育、科技和发达地区布点的倾向。

3. 市场分析及评估

市场分析及评估是为了确定市场的容量,项目的产量、产能,项目发展的空间,以及产品的市场空间等,其主要内容包括市场需求研究、市场供给研究、产品研究、价格研究及市场行为研究。

主要做法包括:市场调查和市场预测。市场调查需要做好调查前的准备、调查计划的实施、整理分析资料及编写调查报告。市场预测可以采用德尔菲法或因果相关分析法(回归分析法),因果相关分析法的主要步骤包括:①收集资料,筛选变量;②画散点图;③根据散点图配相应的回归方程;④计算回归方程中的参数;⑤进行统计检验和经济验算;⑥应用回归方程进行预测。

4. 企业资信评估

银行对借款企业的资信评估尤为重要。企业的资信评估包括五个方面:企业素质、企业信用、经营管理、经营效益和发展前景。每个方面会用一些数学指标进行衡量。

(1) 企业素质评估。企业素质主要包括企业法人和领导班子整体素质、产品素质、技术装备素质、资产素质、经营管理素质和企业行为等各种综合能力的质量。

(2) 企业经营管理评估包括企业的经济地位评估(行业排名、地区排名)、企业的经营机制评估、企业的生产经营管理的评估。

(3) 企业经营效益评估包括企业经济实力评估(如行业影响力、账面资金及现金等)、企业的生产经营情况评估(资金利税率、销售收入利润率、利润增长率、资金报酬率、资本金利润率、资本保值增值率、社会贡献率等)、企业的资产负债及偿还能力评估。

(4) 企业信用评估包括企业借贷资金信用评估(全部资金自有率、定额流动资金自有率、呆滞资金占压率、流动资金贷款偿还率、贷款按期偿还率)、企业经济合同履约评估(合同履约率)、企业产品信誉评估(产品优质率、合格率、市场占有率、产品利润率)。

表 4—5　　　　　　　　　　某银行信用等级得分计算表

	指标	计分标准	权重	得分	计算公式
市场竞争	经营环境 (5分)	企业得到国家、地方的多方面支持,交通、信息等外部条件很好,所在行业竞争环境、地区法律环境得5分。虽然得到一定的支持,但条件有限、环境一般得2分,经营环境不好不得分			
	经营设施的先进性(5分)	采用的技术手段、技术设备、经营装备,企业的经营设备良好,带给企业较强的竞争优势得5分。使企业具有竞争优势,得4分,经营设施处于中上水平得3分,经营设施一般得2分,较差不得分			
	质量管理体系 (5分)	通过ISO9000系列质量管理认证或未参加认证但企业有严格、规范的质量管理制度得5分,有规范的质量管理制度得4分,有较规范的质量管理制度得3分,企业质量管理体系不完善得1分,没有质量管理体系不得分			
	市场拓展和销售渠道(5分)	企业市场拓展能力强,拥有很好的销售网络和经营渠道,运作良好得5分,市场拓展能力较好,具有较好的经营渠道且初具规模得4分,市场拓展能力一般,销售网络和经营渠道初具规模得3分,市场拓展能力较差,销售网络和经营渠道存在一定问题得1分,市场拓展能力差,缺乏有效的经营渠道不得分			

续表

指标		计分标准	权重	得分	计算公式
流动性	流动比率（5分）	5×(比率－不允许值)/(满意值－不允许值)			流动比率＝流动资产/流动负债
	速动比率（5分）	5×(比率－不允许值)/(满意值－不允许值)			速动比率＝(流动资产－存货)/流动负债
	应收账款周转率（5分）	5×(比率－不允许值)/(满意值－不允许值)			应收账款周转率＝销售收入净额/(应收账款平均余额＋应收票据平均余额)
	利息保障倍数（5分）	5×(比率－不允许值)/(满意值－不允许值)			若客户有现金流量表，则利息保障倍数＝经营活动现金流量净额/利息支出；若客户没有现金流量表，则利息保障倍数＝(净利润＋折旧＋摊销＋财务费用－(应收及预付款项增加＋存货增加－应付及预收款项增加))/财务费用
管理水平	主要管理人员的水平与素质（5分）	企业领导人有丰富的管理经验,管理能力很强,经营历史业绩显著,个人有良好的社会声誉得5分,企业领导人管理能力强,有较好的管理经验得4分,企业领导人管理能力强,有一定的管理经验得3分,企业领导人管理能力、管理经验一般,但其信誉较好得2分,其余不得分			
	管理结构的合理性(5分)	客户有合理的班子结构(班子年龄结构合理、文化程度较好、专业水平高、勇于开拓创新等),领导班子团结,相对稳定,信息流通顺畅,内部监督制度完善,激励约束制度健全,人力资源配置合理得5分,上述方面较好,但存在某些不足的得4分,上述各方面中个别方面存在一定的缺陷得2分,在上述各方面存在较大缺陷的不得分			
	资产报酬率（5分）				资产报酬率＝(利润总额＋财务费用)/年平均总资产
	贷款本息按期偿还率(5分)				贷款本息按期偿还率＝当期归还银行贷款本息数额/当期累计应归还银行贷款本息数额

续表

	指标	计分标准	权重	得分	计算公式
其他	资产负债率（5分）	5×(比率－不允许值)/(满意值－不允许值)			
	销售收入（5分）	销售收入有稳定的来源，并保持很好的增长势头得5分，收入稳定得3分，销售收入来源不稳定，下降严重不得分			
	行业的稳定性和前景分析（5分）	行业稳定且前景较好得5分，行业稳定且前景一般或行业不稳定但前景较好得3分，行业变动大且前景差不得分，其他得1分。			
	重大事项分析（5分）	重大事项对企业有积极的正面影响，基本没有负面影响得5分，正面影响较大得3分，负面影响比较明显，企业面临很多问题不得分			

表4—6　　　　　　　　某银行信贷义务手册——评价指标参考值

指标	钢铁		机械		医药		房地产开发	
	满意值	不允值	满意值	不允值	满意值	不允值	满意值	不允值
资本报酬率	7%	2%	7%	2%	8%	2%	8%	2%
贷款本息按期偿还率	100%	80%	100%	80%	100%	80%	100%	80%
资产负债率	65%	85%	65%	85%	65%	85%	70%	90%
流动比率	1.5	1	1.5	1	1.5	1	1.5	1
速动比率	1	0.5	1	0.5	1	0.5	1	0.5
利息保障倍数	1.5	1	1.5	1	1.5	1	1.5	1
应收账款周转率	8	2	8	1	2	1	0.8	0.1
目标杠杆比率	3.8		4.0		4.0		4.0	

表4—7　　　　　　　　常用企业信誉级别及评定标准说明

级别次序	计分标准		级别说明	评定标准
	下限	上限		
AAA	90	100	信用极好	企业资金实力雄厚，经营管理状况良好；资金质量优良，经济效益明显；各项指标先进，清偿支付能力强
AA	80	89	信用优良	企业资金实力较强，经营管理状况较好；资金质量较好，经济效益稳定；各项指标先进，清偿支付能力较强
A	70	79	信用较好	企业资金实力一般，经营管理状况一般；经济效益不够稳定，清偿支付能力有限，但不至于发生危机

续表

级别次序	计分标准 下限	计分标准 上限	级别说明	评定标准
BBB	60	69	信用一般	企业资金实力不强,经营管理状况不佳;资金状况较差,各项指标中等,清偿支付能力差,有一定风险

4.2.2 生产建设条件分析

1. 项目规模的界定

建设项目是需要控制有一定比例关系的,一般来说,一个地区的项目建设需要把控"产业空间、居住空间和配套空间"的合理比例,孙文华(2016)把建筑空间分为8种类型,包括公共配套建筑、市政建筑、特殊建筑、交通建筑、商务服务业建筑、工业建筑、仓储和物流建筑,如图4—1所示。

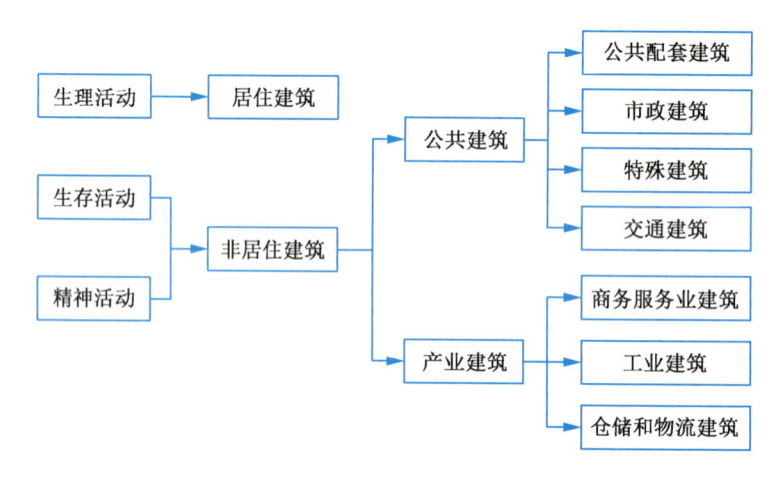

图4—1 建筑功能分类图

根据《住房和城乡建设部等15部门关于加强县城绿色低碳建设的意见》(建村〔2021〕45号)文件要求,县城建成区人口密度应控制在每平方公里0.6万至1万人,县城建成区的建筑总面积与建设用地面积的比值应控制在0.6~0.8。县城新建住宅以6层为主,6层及以下住宅建筑面积占比应不低于70%。

以上规定已经基本明确了整个县城的建筑规模,由此也能够界定"居住空间、产业空间及配套空间"的比例关系。

2. 项目选址分析

(1)乡村休闲养老开发项目选址分析

乡村休闲养老开发项目需要综合考虑老年人的需求,从选址的角度,需要重点考虑自然人居环境和社会经济条件两个方面,自然人居环境包括地形、气候水文、环境污染;社会经济条件包括公共配套、交通区位。各类指标见表4-8。

表4-8　　　　乡村休闲养老开发项目选址评价指标体系及权重

目标层	准则层	权重	要素层	权重	指标层	权重
乡村休闲养老项目选址适宜度指数SI	自然人居环境A1	0.6667	地形B1	0.1428	海拔高度C1	0.333
					坡向C2	0.333
			气候水文B2	0.4286	地形起伏度指数C3	0.333
					气候舒适度指数C4	0.800
			环境污染B3	0.4286	水文指数C5	0.200
					与工厂距离C6	0.333
	社会经济条件A2	0.3333	公共配套B4	0.2500	与主干道距离C7	0.666
					与科教文卫体距离C8	0.633
					与行政配套距离C9	0.106
			交通区位B5	0.7500	与商业配套距离C10	0.260
					与主干道距离C11	0.750
					与农村道路距离C12	0.250

表4-9　　　　乡村休闲养老开发项目选址评价指标赋值规则

指标名称及编号	赋值规则 1(不适宜)	赋值规则 2(适宜)	赋值规则 3(最适宜)	来源
海拔高度C1	<800m	800~1 000m	>1 000m	专家小组
坡向C2	北坡	东坡或西坡	南坡	文献[32]
地形起伏度指数C3	>0.95	0.4~0.95	<0.4	专家小组,文献[45]
气候舒适度指数C4	<50 或>75	50~59 或 70~75	59~70	文献[45]
水文指数C5	<0.4	0.4~0.74	>0.74	文献[15]
与工厂距离C6	<500m	500~800m	>800m	专家小组
与主干道距离C7	<50m	50~100m	>100m	专家小组
与科教文卫体距离C8	>800m	500~800m	<500m	专家小组
与行政配套距离C9	>2 000m	1 000~2 000m	<1000m	专家小组
与商业配套距离C10	>1 000m	500~1 000m	<500m	专家小组
与主干道距离C11	>800m	400~800m	<400m	专家小组
与农村道路距离C12	>400m	200~400m	<200m	专家小组

表 4—10　　多规合一符合性因子

因子名称	因子说明	对应数据
土地利用总体规划	必须符合规划用途及界线要求,项目选址地块被相应类型的规划地块拓扑包含	土地利用规划空间数据
城市总体规划		城市总体规划空间数据
控制性详细规划		控制性详细规划空间数据
主体功能区规划	优化开发、重点开发的区域选址加分,不能在限制开发和禁止开发区内选址	主体功能区规划空间数据
城镇开发边界线	只能在开发范围内选址	城市开发边界空间数据
永久基本农田控制线	项目选址应避免占用	永久基本农田保护线(区)空间数据
生态保护红线	项目选址应避免占用生态保护区	自然保护区、风景名胜区、森林公园、地质遗迹保护区、饮用水水源地保护区、洪水蓄测区等空间数据

表 4—11　　项目选址优化涉及常见因子

一级指标	二级指标	指标选取依据	对应数据
区域特色(A_1)	政策及区位条件(A_{11})	考虑要符合该区域的产业发展规划等政策和文化传统背景。例如:不同类型项目国家或地方有不同的税收标准,如工业项目税收相对较高,港口城市比较适合工业项目选址,该区域引入相关项目投资符合产业发展规划	国民经济与社会发展五年规划
	产业聚集(A_{12})	同类产业的聚集,可以使资源共享,降低建设成本(成本低、权重大)	主导产业/园区分布
	市场潜力(A_{13})	产品的潜在需求量或者服务人数(需求量大或服务人数多,权重大)	人口统计数据
	用地价格(A_{14})	考虑土地价格的影响,一般用地单价越高,权重越小	城市基准地价

续表

一级指标	二级指标	指标选取依据	对应数据
交通条件(A_2)	港口(A_{21})	工业项目、物流仓储项目用地与邻近港口的交通距离,距离越小则权重越大	综合交通路线、交通设施数据
	机场(A_{22})	工业项目、物流仓储项目与邻近机场的交通距离,距离越小则权重越大	
	铁路(A_{23})	工业项目、物流仓储项目与铁路邻近站点的交通距离,距离越小则权重越大	
	公交站点(A_{24})	居住项目、行政办公用地、娱乐康体项目、医疗卫生项目、教育科研项目与邻近公交站点的交通距离,距离越小则权重越大	
	地铁站点(A_{25})	居住项目、行政办公用地、娱乐康体项目、医疗卫生项目、教育科研项目与邻近地铁站点的交通距离,距离越小则权重越大	
	高速(A_{26})	用户可以根据具体的项目类型设置与相应的交通干线的交通距离进行权重大小确定,例如距离高速路口越近则权重越大	
	国道(A_{27})		
	省道(A_{28})		
	县道(A_{29})		
	乡道(A_{30})		
周边环境(A_3)	重点项目(A_{31})		重点项目分布空间数据
	地质灾害(A_{32})	居住项目、行政办公用地、娱乐康体项目、医疗卫生项目、教育科研项目等要远离危险场所,例如项目应离危险场所5km范围外,且距离越远则权重越大	地质灾害分布数据
	化工厂(A_{33})		
	危险品仓库(A_{34})		危险品、易燃易爆场所分布数据
	燃气站(A_{35})		
	环境影响(A_{36})	项目可能对周边环境产生的负面影响,如工业项目的排放污染(噪声、废气、废水等)	—
公共设施(A_4)	公安消防(A_{41})	居住项目、行政办公用地、娱乐康体项目、医疗卫生项目、教育科研项目附近的各类公共设施越完善、邻近距离越小,则权重越大	生活配套设施数据、市政基础设施空间分布数据
	医疗卫生(A_{42})		
	教育学校(A_{43})		
	文化体育(A_{44})		
	公园绿地(A_{45})		
	政府机构(A_{46})		
自然条件(A_5)	地形地貌(A_{51})	地质条件稳定,地势尽量平整,权重较大。如工业项目自然地面坡度不宜大,一般以0.4°~2°的角度为宜	地质环境数据、高程、坡度数据
	景观(A_{52})	景观协调一致,权重较大	景观规划空间数据

表 4—12　　　　　　　　　　　　　　判断矩阵

目标(A)	区域特色 (A_1)	交通条件 (A_2)	周边环境 (A_3)	公共设施 (A_4)	自然条件 (A_5)
区域特色 (A_1)	1	2	5	3	4
交通条件 (A_2)	1/2	1	6	1/4	4
周边环境 (A_3)	1/5	1/6	1	1/7	4
公共设施 (A_4)	1/3	4	7	1	8
自然条件 (A_5)	1/4	1/4	1/4	1/8	1

4.2.3　技术方案分析

项目技术方案分析的对象是技术要素,包括工艺图纸、设备、厂房、项目施工技术、项目系统工程等。技术方案需要适合当地的资源条件和环境因素,如对技术的接受和吸收能力、相应的生产协作条件及地方环境保护的要求等。项目技术方案评价主要从先进性、适用性、经济性、可靠性和符合国家技术标准等方面,对生产工艺方案、设备选型方案、工程设计方案和施工组织设计进行分析和评价。

4.2.4　财务评价

财务分析是项目决策分析与评价的重要组成部分,是重要的决策依据,在项目或方案比选中发挥着重要的作用。

大多数建设项目都需要融资,财务分析也是确定融资规模、融资进度的重要手段。

1. 财务分析的程序

财务分析包括以下步骤:财务效益与费用数据的准备、编制财务分析基本报表、计算与分析财务效益指标、进行不确定性分析与风险、得出财务分析结论(见图 4—2)。

2. 财务分析指标体系

投资项目财务分析结果的好坏,一方面取决于基础数据的可靠性,另一方面则取决于所选取指标体系的合理性。一般来讲,投资者的投资目标不止一个,因此项目财务分析指标体系也不是唯一的,根据不同的评价深度要求和可获得资料的多少,以及项目本身所处条件与性质的不同,可选用不同的指标。

财务指标根据其性质不同,可分为时间性指标、价值性指标和比率性指标(见图 4—3)。

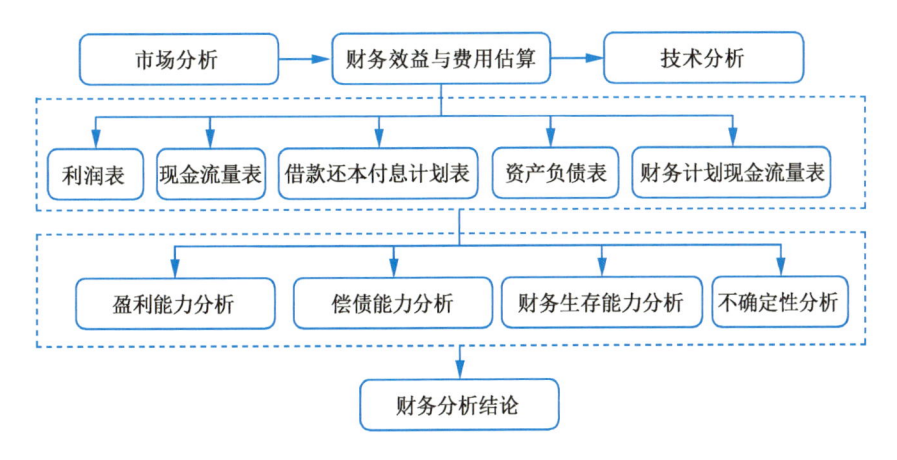

图 4—2 财务分析步骤

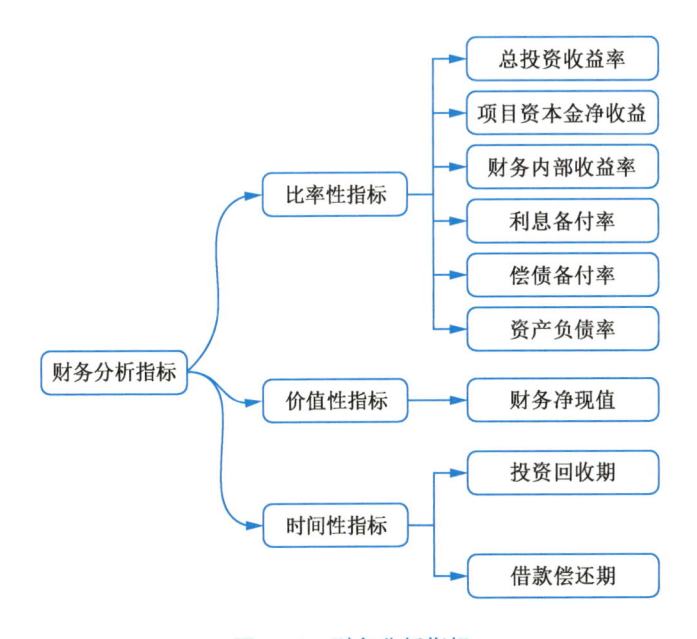

图 4—3 财务分析指标

3. 现金流量表分析

项目投资现金流量分析是从融资前的角度,即在不考虑债务融资的情况下,确定现金流入和现金流出,编制项目投资现金流量表,计算财务内部收益率和财务净现值等指标,进行项目投资盈利能力分析,考察项目合理性。

现金流量分析首先要正确识别和确定现金流量,包括现金流入和现金流出。现金流入包括营业收入(必要时还包括补贴收入),在计算期的最后一年,还包括回收资产余值及回收流动资金。该回收资产余值应不受利息因素的影响,它区别于项目资本金现金流量表中的回收资产余值。现金流出主要包括建设投资(含固定资产进项税)、流动资金、经营成本、税金及附加,如果运营期内需要投入维持运营投资,也应将其作为现金流出。现金流量分析中,财务内部收益率(FIRR)、财务净现值(FNPV)及投资收回期等是主要分析指标。

(1)财务内部收益率

内部收益率是项目投资实际可望达到的报酬率,即当项目计算期内各年净现值之和等于零时的折现率,内部收益率也称内部报酬率,可视为项目存续期间投资者可获得的平均回报。内部收益率满足以下等式:

$$\sum_{t=1}^{n}(CI-CO)_t \times (1+FIRR)^{-t} = 0 \tag{4.1}$$

内部收益率的优点是直观简单,缺点是难以评价非常规投资项目和规模不等的项目。同时,内部收益率适用于单个项目方案评价,而不可直接将两个及两个以上项目的内部收益率进行比较。

(2)财务净现值

净现值(net present value,NPV)是在项目计算期内,按行业基准折现率或给定的折现率,计算各年净现金流量的现值之和,净现值法是考察项目在计算期内盈利能力的动态指标。其表达式为:

$$NPV = \sum_{t=1}^{n}(CI-CO)_t \times (1+i^c)^{-t} \tag{4.2}$$

式中,CI 为项目的现金流入量;CO 为项目的现金流出量;i^c 为基准投资收益率或设定的折现率(discount rate);$(1+i^c)^{-t}$ 为第 t 年的折现系数;n 为项目的计算期。

NPV 可根据项目的财务现金流量表计算求得,即用计算期内各年的净现金流量乘以其折现系数,然后汇总求得。当 $NPV>0$ 时,表明该项目净效益抵付了相当于用折现率计算的利息之后还有盈余,在财务上是可行的;当 $NPV<0$ 时,该项目在财务上是不可行的;当 $NPV=0$ 时,要分析所选用的折现率,若选择的折现率小于或等于银行的长期贷款利率,一般判断项目不可行,若折现率大于银行长期贷款利率,则项目是可以接受的。

例如,某两个项目的净现金流量情况如表 4-13 所示,可分别计算出折现率为10%的净现值。

表 4-13　　项目 A 与项目 B 的净现金流表　　单位:万元

年份	0	1	2	3	4	5	6
项目 A	-5 000	1 620.5	1 601.58	1 580.77	1 557.88	1 532.70	1 505
项目 B	-5 000	1 505	1 505	1 505	1 505	1 505	1 505

项目 A 的净现值为:

$NPV_A = 0.9091 \times 1\,620.5 + 0.8264 \times 1\,601.58 + 0.7513 \times 1\,580.77 + 0.6830 \times 1\,557.88 + 0.6209 \times 1\,532.70 + 0.5645 \times 1\,505 - 5\,000$

$$=1\ 849.63(万元)$$

项目 B 的净现值为：

$$NPV_B = 1\ 505 \times 4.3553 - 5\ 000 = 1\ 554.73(万元)$$

如果项目要求的折现率≤10%，则上述两个拟建项目的财务净现值都大于零，说明在财务上都是可行的。

(3) 总投资收益率

总投资收益率(return of income, ROI)是指项目在正常年度的净利润总额与项目总投资之比，计算公式为：

$$总投资收益率 = \frac{年息税前利润}{项目总投资} \times 100\% \tag{4.3}$$

式中：息税前利润＝利润总额＋支付的全部利息，或息税前利润＝营业收入－税金及附加－经营成本－折旧和摊销。

总投资收益率高于同行业的收益率参考值，表明用总投资收益率表示的盈利能力满足投资要求。

(4) 投资回收期

投资回收期是不考虑资金的时间价值时，用生产经营期回收投资项目的净现金流量抵偿原始总投资所需要的全部时间，一般用年来表示。计算出的回收期如果小于行业规定的投资回收期或平均回收期，则认为项目是可以接受的。静态投资回收期计算公式为：

$$投资回收期 = 累计净现金流量开始为正值的年份数 - 1 \\ + \frac{上年累计净现金流量的绝对值}{当年净现金流量} \tag{4.4}$$

投资回收期法易于理解，在一定程度上考虑了投资的风险，通常投资回收期越长意味着投资风险越高；反之，则投资风险越低。投资回收期方法的缺点也很明显，包括未考虑资金的时间价值，仅考虑了投资回收期之前的现金流量对投资收益的贡献，而未考虑回收期之后的效果；同时，确定投资回收期的标准期具有较大的主观性。

4. 不确定性分析

项目经济评价中所采用的数据大部分是预测和估计的，存在较大的不确定性，数据变化影响项目评价结论，甚至导致项目决策失误。不确定性分析就是对影响项目投资效益的不确定性因素进行分析，以判断项目可能承担的风险，确定项目在经济上的可靠性。基本方法包括盈亏平衡分析和敏感性分析等，盈亏平衡分析只能用于财务效益分析，敏感性分析可以同时用于国民经济效益分析。

(1) 盈亏平衡分析。盈亏平衡是指项目某年的收支相抵后利润为零，不盈不亏的状态，保本点就是盈亏平衡点(break even point, BEP)。通过计算达到盈亏平衡点的产销量或生产能力利用率，分析拟建项目成本与收益的平衡关系。盈亏平衡点是根据正常生产年份的产量、变动成本、固定成本、产品销售收入和税金等数据计算出来的，保本生产量越低，则项目抗风险能力越强。

用产量表示盈亏平衡点时,计算公式如下:
$$QBEP = F/(P-V-T) \times 100\% \tag{4.5}$$

式中,$QBEP$ 为盈亏平衡点产销量;F 为固定成本;P 为产品单价;V 为单位产品变动成本;T 为税金与附加固定成本。

以生产能力利用率表示盈亏平衡点时,计算公式如下:
$$RBEP = QBEP/Q \times 100\% \tag{4.6}$$

式中,$RBEP$ 为以生产能力利用率表示的盈亏平衡点;$QBEP$ 为年生产能力。

例如,某加湿器制造公司进行生产线改造后,年产量 50 万台,固定成本总额 1 500 万元,产品售价每台 180 元,单位变动成本每台 90 元,销售税率 12%。计算其保本点为:

$QBEP = 15\,000\,000 \div (180 - 90 - 180 \times 0.12) = 219\,298(台)$

$RBEP = 219\,298 \div 500\,000 = 0.439$

即该企业的保本产量为 219 298 台,保本生产能力利用率为 43.9%。

(2)敏感性分析。敏感性分析是考察与项目有关的一个或多个主要因素发生变化时对项目经济效益指标影响程度的分析方法,其目的是对外部条件发生不利变化时投资方案的承受能力做出判断。从理论上讲,所有评价效益的指标都可以作为敏感性分析的指标,如产品销量、售价、折现率、投资额、汇率等,在实际工作中一般选择一种或若干种指标进行敏感性分析。机会研究阶段常用投资回收期,详细可行性研究阶段采用内部收益率和净现值。如在火力发电项目中,煤价受市场调节,是影响经济效益的重要不确定性因素。

敏感性分析的过程是:在确定分析指标和不确定性因素的基础上,将设定的因素从确定性分析所采用的数值开始变动,且每次变动幅度相同,计算每次变动对评价指标的影响程度,比较变化大小即可找出最敏感的因素。

例如,某新建水泥项目,计算财务内部收益率为 11.62%。把售价、经营费用和投资额三个因素设定为不确定性因素,并分别按 ±10% 和 ±20% 变动,计算内部收益率的变化幅度。从表 4—14 可以看出,财务内部收益率对售价变化最敏感,对经营费用和投资额的变化不太敏感。

表 4—14 不确定性因素对财务内部收益率的影响(%)

FIRR	售价变动				经营费用变动				投资额变动			
	−20	−10	+10	+20	−20	−10	+10	+20	−20	−10	+10	+20
	+6.7	+9.3	+13.7	+15.6	+13.4	+12.5	+10.68	+9.7	+14.5	+12.9	+10.4	+9.4
	−4.92	−2.32	+2.08	+3.98	+1.78	+0.88	−0.94	−1.92	+2.88	+1.28	−1.22	−2.22

第五章

商业计划书的编制及评价

本章导读

学习了资管知识，我们可以理解"投行"、"基金"等资管的基本概念，现代商业已经不再是"同一条起跑线"，资本、技术等因素直接影响到企业的战略和竞争力。技术研发离不开资本支持，企业的融资能力逐步成为企业的核心竞争力，商业计划书的编制能力正成为当下职场的必要技能。

学习目标

1. 熟练掌握商业计划书编制的基本框架。
2. 了解商业计划书评估的基本要点及投资决策流程等知识。

本章主要知识点

1. 商业计划书的基本模块
2. 投资决策的流程
3. 未上市公司估值的方法
4. 商业计划书评估的要点
5. 客户群体市场细分的变量
6. 不同阶段的融资估值法

导入案例

未上市公司股权如何估值

某企业开发出一种新的功能性饮料，技术开发阶段已经完成。进入市场需要经过两个阶段：一是占位；二是放量。占位就是要将产品摆上各大商场的货架，需要建立经销商的网络渠道；放量就是要让消费者把产品从货架上买下来，买下来一瓶，再摆上两瓶，买下两瓶，再摆上四瓶……这需要靠品牌宣传。

问题：对公司股权的估值如何评估？

通常有现金流量法和资产重置法两种方法，资产重置法是以现有的产出规模为基准，假设重置这些资产产出能力需要的投资额；现金流量法是以项目今天的现金流为基准，推算预定期限的现金流，然后求出预期资金的净现值，以此作为项目评估的价值标准。

假设我们在产品开始放量之前对项目进行资产评估：先用资产重置法算出整个项目前期投入的成本为 500 万元，再用现金流量法推算 5 年的净现值，结果是 4 000 万元。然后需要为这两种资产评估方法设定权重。把资产重置法的权重设为 80%，现金流量法的权重设为 20%，将两者的评估结果分别乘以各自权重，然后相加求和：

500 万元×80%＋4 000 万元×20%＝400 万元＋800 万元＝1 200 万元

项目的技术开发已经完成，但市场放量还没有开始，说明该产品只存在技术含量的无形资产，而并不存在品牌效益的无形资产，产品能否被市场接受，还存在不确定性，因此资产评估的方法应以资产重置法为主、现金流量法为辅。

假如资产评估发生在产品的市场放量持续 1 年之后，项目此时已具备了历史统计资料，我们则可以用现金流量法作为主要的评估方法。先用资产重置法算出项目截止到评估值日起前期投入的总成本为 500 万元，再用现金流量法推算后 5 年的净现值 4 000 万元。设资产重置法的权重为 20%，现金流量法的权重为 80%，再将两者的评估结果分别乘以各自权重，然后相加求和：

500 万元×20%＋4 000 万元×80%＝100 万元＋3 200 万元＝3 300 万元

显然，这次评估结果与上次相比大大增值了。因为市场放量既成事实，说明市场已经接受了该产品，按照饮料业的行话：市场已经具有了透明度，可以据此预测发展趋势了。此时进行资产评估，资产重置法和现金流量法的权重就可以二八倒置了。以现金流量法为主，可以更充分地涵盖产品的品牌效益，增加项目的评估值。

有了估值，投资人是否能接受？

资料来源：房西苑.资本的游戏[M].北京：机械工业出版社，2008.

5.1　商业计划书的编制

资产管理行业会面临各种各样的融资需求，对于各类企业的商业计划书，每个企业的商业计划书对应的就是每个项目。

企业对外融资时，商业计划书是必备的材料之一，投资机构对项目的接触通常来自商业计划书（Business Plan，BP）。商业计划书是为商业发展计划而制作的书面文件，目的是展示项目的潜力与价值。通过商业计划书的编制，能在较短的时间内让投资者对于公司的项目有一个相对比较全面的了解，从而快速地在融资需求方和投资方之间建立联系的桥梁。

常见的商业计划书根据场合的不同,可分为路演型商业计划书、工作型商业计划书、验证型商业计划书 3 种。

路演型商业计划书面向时间紧的投资人或投资人高层时,需要简明扼要地展示,体现页面少、时间短,适合直奔主题。工作型商业计划书是在投资人需要进一步了解项目情况时,企业就需要提供工作型商业计划书,页数在 20~30 页,能全面地介绍投资者关注的各类重要信息。验证型商业计划书是为投资人提供验证衡量项目可行性的数据,包括市场空间、市场占有率、产品和财务等方面的数据,特点是数据多、全局性强,适合选取重点演讲。

5.1.1 商业计划书的主要大纲

商业计划书是企业营销的重要手段,主要由"PPT、文本"或视频等方式展现。商业计划书不是八股文,但商业计划书的主要内容和模块还是需要重点把握,见图 5—1。

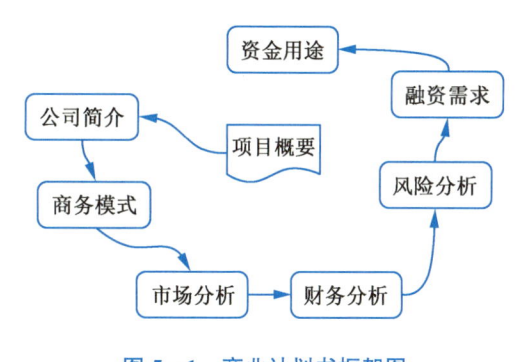

图 5—1 商业计划书框架图

1. 项目概要

投资人最感兴趣的是高收益和低风险的项目,但每个投资人对项目的认知不一样,商业计划书的项目概要就需要用最简明、通俗的语言来打动投资人,一般来说,1~2 页纸即可。

主要有三个方面:一是简述业务内容、收入及利润来源,也就是写明企业做的核心业务、商业模式及发展前景,要让投资人短时间内迅速了解项目的性质、背景和前景;二是合作方式及权利与义务,写明与投资者合作的形式及方案,如合资还是合作、是信用融资还是股权融资、是普通股还是优先股、由谁控股等,可以让投资人了解你的明确意图,并判断介入项目的可能性;三是投资回报和效益结果,简要列出总投资额、收入、利润、平均利润率、投资回报期等,让投资人看到超额收益,进而激发兴趣。

2. 公司简介

融资不仅是推广项目,更需要推广公司本身,如果是初创团队的话,则需要推广团队。

项目概要告诉投资人做什么生意、赚什么利润、怎么合作,目的是引发投资人的兴趣。而公司简介则相当于公司的一份简历,需要让投资人基本了解公司,并建立短时间的信任关系。

公司简介要体现出"实力、能力、资历"三个"力(历)"。

(1) 公司实力

公司实力体现在实实在在的数据,不同阶段的公司体现的实力各不相同。初创期的公司,在销售渠道、合作客户、获得奖项等各方面都可以证明,如公司有世界五百强的客户或者获得国家级高新科技企业称号等。成长期的公司,在资产、品牌、销售额、利润率、成功案例等各方面可以多体现,如果前期已获得知名机构的融资,也是一种实力的表现。

(2) 公司能力

公司能力需要提炼和表达。主要突出在这个项目中能干什么、已经干成什么、未来能干到什么程度。这需要根据公司类型及商业模式的不同来表述:如果是科技类公司,需要突出企业的研发能力;如果是运营类公司,需要突出企业的运营能力;如果是服务类公司,需要突出企业的服务能力。在表述时,"能力"的表达要聚焦,避免散乱。初创期企业往往可以通过团队成员构成来表述,每个团队成员都很强,但都要有分工,体现团队组织的力量。成长期企业则需要通过组织的管理能力来体现,介绍组织架构、管理模式、管理效率、管理工具等。

(3) 公司资历

投资人要快速了解企业,公司资历是最实在的,企业的历史是抹不去的,也是企业发展的重要阶段。虽然经常有"开关"公司(开了3年就倒闭的公司),但能够超过3年的,必然有其不一样的发展轨迹。在介绍时,可以写明注册时间,或绘制不同发展时期的公司历史图。同时,也需要阐明目前公司所处阶段以及未来的发展前景和方向,可以对近三年的经营业绩和增长趋势作分析。

3. 商务模式

商务模式是商业计划书中最重要的一部分。可复制的才可以称为是商务模式。商务模式需要写清楚三方面的内容:

(1) 技术模式和解决方案。介绍技术原理及可实现的功能,对技术开发、选择、组合的理由给予说明,通过适用性、稳定性、经济性三方面的分析,论证项目所选技术的相对优势和核心竞争力,求出性价比的关键指标。

(2) 经营模式和运作流程。阐述项目的盈利点和商机所在,通过对人流、物流、钱流、信息流的分析,勾画出项目的运营流程,并对流程中每一个环节的可行性进行论证。在上述四流中,其他的流可以忽略不提,但唯有钱流不可或缺、不可不提。一个项目(公益项目除外)若没有钱流,则说明项目本身没有投资价值,如果钱流没有表达清楚,则说明商务计划书写得不合格。

(3) 合作模式和操作步骤。建议能让投资者参与项目的方式,在阐明底线的前提下,提出合作双方(或多方)风险责任分担及权利利益分配的方案,论证上述方案的双赢(多赢)结局。合作模式有可能是动态的,例如今后再次融资或者公司上市,因此还有对上述分配方案的动态演变进行规划。

4. 市场分析

市场是项目存在的理由,也是项目可行性论证的重要环节,投资者看重的是市场发展空间,市场竞争格局往往通过市场占有率和利润率两个指标来说明。市场分析也要论证"细分市场分析、行业竞争分析、营销定位分析"三方面内容:

(1)细分市场分析

需要描述市场规模及目标份额,说清楚蛋糕有多大,想切多大的蛋糕。企业需要先估计项目的市场总容量,然后根据历史数据来推算市场规模的发展趋势,预测其增长率,并根据企业的自身实力来确定自己的市场目标份额,以此作为企业发展规划的依据。

(2)行业竞争分析

描述企业在行业中的地位及竞争对手。投资人注重的是投资收益降低风险,他们也需要理性地分析他们投资的标的(公司)所处的行业地位及竞争对手。在不同的细分市场中行业地位都会不同,但每个行业都有龙头企业以及行业生态圈,商场如战场,行业分析就如作战地图一样重要,需要能清晰地看到作战的局势以及胜负的可能。行业分析不一定要很权威,但最起码能让投资人感觉到公司已经研究过了,说明企业对自己有了清晰的定位,特别是竞争对手的选择也就体现了企业的自身地位。在充分分析竞争对手的优劣势后,找到公司自身的特色及竞争优势。

(3)营销定位分析

描述市场定位及营销策略。细分市场需要企业有明确的市场定位,利用 4Ps(Product 产品、Price 价格、Promotion 促销、Place 渠道)理论和 4Cs(Customer 顾客、Cost 成本、Convenience 便利、Communication 沟通)理论进行营销分析,确定本项目的具体目标客户,针对目标客户的需求特点和行为模式来制定合理的价格体系,策划可行的营销策略,以及达到市场目标份额的计划和步骤。

5. 财务分析

财务分析是对企业自身财务状况的分析,很多企业自身运营不规范,但又很想对外融资,但对于那种公私不分、经营不透明的企业,投资人也不敢随意投资。财务分析就如 X 光一样,需要将公司的基本财务状况展示出来。投资人看重的是高收益低风险,他们不是慈善机构,如果企业自身财务状况很差,他们会心生退意。

(1)资本结构

资本结构是指长期负债与权益(普通股、特别股、保留盈余)的分配情况。最佳资本结构便是使股东财富最大或股价最大的资本结构,亦即使公司资金成本最小的资本结构。资本结构反映的是企业债务与股权的比例关系,它在很大程度上决定着企业的偿债和再融资能力,决定着企业未来的盈利能力,是企业财务状况的一项重要指标。简单理解,每个企业都需要筹集资金进行投资运营,筹集资金有两种来源,即负债(Liability)和权益(Equity),负债就是借钱、贷款,权益就是股东出资。公司资本中,权益和负债各占多少,就是公司的资本结构(Capital Structure)。

(2)股权结构

股权结构是为了体现公司的控制权。在商业计划书中,可以将创始人、投资人及员工期权池等股权分配和归属情况用表格的形式列清楚。

(3)盈利能力分析

盈利能力是指公司获取利润的能力,公司的盈利能力越强,则其给予股东的回报越高、公司价值越大。盈利能力分析的指标包括销售毛利率(毛利占销售收入的百分比)、销售净利率(净利润占销售收入的百分比)、营业利润率(营业利润占销售收入的百分比)、资产净利率(净利润除以平均总资产的比率)、净资产收益率(净利润除以平均所有者权益的比率)。

(4)偿债能力分析

短期偿债能力主要表现在公司到期债务与可支配流动资产之间的关系,主要的衡量指标有流动比率和速动比率。长期偿债能力是指公司偿还1年以上债务的能力,与公司的盈利能力、资金结构有十分密切的关系。公司的长期负债能力可通过资产负债率、长期负债与营运资金的比率及利息保障倍数等指标来分析。

(5)发展能力分析

衡量公司发展能力的指标主要有:营业收入增长率、总资产增长率、营业利润增长率、资本保值增值率和所有者权益增长率等。

6. 风险分析

风险分析是投资人必做的功课。融资方如果事先将可能遇到的各种风险罗列出来并提出应对预案,可以让投资人觉得融资方的成熟和自信。"凡事预则立,不预则废",风险分析的目的也是风险控制或避开风险。

(1)风险识别

风险是指不确定性,往往包括外部的系统风险和内部的非系统风险这两类。外部风险包括政治风险、技术风险、市场风险、政策风险等,内部风险主要是高管离职、股东退出等。

(2)风险评估

风险评估需要有明确的评估指标,通过系统分析来对公司经营中存在的可能影响作出估计。

(3)风险预案

根据风险评估结果,对应可能发生的风险,提出符合公司实际的应对方案。

7. 融资需求

融资需求是商业计划书的核心,企业的最终目的就是为了融资,要明确融资需求,即要告诉投资人项目需要多少资金、公司股权值多少、能释放多少股权等。

(1)现金流分析

现金流是公司经营管理的血液,最简单的方法就是通过编制现金流量表,将每年的现金收入及现金流出列出来,通过现金流分析来明确告知投资人项目的内含报酬率、投资回报期等信息,分析目前公司缺少资金的原因以及需要的资金规模。

(2)股权估值

股权融资类似于出售"股权",当股权被作为交易标的时,双方就需要对股权进行评估。市面上有很多估值方法,包括P/E、P/B法等,由于这些企业是未上市公司,他们的发展前景还是很不稳定的,股权估值需要客观并能有合理的价格。可以采用锚定法,也就是锚定一家已经成功融资的类似企业,按照其估值比例来作为参考。

(3)融资条件

投资人有很多种,不同的投资人带给公司的资源是不一样的,融资不仅是融资金、融资本,更是融资源。有很多投资人是行业龙头企业,拥有广大的市场渠道,龙头企业也有意愿投资行业生态圈企业,为此,在商业计划书中也可以明确,如果龙头企业这类战略投资人愿意投资或带给企业资源的,可以在估值方面作点让步。

8. 资金用途

投资人最担心的是融资后资金被坑或者被挪用,现实中,天使投资、风险投资失败的案例特别多,如果企业经营者没有资金预算的概念,本身就说明其经营能力较弱。企业是依赖于利润生存的,所以资金用途可以告诉投资人资金的使用去向,同时,也更能够让公司经营者本身能够较为合理地对企业经营所需要的资金有一个反省和认知的过程。

5.1.2 商业计划书编制时的注意事项

1. 不能用行业市场替代细分市场

商业计划书中最常见的问题是用大的行业来代替细分行业,或者用其他地区代替本地区等假借概念的错误。比如,用整个游戏软件行业的分析代替手机游戏行业、用服装制衣行业的分析代替制服行业、用一线城市房地产的数据代替本地房地产发展分析等。之所以这样做,有细分行业数据不容易收集的原因外,显而易见,整体行业或者发达地区的规模数据要比子行业或其他地区大很多,也好看得多。但这种处理手法相当拙劣,给投资人的印象很不好,而且这部分内容一般是放在计划书比较靠前的位置,投资人在无法找到自己所需要的可信行业分析数据时,很可能因为手中项目太多而放弃继续读下去。

2. 未对竞争对手和竞争态势给予细致的调查分析

企业在任何领域经营必然会遇到竞争者,哪怕是全新的商业模式,也将会遭遇对手的挑战。投资人的收益不仅与被投资方是否做得好有关,也与其竞争对手的强弱变化具有紧密联系。因此,同行中的前三、五位的竞争对手的情况分析,以及对于投资前景的判断和项目收益预测是必不可少的。很多融资方在撰写商业计划书时存在回避或不愿意正视竞争对手的倾向,轻描淡写地处理市场竞争分析,不仅误导了投资方,也麻痹了自己。经常看到融资方在计划书中写着"没有竞争对手"或随便提到几个同行企业,并没有针对性地就所涉及的业务领域进行对比分析。对于经验丰富的投资人而言,不会轻易相信这样的分析。即便是利基市场,也只有暂时的平静。如何有的放矢地对待已有的竞争者,提出有效防范未来竞争者进入的对策,是确保投资方利益、降低投资风险的必要环节。

3. 项目的盈利估计过于乐观或者依据不足

商业计划书的收益预测部分往往是"水分"最大的地方。融资方无论出于何种目的"掺水",投资方总希望能把多余的水分挤掉。这种局面有点像市场里的讨价还价。商业计划书中的收益预测通常超过实际可达目标值的一倍以上,有些更高达两三倍。融资方自己做的收益预测往往离实际情况很远,创业者的预测高估程度超过已有该行业经历的企业。高估收益往往也与行业分析不足有关,很多商业计划书在预测收益时只是简单地将行业总量数据乘以一个比例,比如理想中的市场占有率,但总量数据本身就超过细分行业数据时,再加上对市场的过分乐观,就不难理解为什么得出的数据高得离谱了。在常见的商业计划书里,收益预测部分往往是最简略的部分,很多只是一张简单的两三行的报表,未提供预测的假设条件或依据,年度间的增长似乎也是按照简单的增长率来计算的。这样的收益预测既无法令投资方信服,也无法依此计算投入和回报。

4. 文字内容要与财务模型紧密连接,不要貌合神离

投资者对商业计划书的反应,最终将聚焦在财务模型上。商业计划书上所有的文字描述,必须支撑财务模型;财务模型其中的数据,要很好地在文字描述中找到依据。与财务模型无关的内容尽量少写,要使内容更精简。

5. 没有投资退出方式的考虑

对于投资者来说,无论是股权投资还是债权融资,目的只有一个,就是在某个时间段内要保本并达到期望的盈利水平。投资人并不会永远与企业捆绑在一起,甚至从本质上讲,投资就是为了成功地退出,而且退出越快就越可以提高资金使用效率并产生更大的增值。没有提出明确的投资退出方式和期限的项目计划书,被认为是不完整的,就像一篇文章少了个结尾,是不合格的。

一般来说,为了使公司值得信赖,争取到投资方的资金支持,要在可靠的市场增长预测数的基础上估算出企业若干年后的价值,并选择对投资人最有利而各利益相关方都能够接受的方式,如上市、回购、再出售等让投资人获利后退出本金。甚至在最保守的情况下,还要考虑公司清盘时给投资人带来的可能损失和补救办法。

5.2 商业计划书的评价与决策

5.2.1 商业计划书的评价要点

投资人在决定投资前,必然首先要对商业计划书进行全面、系统、科学、严谨的审查与评估。投资人往往需要判断三个方面：一是拟投项目及依托企业是否处于适当的发展阶段，是否存在良好的市场机会；二是商业模式是否成立；三是企业的组织能力是否够强，包括企业家及团队能力。投资人接触企业往往从商业计划书的角度去评估投资机会，商业计划书的质量主要体现在三个方面：一是呈现格式是否精美，一份精美的商业计划书往往体现了企业家的营销能力和语言表达能力；二是信息是否完备，充分的信息表达说明企业家具有投资人站位，具有合作与开放的思维；三是数据是否真实、分析是否符合逻辑，这些能体现企业家的诚信度及思考能力。

针对商业计划书是否可行，可以从7个关键方面进行评估：

1. 进入时机

投资都有风险，从风险投资的角度，不是仅仅考虑企业描述的未来收益，这些收益都是不确定的，不确定也就是风险，投资需要在不确定中找到确定。进入时机，需要投资人评估目前被投项目和企业所处的阶段。企业是靠项目赚取利润的，按照技术项目的成熟与否，可将项目分为种子期（研发阶段）、成长期（中试阶段）、推广期（小批量生产）、成熟期（已成功进入市场）。

2. 管理团队

股权投资本质是投"企业家"的能力和项目的商业价值，现在人人都创业，往往很多人不具备企业家的能力，企业家最重要的是概念技能，能快速辨别事物的本质。其必备的特质包括领导力、大局观、变通能力和宽广的心胸。领导力是组织团队合作完成工作的能力；大局观是指对企业内部事务的判断始终是站在最高层面的全局出发，而不是从局部出发；变通能力是指应对事物的变通能力，遇事有原则，但也懂得补救或让步；宽广的心胸是带团队的首要条件，有容人之量才能带好团队。

判断团队能力主要从以下几个维度来分析。一是从分工合作的角度，组织架构设置是否合理、关键岗位人选是否适合。二是团队个人能力的角度。评估个人能力可以从"学历""技能""经验""业绩""品性"五个维度展开，对于关键职位，需要有不同的岗位要求，例如，首席技术官对项目的核心技术必须要有深刻的了解，能熟悉掌握技术的应用技巧等；财务总监需要拥有财务管理分析能力，熟悉银行金融方面的人脉关系等；负责业务发展的需要有成功的过往业绩以及相关的重要业务关系网等。

3. 市场前景及营销方案

（1）能够清晰界定目标市场及预期规模，重点评估对市场预测的方法和逻辑是否合理、目标客户群的规模及增长前景：一是看数据来源是否权威；二是看细分市场，避免混淆行业市场及细分市场。

（2）评估营销计划是否完善，评估企业在行业中的竞争地位、企业的核心竞争力，以及有效进入市场或扩大市场的可能。

4. 治理结构及内控体系

商业计划书中可能看不出企业的管理能力，但可以从商业计划书的交流过程中了解信息，并评估企业的管理状态。治理结构是现代化企业制度的表现，解决"代理"问题,有股东会、董事会、总经理形成相应的管理架构,更有相应的内部管理制度。投资人需要评估企业是否具备控制和管理企业良好运营的制度安排。

5. 商务模式及投资回报

商务模式决定了企业发展的盈利空间,可复制的可称为模式,需要有若干个变量组合成简单明了的函数关系。投资人需要评估企业在产业链中的角色定位以及其商务模式的选择是否符合自身定位;评估项目可能的收入来源以及影响收入来源的关键因素;评估产品或服务的价值定位以及可能带给客户的市场价值;评估公司的盈利能力、偿债能力及发展能力;评估项目的数据真实性、收入及成本费用预测的依据、盈亏平衡点、敏感性分析及利润等。

6. 技术壁垒

技术是未来企业发展的核心竞争力,需要评估技术的先进性,是自主研发还是引进的,评估该技术的知识产权体系是否完整,评估技术带给产品的价值,能否具备现有产品或服务的替代或互补。

7. 投资收益

评估获得股权的份额价值、投资收益、退出机制以及可能遇到的风险是否能够承受。

5.2.2 商业计划书的决策依据

1. 投资决策的流程

在资管业务中,投资人往往是代表资方的,市场上融资方多于资方,商业计划书作为项目的书面文件载体会集中流向资方,此时就需要资方建立项目数据库,用于储备项目。

一般来说,项目投资决策有储备项目资源、项目初筛、尽职调查、项目评估、投决委(投资决策委员会)决策、执行投资、管理服务及投资退出等环节,见图5-2。

项目初筛需要对项目有一个筛选的基本标准,例如,许多基金对投资的领域有清晰的界定,如有的只投新能源、有的只投集成电路、有的只投生物医药等。一项投资会涉及很长的周期,需要有缜密的投资论证过程,即优中选优的过程,有时数十个项目,真正值得深入研究的仅有1~2个项目。项目初筛也是一个评估的过程,需要有相应的评估指标,从投资赛道、投资回报、成长性、市场空间、商业模式、趋势方向及商业逻辑等方面有一个综合的评估指标体系。

尽职调查是针对拟投项目(经过初筛)所提供的信息进行核实,同时实地调研获得提供决策参考相应信息的过程。项目评估是对拟投项目进行再一次评估的过程,这是为投决委决策提供依据的,也需要设计相应的指标体系来进行再评估,同时,需要委托第三方对公司股权进行合理估值,经双方沟通后再提交投决委决策。

2. 投资决策的三个角度

投资决策主要从三个角度选择,即赛道、赛车、赛手。赛道指的是所选行业的市场

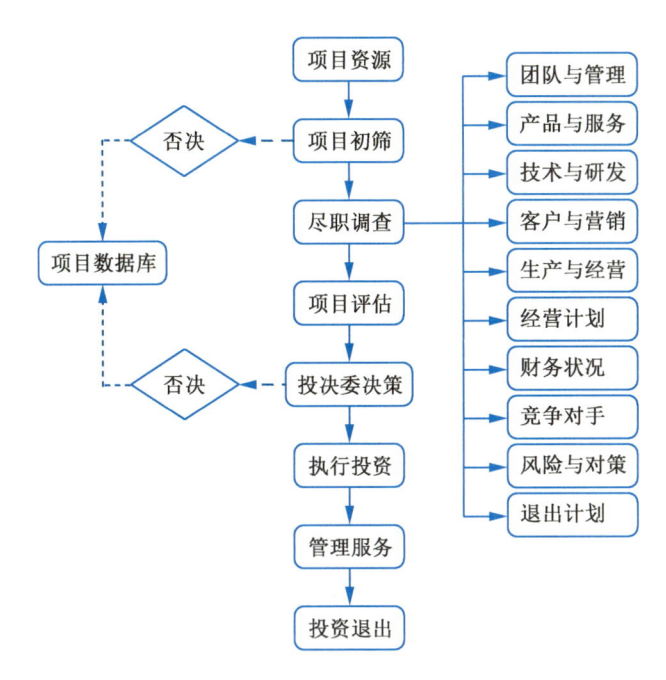

```
                    项目资源 ──┬──► 团队与管理
                       │       ├──► 产品与服务
        ┌─否决─ 项目初筛       ├──► 技术与研发
        │          │           │
        │       尽职调查 ──────┼──► 客户与营销
  项目数据库      │           ├──► 生产与经营
        │       项目评估      ├──► 经营计划
        │          │           │
        └─否决─ 投决委决策    ├──► 财务状况
                   │           ├──► 竞争对手
                执行投资      ├──► 风险与对策
                   │           └──► 退出计划
                管理服务
                   │
                投资退出
```

图 5—2 投资项目决策流程

规模,赛车指的是企业及其产品,赛手指的是企业家及核心团队。

（1）赛道选择

包括:是否在这个行业深耕？目标行业在某个细分领域是否已经形成小巨头垄断？从产业发展方向看,目前这个市场是红海竞争还是蓝海竞争？赛道情况如何？赛道应该越走越宽、越走越平坦、越走越长。也就是行业空间要足够大、政策环境足够好,客户需求是高频的刚需。这可以从以下四点来进行判断。

①客户群体定位

客户群体市场细分由美国市场学家温德尔·史密斯于 20 世纪 50 年代中期提出,指把一个总体市场按照客户需求和欲望划分成若干个具有共同特征的子市场的过程。市场细分有四大原则:可衡量性、可占据性、相对稳定性和可接近性。

客户群体市场细分的依据是差异,这些差异包括地理、人口、心理、行为这四个变量,见图 5—3。

②市场周期定位

每个行业都会经历周期起伏,行业周期与股票价格一样都会有特定的阶段,需要投资人对投资行业的市场周期有一个精准的预测和判断,见图 5—4。

③产业价值链定位

美国战略管理学家迈克尔·波特认为,价值链是企业一系列有联系的活动的组合,他认为,企业每项生产经营活动都是其创造价值的经济活动,企业所有的互不相同但又相互联系的生产经营活动构成了创造价值的一个动态过程,即价值链。

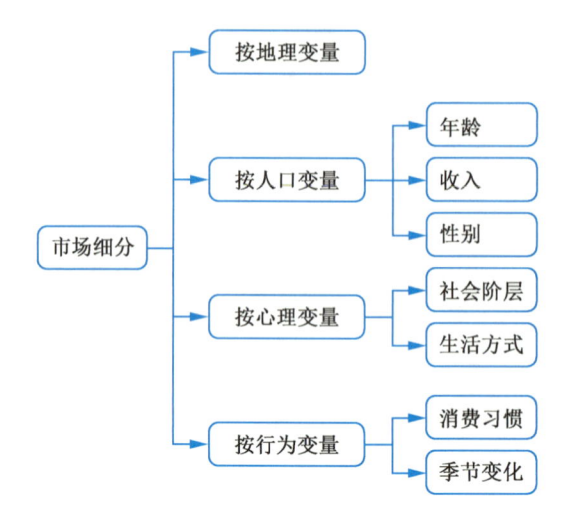

图 5—3　客户群体市场细分图

图 5—4　我国互联网发展历程图

图 5—5　企业活动的价值链分析图

在价值链分析中,投资者往往需要考虑三个问题:龙头价值链在哪里?短缺价值链在哪里?核心价值链在哪里?

龙头价值链是整条价值链的主导环节,决定整个行业的兴衰。短缺价值链是行业中的短板,是产业链中的不足。而核心价值链则是产业链中不可替代的部分,它有可能是龙头价值链,也可能是短缺价值链。

以果树种植为例,其不同维度,产业价值链也不尽相同,见图5-6。

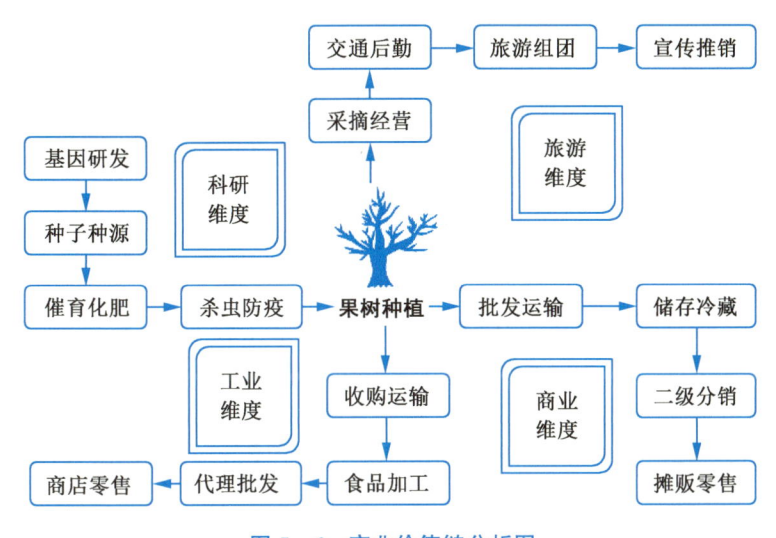

图 5-6 产业价值链分析图

④核心竞争力定位

企业文化是一个企业的核心竞争力之一,有很多企业崇尚狼性文化,那么企业文化到底是什么?企业文化是一套思想与价值观的体系。每个人的想法都很丰富,人的个性和行为方式很难去改变,管理者无法统一每个人的思想,但可以让每个人实施统一的行为规范。文化需要有符号,有行为规范。

身体是革命的本钱,书本是智慧的启迪。企业文化可以具象到马拉松文化、读书文化等。拥有企业文化,是卓越组织管理的发展基石。

(2)赛车选择

包括:赛车是企业竞争力和企业拥有的产品,理想的产品具有极强的竞争力,可以防复制、防抄袭,盈利能力极强。

企业的硬件实力和软件实力直接影响赛车的装备水平。产品要生产,就需要厂房楼宇、生产设备、库存等有形的硬件资产,要销售得好还需要有好的核心知识产权、品牌效应、企业诚信度、公司使命、愿景价值观等无形的软件资产实力,软实力需要长期的投入,例如,拥有百年历史的欧洲奢侈品在品牌方面的积淀,通过电气和丰田等公司常年探索现代管理制度等,这些都需要长期投入才能获得。

①项目的产品属于朝阳产业还是属于夕阳产业。

产品也有生命周期,目前国内都有淘汰落后产能的要求,落后产能就意味着产品的更新迭代。没有夕阳的行业,只有夕阳的产业,产业是由企业支撑起来的,如果经营此类产品的企业已经很多并已经进入衰退期,那么此类产品也就意味着将面临新一轮的更新迭代。特别在科技产品行业,产品更新迭代的周期越来越短。

②这个产业是政府支持还是政府限制。

我国有很强的政策导向,符合产业发展导向才会得到政策支持,企业要顺应时势,响应国家层面和地方层面的产业发展导向。

③项目是不是国民经济的增长点。

很多项目既不是朝阳产业也不是夕阳产业,但如果踩在国民经济的增长点上,就好比老虎插上翅膀,国民经济增长的百分点就能快速带动该项目的增长,如未来的医养大健康产业等。

④项目是否有技术革新的后续潜力。

高新科技项目是高风险项目,其最大的风险是技术的无形折旧,刚花了巨资开发出来的技术产品,结果刚推出市场就会有另一个同类产品同质化竞争,前期投入还没有回收,后期新技术更新迭代迫使企业陷入投资的更多风险。

(3)赛手选择

火车跑得快还得车头带,优质的企业需要搭配卓越的核心团队,需要有很好的核心团队的能力、胸怀境界、配合默契程度,并且组织架构合理。所谓团队,人数只是基本条件,一个合格的团队应该是为了达到共同的目标,由基层和管理层人员组成的一个具有向心力的共同体,它能够合理利用每一位团队成员的知识和技能协同工作、解决问题。创始团队的背景经历情况十分重要,具有产品及工程经验的团队更容易受到投资人的青睐。团队的创业动机与工作氛围如何、是否可以吸引优秀的创业者加入,也是投资人考察的重点。团队、企业的很多情况都可以通过企业工商档案、全国企业信用信息公示系统、各地企业信用信息公示网站、第三方查询工具(如"天眼查"等)巨潮资讯网等查询得到。

5.3 商业计划书的评估方法

5.3.1 通用的指标评估法

项目评估包括"评估目的、评估主体、评估对象、评估指标、评估权重、评估方法、评估结果"七要素,投资人是评估主体,评估的目的是提升投资成功的概率,评估对象是融资方提供的商业计划书,评估指标和评估权重可以根据资方自身的经验来设置,见表5—1。

表 5-1　　　　　　　　　　　　　　项目投资指标加权量化表

指标结构	一级指标	二级指标	指标说明	权重	评分	加权分
必要指标 30%	营业能力	营业收入	少于 100 万元不得分,100 万～300 万元得 30 分,300 万～500 万元得 50 分,500 万元以上得 100 分	10%		
	核心技术	拥有知识产权	有专利得 50 分,3 个以上专利得 100 分,无专利得 0 分	5%		
		专精特新企业	已申报成功得 100 分,申报中得 50 分,未申报得 0 分	15%		
可选指标 70%	政治环境 10%	营商环境	获得政策支持得 100 分,营商环境好得 50～90 分,一般 0～50 分	2%		
		法治环境	良好的法治环境得 100 分,一般得 50 分,不好得 0 分	8%		
	市场需求 30%	市场总量	1 000 亿元以上得 100 分,500 亿～1 000 亿元得 50～90 分,500 亿元以内得 0～50 分	10%		
		供求缺口	300 亿元以上得 100 分,100 亿～300 亿元得 50～99 分,100 亿元以内得 0～50 分	15%		
		市场份额	5% 以上得 100 分,3%～5% 得 50～90 分,1%～3% 得 0～50 分	5%		
	团队素质 20%	管理者领导力	很强得 100 分,一般得 50～90 分,弱得 0～50 分	15%		
		团队素质	整体强得 100 分,部分强得 50～90 分,弱得 0～50 分	5%		
	环保指标 10%	对大气的环境影响	影响无得 100 分,很弱得 50～90 分,有些得 0～50 分	5%		
		对水环境的影响	影响无得 100 分,很弱得 50～90 分,有些得 0～50 分	5%		
综合评分			满分=100,投资底线=70	100%		

5.3.2　影响创业投资项目评价的决策指标

20 世纪 60 年代,国外有关创业投资项目评价指标的研究就已引起了人们的广泛关注。国外学者的研究始自 Myers 和 Marquis 所作的大规模实证研究,到了 20 世纪 70 年代,Wells 和 Poindexter 通过大量深入细致的研究,确定了影响创业投资项目评价决策的指标,见表 5-2。

在 Wells 和 Poindexter 的研究结果中,管理层、产品、市场、预期收益是影响创业投资项目评价决策的最重要的因素。

表 5—2　　　　　　Wells 和 Poindexter 的创业投资项目评价决策的指标

Wells(1974)		Poindexter(1976)
因素	重要性	按重要性顺序排列的评价指标
管理层	10.0	1. 管理层因素
产品	8.8	2. 期望收益率
市场	8.3	3. 权益比例
营销技能	8.2	4. 管理层在企业中的利害关系
工程技能	7.4	5. 投资保护条款
营销计划	7.2	6. 企业发展阶段
财务能力	6.4	7. 限制性内容
制造能力	6.2	8. 利率
参考	5.9	9. 现有资本
其他交易参与者	5.0	10. 投资者的控制
行业/技术	4.2	11. 税率考虑
变现方法	2.3	

5.3.3　市场预测的评估方法

市场预测是资方与融资方最需要重视的内容之一。融资方总是希望能将市场规模吹得越大越好，资方则需要越客观越好。目前预测评估的方法有数十种，以下是几种常用的市场预测的评估方法。

1. 资料统计法

随着我国数字经济的兴起，数据的取得也越来越便利，已经有很多数据类专业信息网站提供统计数据查询服务，较为权威的如国家统计局、Wind、东方财富网等。资料统计法首先需要确定项目的潜在市场范围，从而估算出市场的总体规模，通过目标设定再细化到自身业务的目标市场，然后预估目标市场的总收入。例如，某公司生产的降三高（高血糖、高血压、高血脂）特效保健品，其目标市场是 40 岁以上居民中血液黏稠较高的亚健康人群，其市场预测的评估见图 5—7。

2. 概率交集法

概率交集的计算方法常用于风险的评估，它也同样适用于市场的预测。按照上一个例子推算，目标市场有三个集合，即血液黏稠人口、40 岁以上人口、有购买力人口（假设月收入 5 000 元以上的人具有购买力），见图 5—8。

假设全国家庭月收入 5 000 元的人占 8%，其中，40 岁以上的人占比 20%，血液黏稠的人占 50%，则相乘后得出交集的概率，再乘以总人口数量，即得到目标市场的规模。

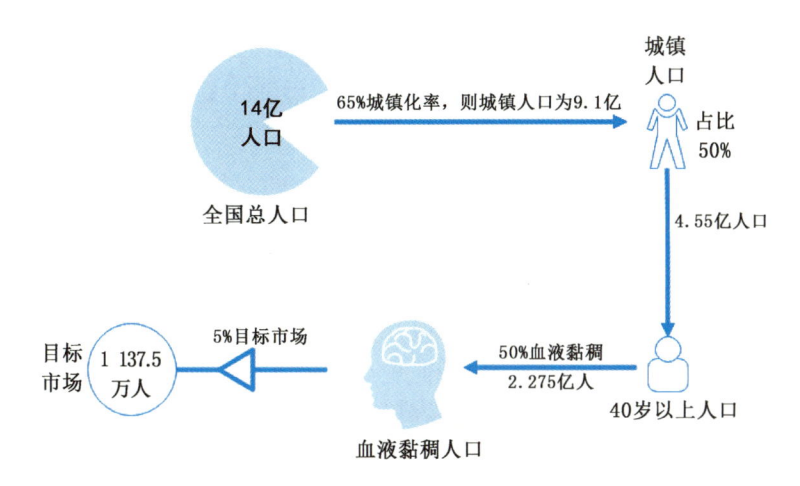

图 5－7 市场预测的评估图(以血液黏稠度人口市场为例)

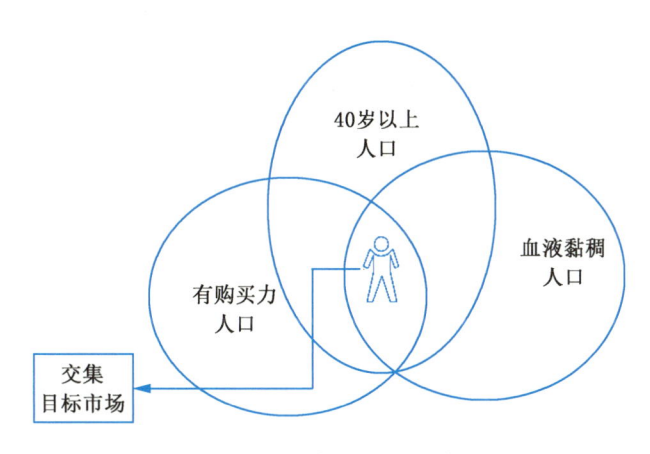

图 5－8 概率交集法预测图

3. 参照物类比法

类比法是最简明的评估方法,人们习惯了见证对比,为此,参照物是类比法的前提,参照物需要选择与项目较为类似的、接近的、同行业的。例如,机器人有很多的应用场景,已经有教育机器人,如果企业在开发新的养老机器人,就可以参照教育机器人的开发周期、市场发展路径等方面进行类比。

4. 水涨船高法

水涨船高需要先找到"水",任何产品或服务都会和某技术和应用场景紧密相关,例如,互联网技术造就了无数的互联网企业,数字技术即将造就更多的数字企业,互联网技术和数字技术好比是企业的"水",这项技术有多大的市场,企业也会水涨船高。

5.4 未上市企业股权的估值方法

中小型非上市公司在吸收股权融资时,被投资公司股权价值的确定是投融资双方谈判的焦点,也是合作能否顺利进行的基础。传统的公司价值评估模型中,折现估值法(DCF)在公司自身的绩效和价值评估以及投资分析中得到普遍应用。该理论认为,企业的价值主要取决于企业未来的经营或投资收益的现值,对于处于发展成熟期的企业,由于现金流量比较容易精确测量,因此应用这种方法比较适合。但对于公司现金流表现异常的时期和阶段,如初创公司、高科技公司、处于转型期的公司或者高度负债处于困境的公司,简单地用现金流进行收益折现反映公司价值,会容易导致企业价值被低估。1973 年,美国芝加哥大学的费歇尔·布莱克(Fisher Black)教授和斯坦福大学的迈伦·斯科尔斯(Myron Scholes)教授提出了经典的 Black-Scholes 期权定价模型,这不仅仅是金融衍生工具的定价模型,更重要的是带来了公司估值思想上的革新。该模型试图建立一个有别于主流现金流量折现估值法(DCF)的替代性方法,即期权价值取决于给定的外生变量,它不依赖于标的资产的期望收益和投资者的风险偏好。期权定价模型的出现,为衡量公司的机会价值或选择权价值提供了理论支持和实现条件,是公司估值思想和估值方法上的一个新突破,使公司价值构成更加完整和合理。

2010 年,纽约大学斯特恩商学院的金融学教授埃斯瓦斯·达莫达兰(Aswath Damodaran)在其出版的《估值:难点、解决方案及相关案例》(第二版)一书中,根据对评估实践业务的分析总结,把现有的公司估值方法归结为三种经典的评估方法:收益途径的折现估值法(DCF)、市场途径的比较估值法和资产基础途径的期权估值法。这三种方法基本涵盖了现有全部公司估值技术和方法,包括实践中的很多估值模型的变形都可以纳入上述三种分类体系。

刘小峰(2020)总结了市场上常见的三种未上市公司股权估值方法,即市场法、收益法和成本法。市场法又可细分为最近融资价格法、市场乘数法、行业指标法三种,最近融资法是根据被投资公司最近一次融资或老股出售的价格来对股权进行估值的方法;市场乘数法是指根据被投资公司所处的发展阶段和所属行业的不同,通过可比公司和可比交易案例两种方式得到市场乘数参考值,参照上市公司股票与非上市股权之间的流动性差异、公司规模、抗风险能力、利润增速、财务杠杆水平等因素,对市场乘数参考值进行调整以确定股权价格;行业指标法是指某些行业中存在特定的与公允价值直接相关的行业指标,根据此指标对股权进行估值的方法。收益法是指估测企业未来预期收益,将其通过适当的折现率折算以对股权进行估值的方法。成本法是指在现实条件下合理估计被投资公司资产和负债的重置价值,以得到的净资产价值为基础对股权进行估值的方法。[①]

5.4.1 市场法

市场法是利用相同或类似的资产、负债或资产和负债组合的价格以及其他相关市场交易信息进行估值的技术,常用方法包括市场乘数法、最近融资价格法、行业指标法等。

1. 市场乘数法

市场乘数法是利用可比公司市场交易数据估计公允价值的方法,包括市盈率法、市净率法、企业价值倍数法等。

市场乘数法适用于存在多家上市公司与被评估企业在业务性质与构成、企业规模、企业所处经营阶段、盈利水平等方面相似,或同行业近期存在类似交易案例的情形;评估人员需获取被评估企业与可比公司价值乘数的相关数据,用于计算估值结果。

在使用市场乘数法评估企业价值时,应考虑与计量相关的定性定量因素,选择恰当的价值乘数,具体操作步骤如下:

(1) 选取可比公司或交易案例。

选择可比公司时应考虑业务性质与构成、企业规模、企业所处经营阶段和盈利水平等因素;选择交易案例时应选择与评估对象在同一行业或受同一经济因素影响的交易,交易的发生时间与估值日接近。

(2) 对所选择的可比公司的业务和财务情况进行分析,与评估对象的情况进行比较。

(3) 从市盈率(P/E)、市净率(P/B)及企业价值倍数(EV/EBITDA、EV/EBIT、EV/Sales)等价值比率中选取适合的乘数,计算其数值,并根据以上结果对价值比率进行必要的调整。

(4) 将价值乘数运用到评估对象所对应的近期财务数据,得到企业每股价值或企业价值(EV)。运用企业价值倍数法计算得出的企业价值后,还需扣除负债,并考虑是否存在非运营资产/负债,得到企业股权价值。

(5) 在企业每股价值或企业股权价值的基础上,考虑持股情况、流动性折扣等因素,得出非上市公司股权公允价值。

2. 最近融资价格法

最近融资价格法是以企业最近一期融资价格为基础评估公允价值的方法。采用最近融资价格法评估非上市公司股权公允价值时,需充分考虑时间因素。如果待评估的非上市公司股权本身是在近期取得,且交易日后未发生影响公允价值计量的重大事件的,其投资成本可作为公允价值的最佳估计。如果被投资单位近期进行过新一轮融资的,可以最近融资价格作为非上市公司股权估值。但以下情况可能导致最近融资价

---

① 2018年,中基协发布了《非上市企业股权估值指引》。

格不能代表公允价值：

(1)新投资与已有投资附带的权利或义务不同；

(2)新投资带来不成比例的稀释；

(3)新投资的价格明显低于市场公允价格，例如强迫交易、"救援措施"、员工激励或显失公允的关联交易等；

(4)新投资融资金额过低，或发行对象有限，发行价格不足以代表市场公允价格；

(5)近期宏观经济情况、市场环境及企业相关政策发生重大变化；

(6)企业自身发生影响其公允价值的重大事件，例如主营业务发生变化、企业发生欺诈或诉讼事件、管理层或核心技术人员发生变动、企业突破技术性壁垒等。

若估值日距最近融资日间隔较远，市场环境及企业自身运营情况等已发生较大变化，最近融资价格不宜作为公允价值的最佳估计。评估人员在估值时可依据最能反映企业价值的业务指标自最近融资日至估值日的变化情况，对最近融资价格进行调整。

3. 行业指标法

行业指标法是指某些行业中存在特定的与公允价值直接相关的行业指标，此指标可作为被投资企业公允价值的参考依据。

行业指标法适用于行业发展比较成熟及行业内各企业差别较小的情况，一般被用于检验其他估值方法得出的估值结论是否相对合理，而不作为主要的估值方法单独运用。

5.4.2 收益法

收益法是将未来预期收益转换成现值的估值技术，常用方法包括自由现金流折现法、股利折现法等。

使用收益法评估企业价值时，应考虑与计量相关的定性和定量因素，预测未来收益，确定折现率，具体操作步骤如下：

第一步，分析历史财务报表。对历史财务报表进行分析，了解评估对象各项收入、费用、资产、负债的构成状况，判断影响评估对象历史收益的各类因素及其影响方式和影响程度，同时对评估对象的历史财务报表进行必要的调整。

第二步，预测未来收益。根据评估对象特征，结合宏观政策、行业周期及其他可比企业进入稳定期的所需时间，合理确定预测期。根据评估对象的经营状况、历史经营业绩、发展趋势，考虑宏观经济因素、所在行业现状与发展前景，结合其他相关资料合理预测未来收益。

第三步，确定折现率。综合考虑估值日利率水平、市场投资收益率等资本市场相关信息和所在行业、估值对象的特定风险等因素，测算并确定折现率。

第四步，计算评估对象经营性资产及负债价值：

$$经营性资产及负债价值 = 预测期收益现值 + 永续期收益现值$$

第五步，如果被评估企业在评估基准日拥有非经营性资产、非经营性负债和溢余资产,评估专业人员应恰当考虑这些项目的影响,并采用合适的方法单独予以评估。在评估模型测算出被评估企业的经营性资产及负债价值后,加上单独评估的非经营性资产、非经营性负债和溢余资产的价值,得出股东全部权益价值或企业整体价值。

第六步,根据上述步骤计算得出企业整体价值后,减去企业负债价值得到企业股权价值。

第七步,在企业股权价值的基础上,考虑持股情况、流动性折扣等因素,得出非上市公司股权公允价值。

1. 自由现金流折现法

自由现金流折现法是对企业未来的现金流量及其风险进行预期,选择合理的折现率,把企业未来特定期间内的预期现金流量折合成现值的估值方法,通常包括企业自由现金流(FCFF)折现模型和权益自由现金流(FCFE)折现模型。

自由现金流折现法适用于被评估企业经营稳定、未来期间有持续的现金流流入,且能够对未来现金流做出合理预测的情形;评估人员需了解被评估企业未来经营发展,且能合理预测企业的经营情况和发展速度。

(1) 企业自由现金流(FCFF)折现模型

$$\text{企业价值} = \sum_{t=1}^{T} \frac{FCFF_t}{(1+R_{WACC})^t} + \frac{P_T}{(2+R_{WACC})^t} \tag{5.1}$$

$$P_T = \frac{FCFF_{T+1}}{R_{WACC}-g} \tag{5.2}$$

其中:$FCFF$:企业自由现金流$=EBIT\times(1-T_c)+D\&A-CAPX-NWC$

$EBIT$:息税前利润

T_c:公司所得税率

$D\&A$:折旧与摊销

$CAPX$:资本性支出

NWC:净营运资金变动

T:预测期

R_{WACC}:加权平均资本成本

P_T:终值

g:永续增长率(现金流长期稳定增长率)

(2) 权益自由现金流(FCFE)折现模型

$$\text{股东全部收益价值} = \sum_{t=1}^{T} \frac{FCFE_t}{(1+R_E)^t} + \frac{P_T}{(1+R_E)^T} \tag{5.3}$$

$$P_T = \frac{FCFE_{T+1}}{R_E-g} \tag{5.4}$$

其中:$FCFE_t$:权益自由现金流$=FCFE_t-$利息费用$\times(1-T_c)+$新增债务$-$偿还债务

T_c:公司所得税率

T：预测期

R_E：权益资本成本

P_T：终值

g：永续增长率(现金流长期稳定增长率)

2. 股利折现法

股利折现法是将预期股利进行折现以确定评估对象价值的估值方法。股利折现法根据股利增长的不同情景，可细分为戈登永续增长模型、二阶段股利增长模型及三阶段股利增长模型。

股利折现法适用于被投资企业平稳发展、股利分配政策较为稳定，且能够对股利进行合理预测的情形。以戈登永续增长模型为例，假设股利增长率固定，即股利以一个稳定的增长率永续增长，将未来期间所有股利现金流折现到基准时点并加总，得到评估对象的价值：

$$企业价值 = \frac{D \times (1+g)}{R-g} \quad (5.5)$$

其中：D：标的公司基准时点年度分红

g：永续增长率(股利长期稳定增长率)

R：折现率，可使用权益资本成本(实际操作中常用资本资产定价模型计算确定)

当股利增长率分阶段变化时，可以采用二阶段股利增长模型及三阶段股利增长模型。

5.4.3 成本法

成本法是以评估对象估值日的资产负债表为基础，合理估计表内及表外各项资产和负债价值，以确定估值对象价值的估值方法，常用方法主要为重置成本法。

重置成本法是在现时条件下重新购置或建造一个全新状态的被评估资产所需的全部成本，减去评估对象已经发生的实体性贬值、功能性贬值和经济性贬值，以得到的结果作为评估对象估值的方法。

重置成本法适用于企业价值主要来源于其资产的公允价值的情形，运用时需对评估对象的实体性、功能性及经济性贬值做出判断。使用重置成本法评估企业价值的具体操作步骤如下：

(1) 获得被评估企业的资产负债表。若获取的资产负债表并非估值日编制的，需进行调整。

(2) 确定需要重新评估的表内资产与负债。分析和了解评估对象表内资产和负债，确定是否需要重估。

(3) 确定表外资产、表外或有负债。对于存在未予判决的经济诉讼、所得税等方面的争议或环境治理要求等情形的企业，需评估或有负债对企业经营风险的影响。

(4)根据重新评估后的资产负债数据得到企业股权价值。

(5)在企业股权价值的基础上,考虑持股情况、流动性折扣等因素得出非上市公司股权公允价值。

5.4.4 流动性折扣的分析方法

股权流动性折扣通常可参考看跌期权法的分析结果确定,或参考第三方机构的统计分析数据,并结合行业经验来确定。

采用看跌期权法评估非上市公司股权的流通受限因素是利用看跌期权定价模型衡量因流通受限导致的股权价值折损,并以此作为非上市公司股权与上市股票间流动性差异的参考。常用的期权模型有欧式看跌期权和亚式看跌期权。

1. 欧式期权模型公式

$$P = Xe^{-rT}N(-d_2) - Se^{qT}N(-d_1) \tag{5.6}$$

$$流动性折扣 = \frac{P}{S}$$

其中:

$$d_1 = \frac{\ln\frac{S}{X} + \left(r - q + \frac{\sigma^2}{2}\right)T}{\sigma\sqrt{T}} \tag{5.7}$$

$$d_2 = d_1 - \sigma\sqrt{T} \tag{5.8}$$

S:资产的现行价

X:期权的执行价格,与资产的现行价格相同

T:期权有效期,自估值基准日至可退出日

r:无风险利率

q:股息率

σ:股票在有效期内的股价的预期年化波动率(实践中,可使用可比公司的波动率或指数波动率)

N:标准正态分布的累积分布函数

2. 亚式期权模型公式

$$P = Se^{-qT}\left[N\left(\frac{v\sqrt{T}}{2}\right) - N\left(-\frac{v\sqrt{T}}{2}\right)\right] \tag{5.9}$$

$$流动性折扣 = \frac{P}{S}$$

其中:

$$v\sqrt{T} = \{\sigma^2 T + \ln[2(e^{\sigma^2 T} - \sigma^2 T - 1)] - 2\ln(e^{\sigma^2 T} - 1)\}^{\frac{1}{2}} \tag{5.10}$$

S:资产的现行价

T:期权有效期,自估值基准日至可退出日

q:股息率

σ:股票在有效期内的股价的预期年化波动率(实践中,可使用可比公司的波动率或指数波动率)

N:标准正态分布的累积分布函数

5.4.5 不同阶段的股权融资估值法

企业有生命周期,可包括初创期、成长期、快速及稳定发展期、扩张期、成熟期,对应企业的不同阶段,市场上可对应不同阶段的投资资本,可分为天使投资、VC(Venture Capital)风险投资、PE(Private Equity)私募基金、Pre-IPO 上市前基金、IPO(Initial Public Offering)上市基金。

初创期(天使投资),企业的生命发展周期最早阶段,需要启动资金,此时的融资被称为天使投资。

成长期(VC),企业处于成长期,需要快速发展,但未持续盈利,该阶段可对接 VC 基金。

在这两个阶段,可以使用参考最近融资价格法进行估值。

快速、稳定发展期(PE),企业此时基本扭亏为盈,基本实现盈利,可对接 PE 基金。

在这阶段,可以使用现金流折现法及净资产法进行估值。

扩张期(Pre-IPO),企业已拥有持续盈利能力,并有较大发展潜力和成长空间,是私募股权基金投资的主要阶段。

成熟期(IPO),本阶段前期较早投资的股权基金,可用合适的方法退出。

在这阶段,可使用市场乘数法及净资产法进行估值。为更好地体现估值的结果,可结合行业指标法进行校验。

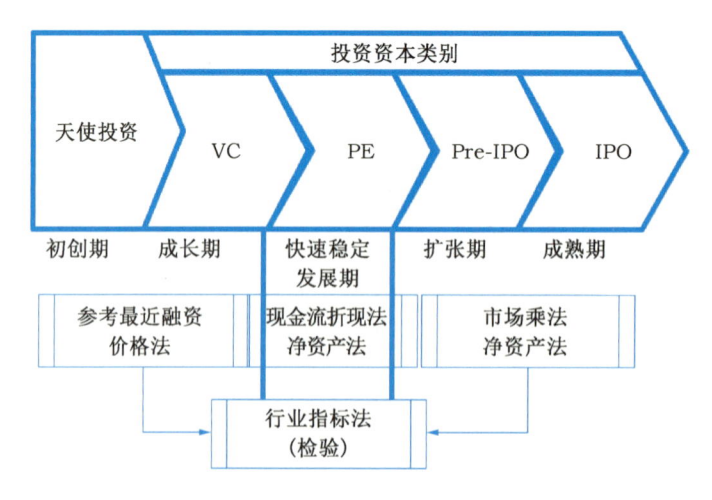

图 5-9 不同阶段的股权融资估值法

1. 初创企业的市梦率估值法

初创公司对外股权融资,多采用市梦率估值法。创业靠梦想,不是因为科学才相信,而是因为相信才科学。在缺乏客观经营数据的情况下,向天使投资人推介公司,其实就是在贩卖梦想,这种价值计量方式俗称"市梦率"。表面上,公司的价值完全取决于创始人的口才及他所展示给投资人的那几页 PPT。其实,市梦率也有其相对严格的估值逻辑与操作方法。

公司未来价值=承诺的销售额(或净利润)×市销率(或市盈率)×实现概率,然后再根据年限及年合理收益率将公司的未来价值换算成现有价值。

投资人会根据承诺业绩,要求创始人签署《对赌协议》。估值越高,对赌条款就越严苛。

假设投资人对 A 公司的估值为 1 亿元,A 公司出让 10% 的股权,融资 1 000 万元。如果对赌期内 A 公司实现了承诺业绩,则双方皆大欢喜;反之,如果对赌期内 A 公司未完成双方约定的业绩(比如仅完成约定业绩的 50%),届时就需要对 A 公司进行重新估值,并根据新估值调整投资人持股的比例,则投资人最终的持股比例就会上升为 20% 甚至更多。另外,对赌失败的 A 公司还需要对投资人进行现金补偿,同时,创始人也需要以个人及家庭资产对此承担连带责任。

2. 成长期企业的市场法估值

评估中小企业股权的价值,重点不是看短期的分红,而是长期的增值收益。也就是说,中小企业未来值钱的潜力比现在是否赚钱更重要。

对高成长期的中小企业而言,最常用的估值方式是市销率法。举例说明,刘总看上了一位在国企工作的行业高端人才张总,张总年薪 50 万元,而刘总公司的高管年薪才 15 万元,但人才难得,刘总如果给张总 50 万元,其他高管就会不满,于是,刘总有意采用股权激励的方式来说服张总,难就难在刘总还是一个小公司,刘总的股权该怎么估值。

刘总公司的注册资本 50 万元,张总不能接受按注册资本估值,且公司还没有盈利,没有分红,股权毫无价值。

为此,刘总提出了用长期股权价值替代现有的公司股值,刘总公司年销售额 1 000 多万元,如果按照常规 1~3 倍的市销率进行估值,刘总公司的合理价值应在 1 000 万元至 3 000 万元之间。为激励张总,刘总将价值确定在 1 000 万元,然后按 1 元/股折股,则刘总公司的股本模拟为 1 000 万股,结合对公司的未来业绩预测、核心团队股权激励总额及张总心理预期等因素,刘总公司授予张总 8%(股数为 80 万股)的股权,按照买一送一的方式出资,张总仅需要支付 40 万元购股资金就可以获得公司 8% 的股权。

张总加盟后,业绩迅速发展,一年后公司年销售额增长至 8 000 万元,多家投资机构愿意投资公司,经估值约 2 亿元,也就是说,一年前张总购买的 8% 只用了 40 万元,一年后张总的市场价值已经达到了 1 600 万元。

3. 成熟企业:先将重资产与业务进行分离,再估算业务板块的股权价值

企业发展到一定程度,都希望采用股权激励来激励核心员工。股权激励不是分企业过去的财产,而是为了让老股东与拟激励对象更合理地分享公司未来业务增长所带来的增值收益,成熟企业都会有固定资产,就需要清晰界定双方共同努力的成果,以及单方既定的权利与义务。

陈总经营了十余年的一家制造企业,目前公司拥有价值数十亿元的土地、厂房等重资产,年销售额10亿元,年利润0.8亿元。为激励核心员工,陈总计划实施一次股权激励,但陈总也有很多顾虑。

比如,持股的员工会来分公司的土地和厂房吗?这么高的股价员工买得起吗?一旦持股的员工离职,会不会有资产纠纷?

老板之前自购的土地今后有了可观的增值,老板绝对是不愿意与其他人共同分享的。同理,老板今后自己不合理的个人开支,其他入股者也是不愿意共同分担的。

按照股权激励的最终目的,激励思路与估值逻辑拟定为:

(1) 资产与业务分离

将那些原股东不愿意分享的资产以及不应该分担的费用封闭在一个控股公司内,将那些经营性的成果纳入主体公司内。资产与业务分离后,经营业务的主体公司变得相对较"轻"。

(2) 主体层面持股

激励对象在主体公司层面持股,分享经营收益、承担经营风险,原股东自有资产的增值或贬值都与激励对象无关。这样既方便了员工入股,入股者也能获得更高的投资回报率,双方今后也不会有财产方面的纠纷。

(3) 合理估值

按照市盈率法与市销率法的加权平均值确定主体公司的价值。假设C公司的年销售额从10亿元增长到13亿元(增长率30%),年利润从0.8亿元增长到1.2亿元(增长率50%),则股价的增长幅度为30%×市销率权重+50%×市盈率权重。

如果C公司的战略重点是扩大销售,那么可以为市销率与市盈率分别赋予60%与40%的权重,上述条件下激励对象所持股权的增值幅度就等于38%(30%×60%+50%×40%=38%)。假设某激励对象李四购买了价值30万元的股权,则李四的股权增值收益为11.4万元(30万元×38%=11.4万元)。

当然,如果想放大股权激励的效果,可以给予李四适度的入股优惠。优惠的幅度,取决于C公司所采用的股权激励模式、公司的薪酬水平以及激励对象的期望值等诸多因素。在让利的情况下,李四只需要花费10万~20万元就可以享受到30万元股权所带来的股权增值收益。此举能够极大地提升激励对象入股的意愿和热情。

最后,股权激励不是股权福利。既然C公司在入股价上给予了大幅让渡,那么就要在激励对象的业绩考核上寻求平衡,以确保公司战略目标的达成。

如果公司或激励对象业绩未达标,那么激励对象的股权收益就会打折甚至归零,以体现利益共享、风险共担。

埃斯瓦斯·达莫达兰教授在《估值》一书中写道:企业估值是指对企业内生价值的

估计,企业内生价值即为企业资产使用期限内所产生的预期现金流量的现值。企业内生价值的大小,取决于企业资产预期能够产生现金流的大小、持续时间长短及其可预见性。

实践案例

AI公司融资评估

A公司于2016年12月8日注册于上海,是一家专注于人工智能领域的科技公司,致力于应用先进的计算机视觉、深度学习和人工智能等技术,提供安全、可量产的自动驾驶解决方案,同时也为政府SC-ST-SV(智慧城市—智慧交通—智能汽车)融合体系赋能,为智慧城市的发展服务。

B公司是一家服务全球的中国大型汽车电子企业之一,专注于人、机器和生活方式的整合,为智能座舱、智能驾驶以及网联服务提供创新、智能的产品解决方案。

2018年11月,B公司计划对A公司进行增资,H评估机构接受B公司的委托,就该事宜所涉及的A公司股东全部权益在2018年12月31日的价值进行评估。

1. 评估对象和范围

A公司是人工智能(AI)行业的初创公司。该公司在全行业软件应用研究领域研究比较全面,视觉感知技术业界较为领先。公司按照商业化落地的技术路线行进,所有产品开发均按照车规级要求,2018年已完成BSample,预计2020年实现量产,且目前已与世界领先的嵌入式芯片厂商进行了深度合作。

(1)历史沿革

2016年12月,A公司申请注册资本为人民币10.5万元。

2017年2月,A公司新增股东C基金公司,C公司出资人民币6 990万元,其中7万元为实收资本,6 893万元为资本公积。本次融资估值为投前10 485.00万元人民币,投后17 475.00万元人民币。

2017年10月,A公司将82.5万元资本公积按照投资比例转增资本。2018年4月,A公司引进新的投资人D基金公司,C基金公司将其7.5万元的注册资本转让至D基金公司,对价为3 000万元,对应A公司的估值为40 000万元。

表5—3　　　　　　　　　　评估基准日A公司股权结构

序号	股东姓名或名称	出资额(元)	出资比例
1	A公司CEO	457 143.00	45.71%
2	C基金公司	325 000.00	32.50%
3	A公司COO	142 857.00	14.29%
4	D基金公司	75 000.00	7.50%
合计		1 000 000.00	100.00%

(2)资产、负债结构和经营状况

表5—4　　　　　　　　　　A公司近两年财务数据　　　　　　金额单位：人民币万元

项　目	2017年12月31日	2018年12月31日
总资产	6 037.03	4 172.03
总负债	63.30	439.57
股东权益合计	5 973.73	3 732.46

金额单位：人民币万元

项　目	2017年	2018年
一、营业收入	—	172.51
减：营业成本	—	—
二、营业利润	−936.75	−2 241.32
三、利润总额	−936.77	−2 241.32
四、净利润	−936.77	−2 241.32

注：上述数据在A公司审计报告基础上已经过技术处理。

2. 评估过程

(1)评估假设

①持续使用假设。

②交易假设。

③宏观经济环境相对稳定假设。

④不考虑通货膨胀对评估结果的影响。

⑤利率、汇率保持为目前的水平，无重大变化。

⑥假设A公司的现有和未来经营者是负责的，且企业管理能稳步推进公司的发展计划，尽力实现预计的经营态势，同时主要高管不在A公司以外的经济实体从事与A公司竞争的相关业务，并将长期在A公司任职，积极推进A公司的经营发展。

⑦假设A公司遵守国家相关法律和法规，不会出现影响公司发展和收益实现的重大违规事项。

⑧假设A公司目前生产经营赖以依托的重大合同持续有效。如目前企业经营所依赖的重大合同等持续有效，不会因评估目的的实现或其他的原因导致此类合同的终止或中断。

(2)市场法评估过程

①可比案例的选取

确定可比案例的原则包括：第一，可比案例处于2014年及以后，融资轮次均为A轮；第二，可比案例所从事的行业或其主营业务和目标公司相同或相似，本次评估选取的可比案例均属于AI行业；第三，可比案例公告的财务数据和盈利预测数据充分，满足市场法计算的指标要求。

表 5—5　　　　　　　　　　　可比案例的选择

序号	可比标的	成立日期	融资轮次	交易日期	领投方
1	商汤科技	2014/11/14	A 轮	2014 年 8 月	IDG
2	地平线	2015/07/22	A 轮	2016 年 3 月	英特尔
3	Momenta	2016/09/20	A 轮	2016 年 11 月	Blue Lake Fund, L. P.
4	云从	2015/03/27	A 轮	2015 年 4 月	佳都科技

根据可获得的资料，动态 PS 更能反映标的公司的估值情况，而 Momenta、云从、碳云智能、Roobo 智能管家、优必选等公司的交易信息不能满足估值所需的信息要求，因此选择商汤科技、地平线和寒武纪三家公司作为本次评估的可选交易案例（见表 5—6）。

表 5—6　　　　　　　　　最终确定的三家交易案例情况

序号	可比标的	融资轮次	交易日期	融资规模（万美元）	投前估值（万美元）	预计交易下一年的销售收入（万美元）	投前估值/交易当年的销售收入
1	商汤科技	A 轮	2014.8	900.00	20 000.00	330.00	60.61x
2	地平线	A 轮	2016.3	3 949.38	25 850.00	374.99	68.93x
3	寒武纪	A 轮	2017.8	10 000.00	90 000.00	1 457.05	61.77x

②A 公司 2020 年营业收入预测

A 公司预计 2019 年底完成落地测试，2020 年正式开始量产，收入预测见表 5—7。

表 5—7　　　　　　　　　　　量产后收入预测

项目		2020 年	2021 年	2022 年	2023 年	2024 年
乘用车（万辆）		2 237.90	2 237.90	2 237.90	2 237.90	2 237.90
轿车占比		52.15%	52.15%	52.15%	52.15%	52.15%
SUV 占比		38.48%	38.48%	38.48%	38.48%	38.48%
自动驾驶目标车辆合计（万辆）		2 028.10	2 028.10	2 028.10	2 028.10	2 028.10
自主品牌占比		40.45%	40.45%	40.45%	40.45%	40.45%
自主品牌（万辆）		820.37	820.37	820.37	820.37	820.37
L3 自动驾驶平均渗透率	中性值	3%	5%	7%	9%	11%
	乐观值	5%	7%	9%	11%	13%

续表

项目		2020 年	2021 年	2022 年	2023 年	2024 年
ECU 平台中 GPU 份额	中性值	20%	30%	40%	45%	50%
	乐观值	40%	50%	60%	65%	70%
B 公司在整体 GPU 中的份额	中性值	20%	30%	40%	50%	60%
	乐观值	30%	40%	50%	60%	70%
A 公司在 B 公司 供应商占比	中性值	70%	70%	70%	70%	70%
	乐观值	90%	90%	90%	90%	90%
份额预计(万辆)	中性值	0.69	2.58	6.43	11.63	18.95
	乐观值	4.43	10.34	19.93	31.67	47.03
GPU 平均单价 (美元)	中性值	1 000.00	950.00	855.00	752.40	639.54
	乐观值	1 500.00	1 425.00	1 282.50	1 128.60	959.31
其中,软件平均占比	中性值	30%	35%	40%	40%	40%
	乐观值	50%	55%	60%	60%	60%
软件单价 (美元/辆)	中性值	300.00	332.50	342.00	300.96	255.82
	乐观值	750.00	783.75	769.50	677.16	575.59
预计销售额 (万元人民币,不含税)	中性值	1 338.53	5 563.27	14 241.97	22 660.00	31 388.29
	乐观值	21 512.11	52 453.70	99 321.42	138 873.41	175 275.08

因此,标的公司 2020 年营业收入预测中值为 1 338.53 万元人民币。

③A 公司和可比案例比较因素分析

根据对交易时间、技术能力、发展能力、市场份额和其他因素等方面指标的对比,A 公司和可比公司的情况及修正见表 5—8 和表 5—9。

表 5—8　　　　　　　　A 公司与可比公司的情况修正表

项　目		委估对象	可比公司一	可比公司二	可比公司三
公司名称		A 公司	商汤科技	地平线	寒武纪
交易时间	A 轮估值融资时点	2018 年 12 月	2014 年 8 月	2016 年 3 月	2017 年 8 月
技术能力	技术研发能力	145.00	201.00	193.00	152.00
	技术产业化程度	测试数据 10 万多公里,拥有各种场景的数据。L3 和 L4 级自动驾驶领域的研发	安防业务收入占比较大,但自动驾驶板块能力较弱,产业化程度相对较高	第一代芯片成功流片,第一代芯片主要用于安防领域。自动驾驶领域还在研发阶段	发布了首款云端智能芯片 MLU100 及相应的板卡产品,芯片能力较强,目前已获得较多订单

续表

项 目		委估对象	可比公司一	可比公司二	可比公司三
发展能力	成立并截至2018年12月的年化融资额	约1 000万美元	超过13亿美元	1.55亿美元左右	约5亿美元左右
市场份额	市场份额占比	0.02%	0.39%	0.12%	0.26%
	市场知名度	一般	高	较高	高
其他因素	业务类型	主营自动驾驶业务	注重算法,安防业务占比较大,在各个领域都有布局,但自动驾驶板块布局较少	AI算法+芯片+云平台,面向智慧城市、智慧零售和自动驾驶领域	注重硬件芯片,面向智能手机、安防监控、可穿戴设备、无人机和智能驾驶等各类终端设备

表5-9　　　　　　　　　　A公司与可比公司的相关因素修正表

项 目		委估对象	可比公司一	可比公司二	可比公司三
	公司名称	A公司	商汤科技	地平线	寒武纪
交易时间	A轮估值融资时点	100	90	98	99
	交易时间修正合计	100	90	98	99
技术能力	技术研发能力	50	61	60	51
	技术产业化程度	50	56	54	55
	技术能力修正合计	100	117	114	106
发展能力	成立并截至2018年12月的年化融资额	100	106	101	103
	发展能力修正合计	100	106	101	103
市场份额	市场份额占比	50	62	54	58
	市场知名度	50	58	56	57
	市场份额修正合计	100	120	110	115
其他因素	业务类型	100	106	104	105
	其他因素修正合计	100	106	104	105

④A公司市销率(PS)的确定

参考可比案例调整后的PS数据,考虑到商汤科技调整幅度较大,相比于其他两个案例,可比度较低,本次案例的权重分别为20%,40%和40%。采用交易案例比较法,A公司股东全部权益的投资价值的评估结果如下:

A公司企业价值=目标公司2020年预测营业收入×目标公司PS

＝1 338.53×48.80＝65 300.00（万元）（取整到百万位）

因此，采用交易案例比较法，A公司股东全部权益价值为人民币 65 300.00 万元。

（3）衍生方法 FCM

根据 FCM 的常规假设，对于初创科技公司，其退出期根据假设的情境不同，一般分为3年、5年和7年。由于本次评估基准日为 2018 年 12 月 31 日，所有数据均以整年为基础预测，因此本次评估假设乐观情境为 5 年后即 2023 年委托方退出，中性情境为 7 年后即 2025 年退出，而悲观情况是 3 年后投资失败于 2021 年退出。乐观与中性预测见表 5—10 和表 5—11，悲观情形下假设该公司 2021 年的收入仅达到 2019 年的水平，其对应的退出时点企业的收入为 500 万元人民币。

表 5—10　　　　　　　　　未来收入预测——乐观金额　　　　　　　单位：人民币万元

项目	2019 年	2020 年	2021 年	2022 年	2023 年	2024 年	2025 年
营业收入	500.00	21 512.11	52 453.70	99 321.42	138 873.41	175 275.08	192 802.59

表 5—11　　　　　　　　　未来收入预测——中性金额　　　　　　　单位：人民币万元

项目	2019 年	2020 年	2021 年	2022 年	2023 年	2024 年	2025 年
营业收入	500.00	1 338.53	5 563.27	14 241.97	22 660.00	31 388.29	34 527.12

① 退出期倍数的确定

A 公司属于 AI 行业的创业公司，我国 A 股的 AI 概念股较多，对比各个公司的技术先进性及 AI 相关业务占收入的比重，最终确定 8 家上市公司，并查询近三年这 8 家上市公司的 PS(TTM) 倍数，见表 5—12。

表 5—12　　　　　　　　　　　上市公司 PS(TTM) 倍数

序号	证券代码	证券名称	市销率(PS)		
			2018-12-31[TTM基准日]报表截止日期	2017-12-31[TTM基准日]报表截止日期	2016-12-31[TTM基准日]报表截止日期
1	300076.SZ	汉鼎宇佑	16.3836	19.1421	22.4539
2	002253.SZ	川大智胜	9.8682	17.3273	17.8104
3	002230.SZ	科大讯飞	7.0233	15.0839	10.7323
4	300222.SZ	欧比特	6.8431	12.0275	15.7705
5	300496.SZ	中科创达	6.5434	11.2304	24.8519
6	002362.SZ	汉王科技	4.3284	8.7970	11.6214
7	002415.SZ	海康威视	4.9542	8.5890	4.5516
8	300044.SZ	赛为智能	3.3473	4.3324	4.9597
平均			11.20（取整至 1 位小数）		

上述8家公司近三年的PS平均数为11.20倍。因此,本次评估选择该倍数作为退出期的倍数。

②折现率的确定

在James L. Plummer的《QED调研报告:风险投资的财务分析》一书中,对于不同发展阶段投资者所要求的回报率提供了指南:

A. 创业阶段的投资者通常是投在经营史不足一年的企业,这个阶段的风险投资(如种子基金)通常是由个体风险投资者如天使投资人提供的。这类融资多数用来做产品研发、原型测试和营销测试。这个阶段的投资回报率处在50%～70%的范围内。

B. 第一阶段或"早期发展"的投资所投企业,一般已经发展出了原型产品,看起来可行且下一步的技术风险很小,当然,商业风险还是很大。较小的风投基金往往在这个阶段进入,为基础产品的开发提供融资。这个阶段的投资回报率为40%～60%。

C. 处在第二阶段或"扩张"阶段的企业,通常为客户发运过一些产品(包括测试版的产品)。较大的风投公司往往是这个阶段介入,为企业的收入增长、产品或服务的推广及渠道的建设提供资金。该阶段的回报率为35%～50%的范围内。

D. 过桥/IPO阶段融资所涵盖的经营行为如下:中试工厂的建设、生产设计和生产测试,当然,还有IPO之前的过桥融资。这个阶段投资回报率为25%～35%。

根据上述描述,A公司目前正处于研发测试阶段,因此A公司目前处于第一阶段。根据其产品的成熟度,我们认为其回报率为60%较为合理。

表5-13 三种情境下的企业价值现值 全额单位:人民币万元

序号	项目	乐观	中性	悲观
1	3年后的收入水平	52 453.70	5 563.27	500.00
2	5年后的收入水平	138 873.41	22 660.00	—
3	7年后的收入水平	—	34 527.12	—
4	套现时的市销率	11.20	11.20	11.20
5	套现时的公司价值	1 555 382.23	386 703.77	5 600.00
6	折现率	60%	60%	60%
7	折现期数	4.50	6.50	2.50
8	折现系数	0.120 6	0.047 1	0.308 8
9	公司的现值	187 579.10	18 213.75	1 729.28

由于A公司的技术团队具有较强的技术优势,目前公司已与B公司建立了良好的合作关系,预计未来大规模产业化将存在一定的可能性。

参考FCM模型常规的分布权重,对中性、乐观和悲观进行权重分割,分别为

40%、50%和10%,但基于谨慎性原则,相比于乐观情形,标的公司中性情形的可能性更大。因此,本次评估对乐观情境产生的可能性赋予40%的权重,对中性情境赋予50%的权重,对悲观情境赋予10%的权重。

此外,虽然预计A公司未来融资较为频繁和顺利,但考虑到本次评估所使用的PS倍数来自上市公司,而A公司为非上市公司,本次评估考虑20%的流动性折扣。

资料来源:舒英.对创业投资项目评估方法的研究——基于AI企业的案例分析[J].中国资产评估,2021(8):35—47+63.

第六章

建设型项目融资管理

本章导读

大多数理财产品属于"产品端",通常很多建设项目会被批准对外实施融资,建设项目所需的资金量大、回报周期长,从资产管理的角度来看,建设项目的融资管理是重要的知识点。建设项目作为金融产品,投资人需要考虑该项目的持续性回报率,也就是需要项目现金流,建设项目的回报靠的是"运营"。

学习目标

1. 熟练掌握建设型项目融资的主要类型。
2. 了解建设型项目融资的主要形式。

本章主要知识点

1. 项目融资的基本概念
2. 项目融资的主要参与人
3. 项目融资的风险管理
4. 项目融资与公司融资的区别
5. 融资租赁的商业模式
6. 无追索权与有限追索权
7. 项目融资的主要风险
8. 资产证券化的七个步骤

导入案例

污水处理厂项目建设融资模式

2009年,福州市政府将A污水处理厂建设运营作为BOT模式,连同刚建成的B污水处理厂的运营作为TOT模式进行招标。某公司竞标,获得福州市A污水处理厂

BOT 和 B 污水处理厂 TOT 项目 27 年特许经营权,中标污水处理费的两厂综合价格为每立方米污水 0.696 元。

B 污水处理厂 TOT 项目,设计规模为日处理污水 5 万吨,2009 年 9 月即转入商业运营,目前日处理污水 5 万吨,污泥处理方式为带式脱水(含水率在 80% 以下)。

A 污水处理厂 BOT 项目,设计规模为一期日处理污水 10 万吨,二期扩建为 20 万吨/天。2009 年开始建设一期工程,于 2010 年底竣工,2011 年 10 月转入商业运营,目前日处理污水为 5 万吨。

福州市 A 污水处理厂 BOT(含 B 污水处理厂 TOT)项目特许经营协议约定"污水处理单价原则上每三年可以调整一次,但如果出现由于国家要求的出水水质标准提高造成增加重大投资或物价年定基指数变化幅度超过 10% 等特殊情况,可予以适时调整"。

BOT 全称是 Build Operate Transfer,分为三个部分,分别是建设、运维以及移交,很多情况下,这种融资方式又被称为"特许经营权融资方式"。在这种融资模式下,首先需要寻找政府以外的项目公司,通过与其签订特许权协议,项目公司全权负责公共性基础设施建设和运维,合理设置特许权的时限,在没有超出时限期间时,项目公司暂时拥有其所有权并且运维,通过适当收费来回收投资资金,同时还会从中获取部分利润;在时限到达时,项目公司需要以无偿的方式将使用权转交给当初签约的政府。

TOT 是英文 Transfer-Operate-Transfer 的缩写,即移交—经营—移交。TOT 方式是国际上较为流行的一种项目融资方式,通常是指政府部门或国有企业将建设好的项目的一定期限的产权或经营权有偿转让给投资人,由其进行运营管理;投资人在约定的期限内通过经营收回全部投资并得到合理的回报,双方合约期满之后,投资人再将该项目交还政府部门或原企业的一种融资方式。

资料来源:黄文巧.政府 BOT 融资建设项目经营期价格调整计算问题的案例分析[J].工程造价管理,2015(3):46—49.

6.1 项目融资概述

2022 年 1 月 1 日开始,资管新规打破了银行的"刚性兑付"。原来我们在银行购买的理财产品都能保本保息,但在 2022 年 1 月 1 日以后购买的理财产品都不能保本保息了。

从政策的角度,债券市场越来越要求债券信息透明化,每个债券的背后都会涉及项目融资的问题。

6.1.1 项目融资的定义

在项目管理的整个周期中,项目的资金从哪里来、通过什么渠道、采用何种方式筹集,这也是项目管理中的重要环节,亦称之为项目融资。

《美国财会标准手册》对项目融资的定义为:项目融资是指对需要大规模资金的项目所采取的金融活动,借款人原则上将项目本身拥有的资金及其收益作为还款资金的来源,而且将项目资产作为抵押条件来处理。

中国银行网站上对项目融资的定义为:项目融资即项目的发起人(即股东)为经营项目成立一家项目公司,以该项目公司作为借款人筹借贷款,以项目公司本身的现金流量和全部收益作为还款来源,并以项目公司的资产作为贷款的担保物。[①] 该融资方式一般应用于发电设施、高等级公路、桥梁、隧道、铁路、机场、城市供水和污水处理厂等大型基础建设项目,以及其他投资规模大、具有长期稳定预期收入的建设项目。项目融资可以按追索权划分为无追索权的项目融资和有追索权的项目融资。

项目融资不是以项目业主的信用或者项目有形资产的价值作为担保来获得贷款的,而是依赖于项目本身良好的经营状况和项目建成、投入使用后的现金流量作为偿还债务的资金来源,同时将项目的资产而不是项目业主的其他资产作为借入资金的抵押。由于项目融资的资金需求量大,故其风险比其他筹资方式大得多。

关于项目融资的定义有很多,以银行为例,在没有发起人一定形式的承诺时,银行极少介入项目融资。在一些例子中,发起人也许采用购买项目股权的形式来支持项目;在另一些例子中,发起人不采用将出现在资产负债表上的担保形式,而是给予与项目的成败有关但不依赖于项目的成败的信贷支持。

尽管对项目融资不存在严格的定义,但项目融资通常包含以下要素:

(1)在一定程度上依赖于项目的资产和现金流量,贷款人对项目的发起人(在一些例子中,即借款人)没有完全的追索权。

(2)贷款人需要对项目的技术和经济效益、项目发起人和经营者的实力进行评估,并对正在建设或运营中的项目本身进行监控。

(3)贷款和担保文件很复杂,并且经常需要对融资结构进行创新。

(4)贷款人因承担项目风险(经常是政治风险)而要求较高的资金回报和费用。

本书的定义为:项目融资是以项目的资产、预期收益或权益作抵押取得的一种无追索权或有限追索权的融资或贷款。

6.1.2 项目融资起源

早在17世纪,英国私人业主向政府租用土地建造灯塔,在特许期内管理灯塔并向过往的船只收取过路费,特许期满后由政府收回灯塔,私人业主退出对灯塔的管理,这已经有了项目融资的影子。20世纪70年代以后,许多国家先后出现了大规模基础设施建设与资金短缺的矛盾,资源开发和基础设施项目需要巨额的投资,往往超过了投资者能够和愿意承受的限度,如果采取公司资产抵押贷款方式,一旦项目失败,将把企

---

① 中国银行网站,www.bank-of-china.com。

业拖入泥沼。1984年,时任土耳其总理奥热扎尔提出了建设—运营—移交(BOT)的概念,利用项目本身的资产价值和现金流量安排有限追索贷款,减轻了投资者的风险压力,采用这种方法建设了火力发电厂、机场和大桥。随后,BOT融资方式在基础设施领域被广泛接受。

1985年7月,深圳沙角B电厂开工建设,成为我国首个引进项目融资模式的项目。1987年4月,第一台机组并网发电。1999年9月,沙角B电厂将权益正式移交深圳市广深沙角B电力有限公司。1987年,广深高速公路采取类似的BOT模式,首次利用港资修建高速公路。之后,重庆地铁、广西来宾电厂、北京京通高速等项目纷纷采取BOT融资模式。

BOT之后,社会资本也开始参与城市基础设施建设,2013年十八届三中全会进一步明确允许社会资本通过特许经营等方式参与城市基础设施投资和运营。根据国务院部署,财政部自2013年统筹推进PPP改革[①],从制度体系、机构建设和项目实施等方面积极规范推进PPP改革,构建了从政策法规到操作指引的一套较为完整的制度体系,明确了PPP项目实施的路线图;设立了总规模1 800亿元的中国PPP融资支持基金,制定了PPP奖补政策配套政策等。

6.1.3 项目融资与公司融资

1. 项目融资的无追索权与有限追索权

项目融资是依赖于项目本身的经营效益来偿还借款的,为此,项目融资也会被分为无追索权和有限追索权两种项目。

(1)无追索权的项目融资

中国银行将无追索权的项目融资称为纯粹的项目融资,在这种融资方式下,贷款的还本付息完全依靠项目本身的经营效益。同时,贷款银行为保障自身的利益,必须从该项目拥有的资产中取得物权担保。如果该项目由于种种原因未能建成或经营失败,那么当其资产或收益不足以清偿全部的贷款时,贷款银行无权向该项目的主办人追索。

(2)有限追索权的项目融资

除了以贷款项目的经营收益作为还款来源和取得物权担保外,贷款银行还要求有项目实体以外的第三方提供担保。贷款行有权向第三方担保人追索。但担保人承担债务的责任,以他们各自提供的担保金额为限,所以称为有限追索项目融资。

2. 项目融资与公司融资的区别

项目融资的债务不表现在借款人的公司资产负债表。项目的债务追索权主要被限制在项目公司的资产和现金流量中,借款人所承担的责任是有限的,如果项目贷款全部反映在公司的资产负债表,可能造成公司的资产负债超出银行可以接受的安全警戒线,公司将无法筹集到新资金,从而影响未来的发展能力。

---

① 财政部政府与社会资本合作中心,http://www.cpppc.org/。

项目融资中，用于支持贷款的信用结构灵活多样，可以将贷款的信用支持分配到与项目有关的各个关键环节。例如，某煤矿建设项目产品的主要销售对象是该市火力发电厂，发电厂提供的购煤合同是煤矿建成后现金流的一个重要保证。为了减少工程建设方面的风险，要求承包商签订交钥匙工程合同、项目设计者提供工程技术保证等。

公司融资包括债权融资和股权融资两种，现在也有人提出招商融资（产业关联方出资加盟公司入股或债权），其中，公司融资与项目融资最大的区别在于贷款对象、追索性质、还款来源及成本等方面。

表 6—1　　　　　　　　　　　项目融资与公司融资的区别

	项目融资	传统公司融资
贷款对象	项目公司	项目发起人
追索性质	有追索权或无追索权	完全追索
融资基础	项目未来收益和资产	发起人资产及担保人信誉
还款来源	项目投产后的收益及项目本身的资产	项目发起人所有资产及其收益
担保结构	担保结构复杂	单一担保结构
会计处理	不进入发起人资产负债表	进入发起人资产负债表
风险承担	项目参与各方	发起人、担保人
融资流程周期及成本	流程复杂、周期长、成本高	流程简单、周期短、成本低
债务比例、贷款期限	负债率高、期限长	自有资金比例高、期限短

6.2　项目融资的参与方

项目融资的参与主体至少包含项目发起人、项目公司、借款人，还可以根据需要引入银行、安排行、管理行、代理行、工程银行、担保受托人、财务顾问行、专家、律师、国际机构、保险公司、租赁公司、评级机构等。

6.2.1　项目发起人

项目的发起人可以是一个公司或一个由例如承包商、供应商、项目产品的购买方或使用方构成的多边联合体或财团。项目的发起人可以包括对项目没有直接利益的成员，如交通设施项目所占用土地的所有者以及那些期望他们的房地产会增值的人。

6.2.2　项目公司

经营项目的实体，也就是项目公司的身份、注册地址和法定形式取决于许多因素。首要的是，当地政府的法律框架可能规定了外国投资的方式：也许根本不允许外来实体在当地经营;也许必须在所在国建立由本国企业参加的合资企业或新企业。有限责任、合作企业和公有企业的概念可能与发起人所熟悉的有所不同。这些可能影响在合资协议或股东协议中写明的项目所有权结构以及项目发起人之间的关系。所有权结构也可能受项目所在国的税收制度和外汇条例的影响,以及项目发起人的国家的税收制度和外汇条例的影响。

6.2.3 借款人

借款人可以是也可以不是项目公司。项目的融资结构和项目的运作将取决于一系列因素,包括税收、外汇管制、担保的取得和对所在国政府强制索偿的可行性。一个项目融资可能有几个借款人,它们分别筹资用来满足各自参加项目的需要,如建筑公司、运营公司、原料供应商或生产购买方(off-takers)。借款人可能是为项目而设立的,例如最近在印度尼西亚的石油项目中,在国有企业的借款和担保能力受到限制的情况下发展了一种"委托借款公司"(TBV-Trust Borrow Vehicle)。

该融资的结构按照三个阶段实施,第一阶段是项目建设阶段,先成立项目的委托借款公司 TBV,然后由银行通过给借款公司(TBV)贷款来向国有石油公司的建设提供资金,如图 6-1 所示,银行贷款给借款公司,借款公司向建造公司付款。第二阶段是购买协议阶段,石油公司以或取或付(Take-or-Pay)为基础和购买方达成购买合同,并指示购买方向委托借款公司 TBV 付款。第三阶段,借款公司用项目的收益偿还银行的债务,其余部分付给石油公司。如果任何原因使石油公司给购买方的指示发生变化,石油公司保证支付借款公司偿债所需的资金。

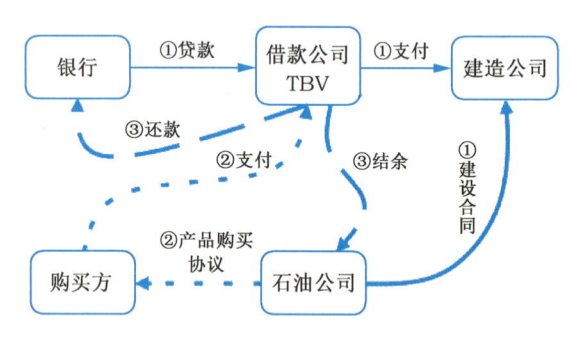

图 6-1 融资结构图

6.2.4 银行

许多大规模的项目需要银团融资。尽量组成一个由许多国家银行组成的银团,从而避免所在国政府对项目的征用或干涉,因为所在国政府可能不愿意因此破坏与这些国家的经济关系。银团可能包括一些所在国的银行,特别是当不允许外国银行取得项目资产担保权益时。这时,可以安排按比例分担协议,使所在国银行取得的资产担保权益能够对所有贷款人有效。整个融资计划可能分为不同层次的贷款:一些担保的、一些未担保的；一些是短期的和贸易有关的、一些是长期的；部分融资可能是附属贷款，在还款顺序上从属于其他贷款人或债权人的债权。

商业银行可能作为担保银行参加银团。例如，当可能从多边金融机构获得优惠贷款或有出口信贷机构的参加时，一些或所有的商业银行可能同意以优惠贷款的贷款人为受益人出具担保或开立信用证。对在有限追索权基础上获得优惠贷款的项目发起人来说，由于优惠贷款的贷款人的风险被转移给商业银行，其好处将远远大于在担保费用和管理费上的付出。在商业银行看来，这种安排的优点在于，它们不需要与出口信贷贷款人分享项目的担保资产（即项目公司用项目资产作反担保来换取商业银行担保），也不会在加速还款或强制实施对担保品的权利时受后者的干涉，因此出具担保而承受的额外风险是值得的，特别是，当优惠贷款的贷款人要求在任何情况下对担保资产享有优先权时，在一些项目融资中，商业银行可能发现自己站在"前线"（"front" or "conduct"）贷款人的后面起担保人或存款人的作用，前线贷款人的贷款是免征预扣税的，但如果商业银行提供直接贷款就要缴纳预扣税。

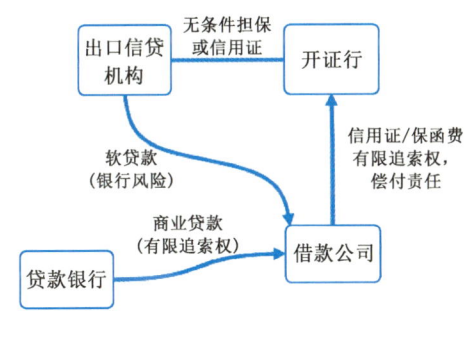

图6—2　银团贷款结构图

银团贷款的银行分为安排行、管理行、代理行、工程银行，它们都提供贷款，但又承担不同的责任。

1. 安排行

安排行负责安排融资和银团贷款，通过在贷款条件和担保文件的谈判中起主导作用，但是所涉及的文件将包含一段明确的声明，表示在银团贷款中的每一个贷款人都是按照自己的判断来参加银团的，不会企图要求安排行为参加行可能的损失负责。

2. 管理行

管理行（Lead Manager）负责贷款项目的文件管理，管理行的身份反映了对项目的参与程度，但管理行通常不对借款人或贷款人承担任何特殊的责任。

3. 代理行

代理行负责协调用款，帮助各方交流融资文件，送达通知和传递信息，它们也不对贷款人的贷款决定负责。

4. 工程银行

工程银行监控项目技术实施和进程，并负责项目工程师与独立专家之间的联络，工程银行可能是代理行或安排行的分支机构。

5. 担保受托人

在一个涉及银团贷款的项目融资中,由一个具有信托资格的代理行来保管担保资产是常见的现象。在其他一些项目融资中,可能有不同的贷款人组织或其他债权人对担保资产有兴趣,这将需要指定一个独立的信托公司作为担保受托人。

6.2.5 财务顾问

在国际项目融资过程中,项目的发起人将设法得到一个商业或商人银行作为财务顾问。该顾问行应熟悉项目所在国的情况,能够就项目结构和当地情况提供参考意见,并且具有向贷款人推销项目所需的专业知识和关系。当然,财务顾问行很可能本身也是一个贷款人。财务顾问行将准备项目情况备忘录(Information Memorandum)提纲,以及项目的特点和经济效益可行性分析,提出与项目成本、市场价格和需求、汇率等有关的假设,并报告各项目发起人的情况。

在国内,财务顾问在项目融资中扮演极为重要的角色,甚至决定了项目融资的成败。在项目融资的谈判过程中,财务顾问需要周旋于有关利益主体之间,通过对融资方案的反复设计、分析、比较和谈判,形成一个既能保护项目投资者利益,又能被贷款银行接受的融资方案。项目发起人或项目公司聘请财务顾问负责项目融资的策划和操作,财务顾问需要精通金融市场的运行规则,了解项目所在地的情况,对项目技术发展趋势、成本结构、投资费用有清楚的认识,熟悉各种融资方法和手段,为项目融资结构提出参考意见,并且具有项目所需要的专业知识。

6.2.6 技术与法律顾问

一般来说,项目的实施都需要经过项目的技术论证和法律论证。项目发起人或项目公司也需要聘请相关的技术专家和律师作为顾问。

1. 技术专家

采用项目融资的方式筹资的项目,一般工程量大、技术复杂,项目发起人、贷款银行、财务顾问都会选中具有国际声望或业内权威的技术专家帮助准备或检查、评估可行性研究报告,专家通常继续参加对项目的管理、监控和验收,并且,当项目发起人和贷款人对项目文件规定的竣工测试有争议时充当仲裁人。

2. 律师

大规模项目融资所涉及的项目文件十分复杂,加上来自不同国家的参与方,这使律师的作用变得必不可少。按照律师的建议,项目发起人将把项目所在国法规、税收等体系作为项目初步可行性评估的一个部分。如果项目资产将被作为担保品,所有有关国家(包括贷款人、借款人和项目发起人的国家,以及项目所在国)的当地律师的意见是贷款的先决条件。贷款人的法律顾问通常负责协调律师的意见。明智的做法是在项目的早期就征求律师的意见,从而保证形成正确的融资方案,落实担保品的安排,并且保证期望的税收利益或其他好处能够实现。项目发起人、贷款人和他们的法律顾问不应认为在一个国家发展起来的并经过检验的所有制、税收或融资方式将一定适合于任何其他国家。所在国的法律制度很可能不如参与方熟悉的法律制度那么先进,或者所在国的法律制度从政治、经济、文化甚至宗教信仰方面可能完全不同。这时,与那些不熟悉西方法律概念和系统的人相比,著名的国际法律公司能够发现问题,并能运用更灵活的解决方式和渠道。

6.2.7 项目建设及运营相关方

项目融资要有好的现金流,好项目就需要高层次的策划,策划不仅是商业机会研究,更是把握资源、整合资源要素的过程,项目建设周期长、投资大、成本高,项目策划一定要具备战略眼光,定位决策地位。一流的策划,一流的建设,加上一流的运营,才能铸就一流的融资项目。

1. 策划咨询单位

项目发起人在发起项目时,需要聘请专业的策划咨询单位进行"概念规划",针对项目的定位、功能以及市场研判、商业模式等有一个初步的设想,再次,可聘请专业的咨询单位进行可行性研究报告的编制并进行论证。

2. 规划设计单位

规划设计单位有严格的技术要求,各地都有资质要求,就是将策划方案用规划的方式呈现,包括规划方案、初步设计、建筑设计、施工方案等。当前,很多项目提出了"运营前置"的要求,原因在于由于甲方过于侧重项目的外观,却忽略了后期的运营成本,例如有奇奇怪怪的建筑,通常没有考虑低碳、节能等问题,为此规划设计单位需要结合运营方的实际要求,在设计方案中给予充分考虑。

3. 施工单位

建设单位也有资质要求,施工单位有总包和分包,项目融资较为复杂,需要分清楚总包单位和分包单位,对施工技术及施工能力需要充分地进行估计,现在有很多施工单位拥有很强的资本实力,有的施工单位能够垫资,有的施工单位也在开展EPC模式,即交钥匙工程等。建设单位重在工程管理,在工程质量、工期及工程成本等方面均有所把控。

4. 项目供应商

项目建设需要建材、设备、设施方面的采购,项目供应商多种多样,在房地产业也采用"商票"的方式向材料商或施工方进行融资,项目的各类供应商也是项目融资的潜在资金方。在做融资方案时需要充分估计,并适当纳入融资计划中。

5. 运营商

目前,很多项目缺少成功的运营商,运营商可以是项目公司,也可以是专业的第三方运营商。

运营商承担着实现项目现金流的作用,根据项目的不同,运营商的定位也不尽相同,一般来说,工业项目不需要运营商,由项目发起人成立项目公司即可。但商业项目、文化旅游、产业园区、特色小镇、乡村振兴等建设项目就需要运营商,尤其是当这些项目无法依赖项目发起人的资源和能力时,就有必要和第三方专业运营商进行合作。运营商一般需要有品牌、有管理能力,例如,品牌酒店管理公司和酒店资产方的合作。项目发起方建完酒店后,就可以和品牌酒店管理公司合作,品牌酒店管理公司很多,合作模式也较为成熟。

6. 项目产品购买方

项目产品购买方通常是项目发起人的合作单位,在工业项目中,项目生产的产品购买方是确定性较强的重要资金来源之一。在旅游项目中,旅游项目生产的是旅游产品,可以和旅行社等购买方进行合作。在产业园区项目中,产业园区生产的是办公空间或生产空间,需要和专业的园区公司合作。不同的项目应该对应不同的项目产品目标客户。

6.2.8 国际机构和评级机构

1. 国际金融机构

国际金融机构参与项目融资可降低融资成本,它们通常为发展中国家的项目提供长期低息的优惠贷款,世界银行的贷款通常不要求担保。

许多发展中国家的项目是由世界银行及其活跃在私人企业界的商业贷款分支机构〔即国际金融公司(IFC)或区域发展银行(如亚洲开发银行)〕共同提供融资。中欧和东欧的项目可能获得新成立的欧洲复兴和发展银行(EBRD)的支持。这些国际机构对诸如担保、融资的终止和实施方式有它们自己的政策和标准,这将影响项目的结构。与援助计划或其他软贷款挂钩的项目总是不可避免地要参考提供优惠贷款机构的意见。

2. 评级机构

由于税收的缘故或为了达到更好的评级,一些项目在银行的支持下,可能通过发行债券来筹资。如果债券要被评级,应在早期咨询有关的评级机构,因为评级机构的政策可能是以融资结构为基础的。如果是这样,提供支持的银行自身的等级就很重要。

6.3 项目融资的形式

项目融资的形式较多且较为灵活,常见的有信贷融资、债券融资、融资租赁、资产证券化。

6.3.1 信贷融资

1. 项目特征

《项目融资业务指引》(银监发〔2009〕71号)对项目融资提出了明确的定义[①],本指

---

① 银监会,《关于印发〈项目融资业务指引〉的通知》(银监发〔2009〕71号)。

引所称项目融资,是指符合以下特征的贷款:①贷款用途通常是用于建造一个或一组大型生产装置、基础设施、房地产项目或其他项目,包括对在建或已建项目的再融资;②借款人通常是为建设、经营该项目或为该项目融资而专门组建的企事业法人,包括主要从事该项目建设、经营或融资的既有企事业法人;③还款资金来源主要依赖该项目产生的销售收入、补贴收入或其他收入,一般不具备其他还款来源。

2. 审核偿债能力

贷款人从事项目融资业务,应当以偿债能力分析为核心,重点从项目技术可行性、财务可行性和还款来源可靠性等方面评估项目风险,充分考虑政策变化、市场波动等不确定因素对项目的影响,审慎预测项目的未来收益和现金流。

3. 专业能力及外部咨询

贷款人从事项目融资业务,应当具备对所从事项目的风险识别和管理能力,配备业务开展所需要的专业人员,建立完善的操作流程和风险管理机制。

贷款人可以根据需要,委托或者要求借款人委托具备相关资质的独立中介机构为项目提供法律、税务、保险、技术、环保和监理等方面的专业意见或服务。

4. 风险管理

贷款人从事项目融资业务,应当充分识别和评估融资项目中存在的建设期风险和经营期风险,包括政策风险、筹资风险、完工风险、产品市场风险、超支风险、原材料风险、营运风险、汇率风险、环保风险和其他相关风险。

5. 降风险措施

贷款人应当采取措施有效降低和分散融资项目在建设期和经营期的各类风险。

贷款人应当以要求借款人或者通过借款人要求项目相关方签订总承包合同、投保商业保险、建立完工保证金、提供完工担保和履约保函等方式,最大限度降低建设期风险。

贷款人可以以要求借款人签订长期供销合同、使用金融衍生工具或者发起人提供资金缺口担保等方式,有效分散经营期风险。

6.3.2 债券融资

固定收益产品是金融体系中的专业理财术语,从整体特点来描述,固定收益类产品就是风险相对较低,预期收益基本上是固定的产品,可以实现资金避险、锁定利率、抵御市场波动风险的目的,是一种强化经济不稳定管控的主要手段。

固定收益产品,通常被非专业人士称为债券,是按照固定时间偿付固定收益的金融工具。债券代表公司的债务,债券收益取决于公司向债券购买者也就是债主支付的数额。公司通常每半年支付固定的利息或票息,到期金额或者本金会在到期日连同最终票息被一起偿付。一家公司发行债券,意味着它必须承担到期偿付票息和本金的义务。到期未能偿付就是违约,如果公司的现金流不足以偿付欠下的债务,那么公司很有可能被强制破产。

固定收益证券市场发行量大、成交量大,可以规避最基本的利率风险,是金融市场和宏观经济的风向标。

债券按发行主体分类,可分为政府债券、金融债券和公司债券。按债券形态分类,债券可以分为实物债券、凭证式债券、记账式债券。各类固定收益类产品都是由各种机构承销的,不同债券的背后是一个个项目,承载着不同的风险,就有必要了解不同发行主体以及项目融资的基本知识,见表 6—1。

表 6—1　　　　　　　　　各类债券及监管机构的区别列表

债券类别			监管机构
政府债券			财政部、人民银行、证监会
中央银行债			人民银行
金融债券	政策性银行债		人民银行
	商业银行债券	普通债	银保监会、人民银行
		次级债	银保监会、人民银行
	特种金融债券		人民银行
	非银行金融机构债券		人民银行
	证券公司债		证监会、人民银行
	证券公司短期融资券		证监会、人民银行
短期融资券			人民银行
资产支持证券			银保监会、人民银行
企业债(含城投债)			国家发改委、人民银行、证监会
国际机构债券			人民银行、财政部、国家发改委、证监会
可转换债券			证监会
公司债			证监会、人民银行

1. 政府债券

政府债券是由政府作为发行主体募集资金并用于政府投资项目的债券。根据中华人民共和国国务院令第 712 号《政府投资条例》,政府投资是指在中国境内使用预算安排的资金进行固定资产投资建设活动,包括新建、扩建、改建、技术改造等。

2014 年《国务院关于加强地方政府性债务管理的意见》(43 号文)和新预算法的实施,拉开了新一轮财税改革,赋予了地方政府适度举债的权限。2015 年,财政部发布《关于对地方政府债务实行限额管理的实施意见》(财预〔2015〕225 号)规范地方政府的举债行为,专项债开始推行,地方政府债券被分为一般债券和专项债券。2019 年,中办、国办印发《关于做好地方政府专项债券发行及项目配套融资工作的通知》,要求地方各级政府按照有关规定加大地方政府债券信息公开力度,依托全国统一的集中信息公开平台,加快推进专项债券项目库公开,全面详细公开专项债券项目信息,对组合使用专项债券和市场化融资的项目以及将专项债券作为资本金的项目要单独公开,省级政府对专项债券依法承担全部偿还责任。

政府债券包括中央政府债券和地方政府债券,中央政府债券是无风险资产。地方政府债券又包括一般债券和专项债券。一般债券指省、自治区、直辖市政府(经省级政府批准自办债券发行的计划单列市政府)为没有收益的公益性项目发行的、约定一定期限内主要以一般公共预算收入还本付息的政府债券。专项债券是为有一定收益的公益性项目发行的、约定一定期限内以公益性项目对应的政府性基金或专项收入还本付息的政府债券。另外,对于兼有基金收入和专项收入的项目,在偿还专项债券本息后仍有剩余的可以进行市场化融资,即可根据条件申请银行贷款等。目前地方政府专项债券在基础设施建设领域可以说占有很大的比重。

2. 金融债券

金融债券是指银行和其他金融机构发行的债券。金融债券的期限一般为3~5年,利率略高于同期定期存款利率。由于金融债券的发行人是金融机构,金融债券的信用评级相对较高,且大部分为信用债券。根据法定发行程序,债券承诺按约定利率定期支付利息,到期还本。它属于银行等金融机构的主动负债。

3. 公司债券

我国法律规定,上市公司可以发行债券,且须有证监会批准后方可发债。公司债券是指公司依照法定程序发行的、约定在一定期限内还本付息的有价证券。公司债券也是公司向债券持有人出具的债务凭证。公司债券是公司债的表现形式,基于公司债券的发行,在债券的持有人和发行人之间形成了以还本付息为内容的债权债务法律关系。公司债券和企业债券本质上是同一类债券,在我国,公司债券和企业债券在以下方面有所不同:

(1)发行主体的范围不同

目前,公司债券仅由上市的股份有限公司发行;企业债券则主要由中央政府部门所属机构、国有独资企业或者国有控股企业发行。

(2)监管机构不同

公司债券发行由中国证监会核准;企业债券发行由国家发改委审批。

(3)资金用途不同

公司债券可以根据公司自身的具体经营需要提出发行需求。企业债券的发债资金主要用途包括固定资产投资、技术改造更新、基础设施建设等方面。

4. 债券交易市场

从交易场所来看,中国债券市场可以分为场外交易市场和场内交易市场。其中,场外交易市场主要指银行间债券市场和商业银行柜台交易市场,场内交易市场指交易所债券交易市场(包括上海证券交易所和深圳证券交易所)。从交易量来看,银行间债券市场是中国债券市场交易的主体场所,在中国债券市场发挥着主导作用。

从托管体系来看,中央结算公司是中国债券市场的总托管人,直接托管银行间债券市场参与者的债券资产;中证登公司作为分托管人,托管交易所债券市场参与者的债券资产;四大国有商业银行作为二级托管人,托管柜台市场参与者的债券资产。

(1) 证券交易所

是专门进行证券买卖的场所,如我国的上海证券交易所和深圳证券交易所。在证券交易所内买卖债券所形成的市场,就是场内交易市场,这种市场组织形式是债券流通市场的较为规范的形式,交易所作为债券交易的组织者,本身不参加债券的买卖和价格的决定,只是为债券买卖双方创造条件、提供服务并进行监管。场外交易市场是在证券交易所以外进行证券交易的市场。

(2) 柜台市场

为场外交易市场的主体。许多证券经营机构都设有专门的证券柜台,通过柜台进行债券买卖。在柜台交易市场中,证券经营机构既是交易的组织者,又是交易的参与者,此外,场外交易市场还包括银行间交易市场,以及一些机构投资者通过电话、电脑等通讯手段形成的市场等。目前,我国债券流通市场由三部分组成,即沪深证券交易所市场、银行间交易市场和证券经营机构柜台交易市场,见图6—3。

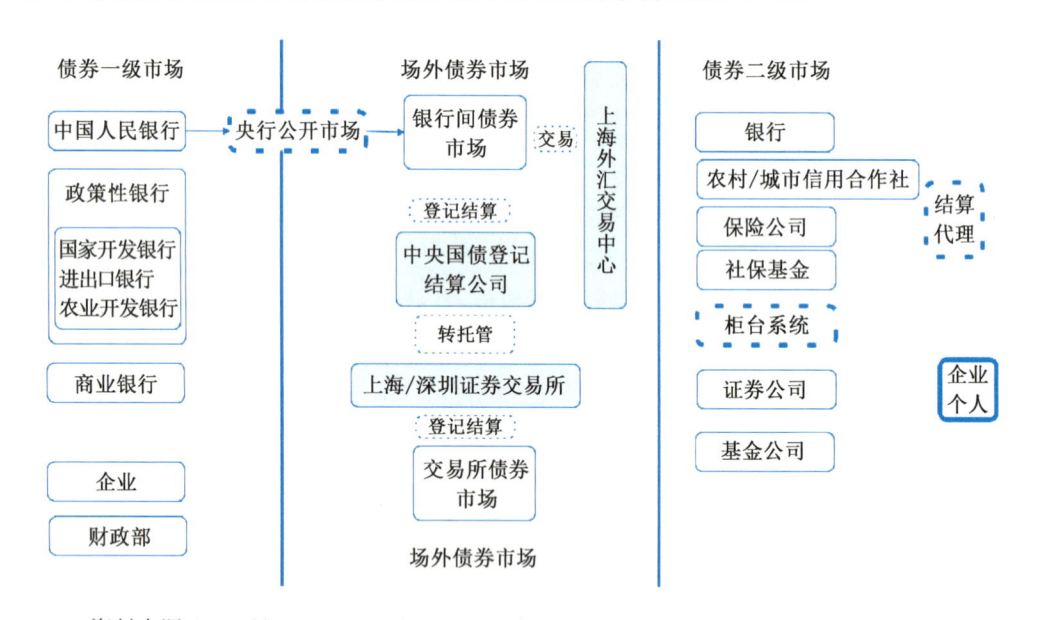

资料来源:http://bond.money.hexun.com/stepbystep/chart.aspx。

图6—3 中国债券市场分布图

6.3.3 融资租赁

截至2020年底,我国融资租赁企业为12 156家,融资租赁合同余额约65 040亿元人民币。近年来,我国融资租赁行业在公司数量和合同余额方面快速增长,为实体经济提供了金融服务的新路径。

1. 融资租赁的定义

我国不同法规对于融资租赁的定义存在一定差异。例如,在《企业会计准则》中认为,融资租赁主要就是指能够将资产所有权所附带的风险和利益进行科学转移的一种方法,而其中的风险是指资产技术不先进或者长时间处于闲置,而导致生产能力不足,进而造成的风险;利益则指的是在资产的有效使用期内,其产生的收入或者增长的价值。《融资租赁管理暂行条例》又从融资租赁的本质出发对其进行了定义,该条例中指出,融资租赁涵盖三个不同方(包括供货商、承租方和出租方)签订合同的交易行为,而由于涵盖对象较多,因此需要签订至少两个以上的合同。

以上定义虽然不尽相同,但也道出了融资租赁的内涵:

(1)减轻融资方固定资产投入

固定资产往往需要折旧,很多制造企业需要设备更新,但昂贵的设备投入导致企业的再投入减少,制造企业的设备更新过慢也会导致设备推陈出新太慢,不利于"设备制造企业"的市场发展,日本在"二战"后为了发展加工业,鼓励发展设备融资租赁,将折旧费"抵减"租赁费,加快了设备更新换代的速度。

(2)促进多方资源合作共赢

融资租赁业务涵盖供货商、承租方和出租方,供货商能加快货物的销售,出租方(出资方)能盘活闲置资金,承租方(融资方)能降低成本,可谓一举多得,合作共赢。

本书对融资租赁的定义为:承租方向出租方提出租赁融资需求,出租方根据承租方对租赁物件的特定要求对供货商进行选择,出资向供货商购买租赁物件并租给承租方使用的间接融资活动。

表6—2 融资租赁与传统租赁的区别

	融资租赁	传统租赁
交易目的不同	融资	交易
期限不同	中长期	短期
计费方式不同	按融资的成本计费	按时间计费
交易形式不同	多种交易方式	只有一种交易方式
当事人数量不同	三方当事人(或多方)	仅双方当事人
租赁决策人不同	承租人	出租人

2. 融资租赁的发展历程

1952年,美国诞生了世界上第一家融资租赁公司,由此开启了现代融资租赁业的序幕。据《世界租赁年报》统计,从全球租赁成交额来看,1993年至今总体保持平稳增长。相对于国际市场,我国第一家融资租赁公司——中国东方租赁有限公司——于1981年成立,标志着中国融资租赁业务正式起步,此后至1987年,行业进入萌芽发展期;1988—2008年,行业经历了调整和规范发展期。2011—2017年,行业进入快速发展阶段,服务范围不但包括我国水利、电力等主要传统行业,更覆盖了高精信息技术、新能源等多个新兴产业领域。金融租赁凭借在贴近实体经济、促进产业结构转型升级、服务国民经济重点领域和薄弱环节等方面的优势,成为我国多层次金融服务体系的重要组成部分,步入了行业快速发展的"大繁荣"阶段。2018年以来,行业整体处于调整时期。

我国融资租赁行业产业链逐步完善,上游的资金方与制造商主要是银行机构、非银金融机构、飞机制造与其他制造商;中游的融资租赁公司主要包括外商投资融资租赁公司、内资融资租赁公司与金融租赁公司;下游的承租公司主要有交通运输公司、工业装备公司及其他承租方。我国融资租赁行业相对国际其他发达国家起步较晚,目前仍处于发展阶段,市场竞争相对宽松。根据《融资租赁企业监督管理办法》《商务部国家税务总局关于从事融资租赁业务有关问题的通知》《外商投资租赁业管理办法》《金融租赁公司管理办法》,目前我国有两类租赁企业(见表6-3):一类是由银保监会批准成立的金融租赁公司,按出资人不同,可分为银行系金融租赁公司和非银行系金融租赁公司;另一类是由商务部批准成立的非金融机构类的融资租赁企业,按企业形式不同,划分为内资融资租赁企业和外资融资租赁企业。

表6—3　　　　　　　　银保监会与商务部批准的租赁公司对比

项目	金融租赁公司	外商投资租赁公司、内资融资租赁公司
主管部门	银保监会	商务部
成立要求	需要银保监会批准	设立外资融资租赁公司需要商务部门审批;内资租赁公司由省级商务主管部门推荐试点,并由商务部和国家税务总局共同确认
许可的经营范围	(1)融资租赁业务 (2)转让和受让融资租赁资产 (3)固定收益类证券投资业务 (4)接受承租人的租赁保证金 (5)吸收非银行股东3个月(含)以上定期存款 (6)同业拆借 (7)向金融机构借款 (8)境外借款 (9)租赁物变卖及处理业务 (10)经济咨询 (11)发行债券 (12)在境内保税地区设立项目公司开展融资租赁业务 (13)资产证券化 (14)为控股子公司、项目公司对外融资提供担保 (15)银保监会批准的其他业务	(1)融资租赁业务 (2)租赁业务 (3)向国内外购买租赁财产 (4)租赁财产的残值处理及维修 (5)租赁交易咨询 (6)接受承租人的租赁保证金 (7)向商业银行、商业保理公司转让应收租赁款 (8)符合法律规定的其他业务

续表

项　目	金融租赁公司	外商投资租赁公司、内资融资租赁公司
资本金要求	有资本充足率要求，资本净额不低于风险加权资产的8%	风险资产一般不得超过净资产总额的10倍；融资租赁和其他租赁资产比重不低于总资产的60%

3. 融资租赁的资金来源及业务模式

目前融资租赁公司融资渠道主要包括股东出资、IPO上市融资等股权融资模式，银行贷款、公司债券、短融中票等债权融资模式，以及资产证券化（ABS）、保理融资等创新融资模式，但是银行贷款依然是融资租赁公司最主要的资金来源。

我国融资租赁公司融资及租赁业务模式：

(1) 直接融资租赁

直接融资租赁是商业运营中最为常见的一种融资租赁方式，其利润率较高。出租方通过使用自有资金或者自主进行筹集资金进而向供货商采购用户（承租方）所需设备，以达到将所采购设备出租给用户的目的，并获得相应租金。直接融资租赁的好处在于能够更为高效地开展融资租赁，出租方不存在设备库存压力，投资效益较高。

(2) 售后回租

目前，在我国的融资租赁交易中，售后回租融资租赁较多且最为常见。售后回租指的是承租商将自制或外购的设备按照市场价将设备卖给出租方，再通过租赁的方式向出租方租赁已售设备，进而实现资金融通的租赁方式。回租融资租赁方式的优点主要包括以下三个方面：第一，通过售出设备可以获取一定的流动资金，在提高企业资金流动率的同时能够获取对于原来设备的使用权；第二，由于承租方对于设备只有使用权、维修权，故此在租赁期满，承租方可根据自身实际情况决定是否续租，对市场具有更强的应变能力；第三，对于已经使用过的设备而言，通过售后回租融资租赁，相关技术人员更为熟悉设备，一定程度上节省了使用新设备所带来的培训费用，为企业节约了成本。

(3) 转租赁及杠杆租赁

相较于其他租赁模式而言，转租赁多了一个环节，主要涉及出租方、分租方、承租方及供货商四者。出租方需按照承租方的要求，从设备供货商处采购相应设备并签订相关采购合约。承租方将从出租方处租赁设备并转租给分租方，同时与出租方及分租方签订相关的租赁合同，出租方最终享有设备的所有权。杠杆租赁通常运用于大型租赁项目，通过出租方牵头进行总金额20%以上的融资并支付供货商设备款项。对于出租方而言，只要承租方支付的租金高于出租方融资额，那么出租方就可利用现有资金进行融资，在吸收银行及社会闲散资金的同时，实现以二博八的杠杆租赁融资，为项目获取巨额资金。

(4) 委托融资租赁

委托融资租赁是指拥有资金或者设备者通常会委托相关非银行机构从事委托融

资租赁,出租方即为委托方,同时受托方也具有第二出租人的责任和权利。一般情况下,这种委托租赁的融资方式能够很好地帮助一些不具备租赁权益的公司进行租赁业务。

6.3.4 资产证券化

1. 资产证券化的定义

资产证券化(Asset-Backed Security,ABS)最早由美国投资银行家莱维斯提出,是指能够将未来现金流稳定但是缺乏流动性的资产转换成能够在金融市场流通和出售的资产。

邹晓梅(2020)认为,资产证券化是指将流动性较差的贷款及其他债权类资产出售给特殊目的载体(Special Purpose Vehicle,SPV),由 SPV 经过打包、分层及信用增级等措施,使得该组资产在可预见的未来产生相对稳定的现金流,在资本市场上出售资产支持证券的过程。

在文献和报道中经常提到的 MBS、CDO、ABS、ABCP 等金融产品都属于典型的资产证券化产品,叫法不同,原因是基础资产不同。MBS 的基础资产是住房抵押贷款,其中:RMBS(Residential Mortagage-Backed Security)的基础资产是居民住房抵押贷款;CMBS(Commercial Mortgage-Backed Security)的基础资产是商业住房抵押贷款;CDO(Collateral Debt Obligations)称为担保债务凭证。

基础资产可以是企业债券、除住房抵押贷款外的信贷资产、保险资产,还可以是 MBS 或者 CDO,因而又细分为 CBO(Collateral Bond Obligations)、CLO(Collateral Loan Obligations)、CIO(Collateral Insurance Obligations)、MBS CDO 和 CDO2 等,MBS CDO 和 CDO2 又称为重复证券化产品。ABS(Asset-Based Security,ABS)既是资产支持证券的统称,也特指以汽车贷款、信用卡贷款、学生贷款、贸易应收款等债权资产为基础资产的资产支持证券。

2. 资产证券化的发展历程

中国的资产证券化正式起步于2005年,随后在2007年由于受到美国次贷危机爆发的影响一度陷入停滞。2012年5月,人民银行、银监会和财政部印发《关于进一步扩大信贷资产证券化试点有关事项的通知》,将试点额度扩容到500亿元(人民币,下同),这标志着沉寂了五年之久的资产证券化试点重新启动。

2013年8月,时任总理李克强在国务院常务会议上表示,要进一步扩大信贷资产证券化试点;12月底,人民银行和银监会印发《关于进一步规范信贷资产证券化发起机构风险自留行为的公告》,进一步为商业银行发起信贷资产证券化的资本占用问题松绑。2014年11月,银监会发布《关于信贷资产证券化备案登记工作流程的通知》,明确信贷资产证券化业务将由审批制改为备案制,同月,证监会发布《证券公司及基金管理公司子公司资产证券化业务管理规定》,取消企业资产支持证券事前行政审批,实行基金业协会事后备案和基础资产负面清单管理。在试点重启两年之后,我国资产证券化于 2014 年步入常态化发展阶段。

2015 年 5 月,信贷资产证券化试点规模扩容到 5 000 亿元,并鼓励"一次注册、自主分期发行",信贷 ABS 获准在交易所上市交易。2016 年 5 月,银行不良资产证券化试点重启,并在 2017 年 4 月成功实现扩围。2018 年 4 月,四部委印发的《关于规范金融机构资产管理业务的指导意见》("资管新规")豁免了资产证券化产品在期限错配、净值化、多层嵌套等方面的要求,一定程度上有利于资产证券化投资,使资产证券化成为"非标转标"的有效途径。同年 9 月,银保监会发布的《商业银行理财业务监督管理办法》("理财新规")把资产支持证券纳入理财产品投资范围,进一步利好资产证券化业务开展。2020 年 9 月,银保监会发布《关于银行业金融机构信贷资产证券化信息登记有关事项的通知》,开始对信贷资产证券化实行信息登记制度。2020 年,交易商协会在已有成熟的 ABN 制度框架基础上推出资产支持商业票据(ABCP),弥补了国内空白,回应了实体经济的现实需要。

3. 资产证券化的分类

我国 ABS 产品目前主要分为央行和银保监会监管的信贷资产证券化、证监会监管的企业资产证券化和交易商协会监管的资产支持票据(ABN)三种类型,详见表 6—4。金融租赁公司发行的 ABS 产品为信贷资产证券化产品,融资租赁公司发行的 ABS 产品属于企业资产证券化或资产支持票据。2018 年 2 月 9 日,沪深交易所、私募报价系统联合发布的《融资租赁债权资产支持证券挂牌条件确认指南》和《信息披露指南》,对融资租赁资产证券化进行了规范,融资租赁资产证券化的流程见图 6—4。

表 6—4　　　　　　　　　　　资产证券化分类

分类	信贷资产证券化	企业资产证券化	资产支持票据(ABN)
发起人	金融机构	非金融企业	非金融企业
基础资产	各类信贷资产	各类收益权和债权(负面清单制)	各类收益权和债权
交易模式	发起机构将信贷资产信托给受托机构	证券公司或基金子公司设立资产支持专项资管计划	由基础资产所产生的现金流作为收益支持,直接发行或通过特定目的信托发行
审批方式	银登中心信息登记	交易所审核,基金业协会备案	银行间交易商协会注册
发行方式	公开或定向发行	私募发行(合格投资者)	公开或定向发行
交易场所	银行间债券市场	交易所市场	银行间债券市场

4. 资产证券化的步骤

典型的资产证券化过程大致包括七个步骤:

(1)设立 SPV 作为资产支持证券的发行机构。SPV 是资产证券化的发行主体,可以采用公司、信托和合伙等组织形式,可以由发起人注册成立并控制(如商业银行),也可以由非发起人注册成立(如投资银行)。在典型的资产证券化中,SPV 并不是一

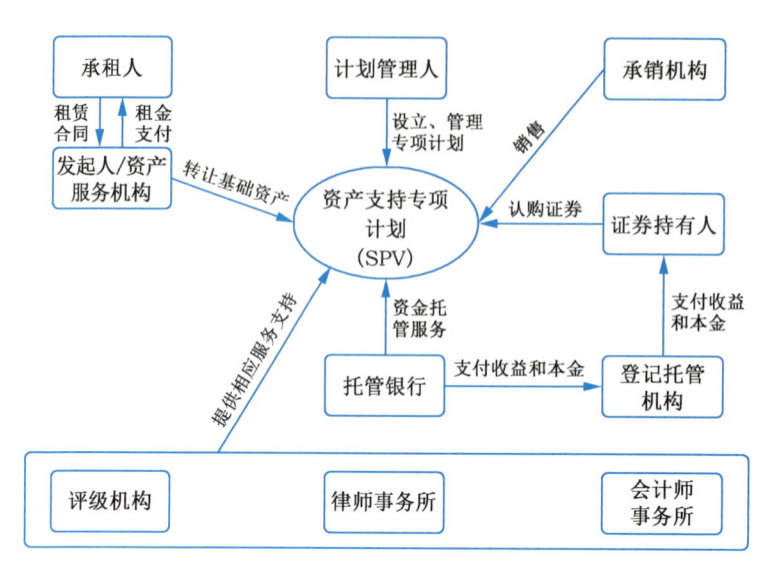

图 6—4　融资租赁资产证券化流程图

个真正的经营实体,既没有员工,也没有实际的办公地点,而是一个根据事先制定好的规则或协议运营的"机器人企业"(robot firm),活动仅限于购买并持有基础资产、发行资产支持证券、回收基础资产产生的现金流、向投资者支付票据本息等,并不会实施积极的资产负债管理。但是,随着资产证券化的发展,并非所有的 SPV 都只实施被动的资金管理,例如,ABCP 的发行机构被称作 ABCP 管道(ABCP conduit),ABCP 管道经理会对资产池进行积极的管理,不断调整资产组合以最大化收益。为了避免双重征税,SPV 通常不用缴纳企业所得税。

(2)发起人将基础资产出售给 SPV 组建资产池。这些资产通常都是相似类型的资产,如住房抵押贷款、信用卡应收款或企业贷款等。大多数 SPV 的资产池都是封闭的,但像信用卡贷款这类金额小、期限短的基础资产池则是开放的,资产可以被源源不断地注入同一个资产池,用来担保多重交易。在这里有两个关键的概念需要了解,那就是真实出售和破产隔离。

真实出售(True Sale)主要是对发起人而言的,即发起人应真正地将基础资产(也称证券化资产)的收益和风险转让给 SPV,基础资产从发起人的资产负债表中转出,资产支持证券的投资者只对基础资产具有追索权,对发起人的其余资产没有追索权。真实出售要求 SPV 必须具有法律上和财务上的独立性。然而,在全球范围内的资产证券化实践中,大部分交易并未采用完全真实出售的形式,而是采用部分转让,即发起人会购买部分资产支持证券,特别是劣后级证券。而且,全球金融危机还暴露出资产证券化过程中普遍存在的隐性担保问题,即发起人对资产支持证券的兑付提供隐性支持,投资者和发起人心照不宣地达成协议,一旦资产支持证券发生违约,发起人将进行偿付。无论是部分转让还是隐性担保,都使得真实出售大打折扣。

破产隔离（Bankruptcy Remoteness）主要针对 SPV 和投资者而言，包括两层含义：其一，SPV 的经营范围仅限于从事与证券化交易有关的活动。在资产支持证券尚未清偿完毕时，SPV 不得被清算、解体和兼并重组；其二，资产原始所有人通过资产证券化将基础资产真实出售给 SPV，即使发起人出现破产清算，发起人的债权人对已出售的资产也没有追索权。破产隔离将资产支持证券的风险与发起人的风险有效隔离开来，使得资产支持证券的信用级别可以超越其原始权益人。

（3）由发起人或第三方机构对 SPV 的资产池进行信用增级。这里涉及资产证券化过程中另一个重要概念——信用增级。信用增级是指 SPV 在取得证券化基础资产后采取措施提高拟发行资产支持证券的信用评级的过程。资产支持证券的目标评级越高，所需的信用增级水平就越高。信用增级可以分为三类：由发起人提供的信用增级、结构化信用增级和第三方提供的信用增级。

由发起人提供的信用增级是指资产池中的部分风险由发起人承担的信用增级方式，包括超额利差、现金担保、超额担保等。超额利差就是指资产池的利息高于交易费、服务费和资产支持证券融资成本，是最自然的、对发起人负担最小的信用增级方式。现金担保就是指发起人成立专门的现金担保账户，对资产支持证券的本息支付提供担保。超额担保是指发起人的基础资产价值超过 SPV 发行的资产支持证券的价值。

结构化信用增级是指基础资产信用风险在不同资产支持证券间重新分配的增级方式。最常见的方式是把资产支持证券划分为优先级（Senior）、中间级（Mezzine）和股权级（Equity），较低评级类型的投资者获得本金和利息的权力从属于优先级类型的投资者的权力。通过分层设计让一个债券类别为另一个债券类别提供信用增级，很容易使得最高级别的债券获得 AAA 评级。

第三方提供的信用增级是指由发起人和 SPV 以外的其他机构所提供的某种形式的担保，包括金融担保、信用证或关联方担保等。金融担保是指保险公司对债券投资人依照约定按时收到本金和利息还款的情况提供担保。信用证信用增级是通过银行以信用证方式为资产池质量提供担保来实现。关联方担保是指不管担保品的表现如何，相关方都保证按时和足额支付交易的利息和本金。例如，房地美和房利美就对其发行的 MBS 提供足额的信用担保。

经过信用增级，证券化产品的加权平均评级通常远远高出基础资产的加权评级，而且相当 q 大一部分债券都能拿到 AAA 以上的评级，因此，有学者将这个过程称为"炼金术"（alchemy）。

（4）由信用评级机构对 SPV 拟发行的资产支持证券进行信用评级。

（5）委托证券承销商发行资产支持证券。其中，股权级债券主要由发起人持有。

（6）SPV 向发起人支付出售资产支持证券获得的收入。

（7）由发起人作为基础资产服务商，将资产池产生的现金流支付给 SPV，由 SPV 向证券投资者支付收益。

6.4 项目融资的风险管理

6.4.1 项目融资风险管理的定义

1. 风险的定义

风险是对某一事件的全过程的预期目标,可能产生的不利因素发生的概率及后果。

这其中,包括了风险的五个基本属性:
(1)某一事件;
(2)全过程;
(3)预期目标;
(4)可能产生的不利因素发生的概率;
(5)不良后果。

2. 融资风险的定义及分类

融资风险是指在融资活动中存在的各种风险,融资风险有可能使投资者、项目法人、债权人等各方蒙受损失。为减少融资风险损失,对融资方案实施中可能存在的资金供应风险、信用风险、建设与开发风险、市场和运营风险、政治风险、法律风险、利率风险和汇率风险等风险因素进行分析评价,提出防范风险的对策。

(1)资金供应风险

资金供应风险是指在项目实施过程中资金不落实导致的风险,为防范资金供应风险,必须认真做好资金来源可靠性分析。资金不落实的原因有很多,主要包括:

①已承诺出资的股本投资者由于出资能力有限而不能(或不再)兑现承诺。
②原定发行股票、债券计划不能实现。
③既有企业法人由于经营状况恶化无力按原定计划出资。

(2)利率风险

利率风险是指由于利率变动导致资金成本上升,给项目造成损失的可能性。

(3)信用风险

项目融资中,即使对借款人、项目发起人有一定的追索权,贷款人也要评估项目参与方的信用、业绩和管理技术,因为这些因素是贷款人依赖的项目成功的保证:

①借款人和任何担保人:在项目的建设和开发期间或以后是否有担保或其他现金差额补偿协议(Cash Deficiency Agreement)。
②承包商:是否有一定的保函来保证赔偿因承包商未能履约造成的损失。
③项目发起人:项目发起人是否在项目中起重要作用,或提供了股权资本或其他形式的支持。

④产品购买方:是否已签订或取或付、且取且付或类似的合同,或其他形式的长期销售合同。

⑤项目供货方:是否将或供或付(Supply or Pay),或其他形式的长期供货协议作为原材料的来源。

⑥项目运营方:项目是否需要先进的管理技术和方法。

⑦项目使用方:以输油管道为例,是否签订了使用合同(Throughput)或收费合同(Tolling Agreement)。

⑧项目的其他参与方:得到融资的项目发起人的利益小于100%时。

⑨保险公司、再保险公司和保险经纪人:因为他们按保单支付的能力以及保险经纪人的责任构成了保险协议一部分。与提供资金的银行一样,项目发起人同样非常关心上述这些不同参与方的可靠性、专业能力和信用。

(4)建设和开发风险

贷款人在评估建设和开发阶段的风险时,将仔细研究可行性报告中使用的方法和假设。贷款人必须考虑以下因素的可能性和影响:

①矿藏量不足:如实际油、气储量或矿产量低于勘探报告的数量。

②能力、产量和效率不足:如产量和效率低于计划指标(由于工程、设计或技术方面的缺陷,或不可预见的原材料缺陷,如不纯的金矿砂将使精炼过程变得复杂)。

③成本过高:表现在能源、运输、机器设备、原材料成本,或承包商和劳动力成本。

④竣工延期:导致附加的利息支出,延长了还款期。

⑤土地、建筑材料、燃料、原材料和运输的可获得性:为了项目本身的建设、运营和把产品运到市场的需要。

⑥劳动力、管理人员和可靠的承包商的可获得性。

⑦不可抗力:不可抗力风险不仅在项目的建设和发展阶段,而且在项目的运营阶段都很严峻。"不可抗力"本身涉及参与方无法控制的因素,如自然灾害、火灾、水灾、地震、战争、革命和罢工,这些因素影响了承包商、供货商或产品的市场。

其中一些风险可以通过下述方式来降低到最低限度,例如:保证项目公司与信用好和可靠的伙伴,就供货、燃料和运输签订了有约束力的、长期的、固定价格的合同;建立项目自己的供给来源和基本设施,如建设项目专用运输网络或发电厂;要求供货商、承包商和转包商出具履约保函和竣工担保,并转让给贷款人;购买商业保险,并确保出口信贷担保支持;在项目文件中订立严格的条款,涉及承包商和供货商的有延期惩罚、固定成本以及项目效益和效率的标准。这些好处将通过转让使贷款人受益。

(5)市场和运营风险

可行性研究也将评估与运营阶段相联系的风险,如:

①是否存在该项目产品的国内和国外市场;可能的竞争激烈程度;是否有相似项目竣工;预计的产品国际价格、适用关税和贸易壁垒。

②市场准入情况;有形的途径(运输和通讯)或商业途径(潜在的顾客是否能自由

购买产品,中央计划部门是否控制市场)。

③时效性:当项目到运营阶段时,项目产生的产品或服务是否仍然有市场;项目所用的技术是否可能被超过。

④新技术:通常,由于担心项目延期、成本超支和项目完全失败,贷款人将不愿意贷款给未经测试的技术,但需要同时考虑被竞争者的革新取代的风险;长期的或取或付(Take or Pay)合同、使用合同(用于油气管道)或收费合同(用于加工工厂)通过在规定的能够抵消运营成本和债务的价格水平上,为产品保证一个市场,可以减小运营风险。对发电项目,消费者常常是唯一的,即一个国家或一个当地的电网,在这种情况下,通常是由相关的使用机构来提供最低使用量和价格的保证,或者采用另一种方式,通过容量预定费合同(Availability Fee Arrangement)来收取电力容量费(Capacity Charge),而对消费的电力将收取另外的费用。

除以上风险之外,还包括金融风险、政治风险、法律风险、环境风险等。

3. 风险评价的过程

在项目融资中,必须对项目进行风险分析,对有关的风险因素作出评价,并根据一定的标准去判定项目的经济强度和各种风险要素对项目经济强度的影响程度。

风险评价的过程涉及两个步骤:

(1)确定运用什么标准来测定项目的经济强度;

(2)通过与所设定的标准进行比较,判断各种风险因素对项目经济强度的影响程度。

在项目融资风险分析中,项目现金流量成为一个重要的判断标准,而现金流量模型成为风险分析的工具。

在风险分析评价阶段,项目融资顾问可以为投资者提供有价值的信息和服务。

西方一些擅长项目融资的银行,如美国的摩根银行、第一波士顿银行等都各自建有具有特色的项目评价模型系统,为项目现金流量模型分析的实用性、综合性和有效性提供了更为有力和更为快速的计算手段。对于工业投资者比较薄弱的环节,例如在项目风险系数的确定、项目贴现率的确定、项目承受债务能力的分析、金融风险以及通货膨胀因素对项目的影响等方面,项目融资顾问可以发挥较大的作用。

有经验的融资顾问对工业发展趋势、项目在该工业部门中的竞争地位、项目的生产管理、劳工关系状况、项目所在国的投资环境等问题的判断,对于新进入该领域的项目投资者也是十分重要的。

6.4.2 项目融资的过程分析

1. 融资企业推动项目融资的五个阶段

从融资企业的角度,项目融资可以分为投资决策、融资决策、融资结构、融资谈判、融资执行五个阶段。不同阶段有不同的管理内容,见图6—5。

2. 银行贷款项目审批的全过程

对于银行贷款提供方来说,需要对项目实施全生命周期管理,以亚行贷款项目为

第一阶段	第二阶段	第三阶段	第四阶段	第五阶段
• 投资决策	• 融资决策	• 融资结构	• 融资谈判	• 融资执行
• 项目可行性研究、资源、技术市场分析 • 投资决策，初步确定项目的投资结构	• 选择融资结构，确定融资方式 • 任命项目融资顾问，明确融资的任务和具体目标要求	• 分析项目风险因素 • 设计项目的融资及资金结构 • 修正项目投资风险控制方式 • 建立法律框架	• 选择银行，发出项目融资建议书 • 组织贷款银团 • 起草融资法律文件 • 融资谈判	• 签署项目融资文件 • 执行项目投资计划 • 贷款银团经理人监督并参与项目决策 • 项目风险的控制与管理

图 6—5 项目融资的阶段性决策管理内容

例，其实施步骤包括：选项立项、可行性研究、实地考察和预评估、贷款谈判与批准、项目监控评估和项目后评估等，具体见表 6—5。

表 6—5 银行贷款项目工作步骤表

各阶段工作步骤	主要工作
立项（选项）	研究国别经济和发展规划，形成亚行国别业务战略，政府要求亚行提供援助，确定国别规划团，制定国别规划，与援助机构进行协调
可行性研究	政府做项目准备，聘请咨询专家，可行性研究（通过亚行技拨或其他资助）
实地考察和预评估	检查项目可行性研究，现场考察和讨论，要求提供进一步信息或采取进一步行动，亚行内部审查和预评估，项目现场考察
派出评估团	与政府与执行机构讨论，检查项目的技术、经济和财务，讨论项目有关的问题和政策，决定贷款期限和条件，签署谅解备忘录
准备董事会文件	行长报告和推荐书，评估报告，贷款协定和项目协议，亚行内部审查，向政府发出贷款文件草本
贷款谈判	讨论贷款协议草本，签署贷款谈判纪要
董事会传阅	行长报告、评估报告和其他文件的最终定稿，将全套文件送董事会传阅
批准贷款	董事会讨论，审查项目和有关国家的经济状况，董事会批准
贷款签字	由行长和政府及执行机构的代表签署
项目执行	（1）执行机构方面：选择和聘请咨询专家，完善工程设计并准备招标文件，采购机器设备、土建工程安装 （2）亚行方面：审查和批准执行机构的工作计划，检查执行机构提交的进展报告，派出考察团，贷款拨付
项目完成	启用项目设施，关闭贷款拨付账户，准备项目完成报告
项目效益的监控评估	详细检查项目的社会经济影响
项目实施效果后评估	对照原计划和目标评价项目实际执行情况，对项目的财务经济和社会效益进行评价，总结经验和教训以用于未来项目的准备和执行

6.4.3 项目融资的风险管理过程

项目融资风险管理是指项目管理组织通过风险识别、风险估计和风险评价等活动,运用各种风险管理技术,对可能发生的项目融资风险实施有效的控制并妥善处理风险所致损失的后果,期望以最小的项目成本实现最大的项目目标的一种管理活动。项目融资风险管理包括风险识别、风险估计、风险评价、风险应对、风险监控等环节。

1. 风险识别

对于建设性项目来说,项目融资的风险主要在以下四个方面:

(1)法律风险,需要确定是否拥有合法的审批手续;
(2)建设及开发风险,需要分析施工条件和相关技术、工期、成本等;
(3)资金供应风险及信用风险,需要分析项目投融资结构及资金来源落实情况;
(4)市场和运营风险,主要分析项目可能产生的效益及偿债能力。

2. 风险评价

项目风险分析评价的八个要点:

(1)审批手续是否完备

主要审查项目核准文件、土地审批、环评审批及规划许可等。需要确定是否经有权部门核准;核准机关是否具有核准权限,是否存在违规越权审批问题。要重视项目核准机关的级别(国家、省级、地方)。一般认为,国家核准的项目权威性是最高的,且大多数是涉及国民经济和社会发展的大型项目,国家在核准时已考虑了相关行业规划及布点等情况,风险相对要小一些。

土地资源的稀缺性决定了国家建设过程中必须加强对土地的审批和对建设占用耕地的处罚力度。土地供应和银行信贷是国家加强宏观的两个重要工具。只有属性是国有建设用地的土地上才可以进行项目建设。对于农民集体所有的非建设用地,要通过征收或征用土地的方式把农民集体所有的性质变更为国家所有,将农用地或未利用地变更为建设用地性质。因此,对于建设占用土地涉及农用地转为建设用地的,要办理农用地转用审批手续。

重点关注:项目环评是否经有权部门审批;批准机关是否具有相应权限,是否存在违规越权审批问题。"绿色信贷"要求,环评未经审批通过的项目一律不得发放贷款,包括项目临时周转贷款。关注借款人是否在环保黑名单上,在环保方面是否有不良记录。对环保违法企业禁止新发放贷款。

(2)项目建设条件是否具备

需要审查建设用地及项目所需的水、电、气供应是否落实?交通设施能否满足建设需要?项目采用的工艺技术是否成熟、可靠?新工艺技术是否经过权威专业部门论证?项目主要生产设备来源及先进程度如何?项目建成后主要原材料供应渠道及可靠性如何?项目工程的形象进度与实际完成投资情况匹配吗?实际完成投资中,资金来源结构如何?项目建设期多长?预计投产期和分年度达产计划如何?

(3)项目投融资总额与借款人/股东财务能力是否匹配

从项目投融资规模与借款人/股东规模比较的角度,看是"大企业小项目"还是"小企业大项目",判断借款人/股东的财务承受能力以及项目建设规模的合理性。

(4)项目单位投资是否合理

与同等规模项目总投资比较,看单位投资合理吗?有无通过人为扩大总投资、套取银行信用、减少资本金的行为。在其他条件不变的情况下,项目单位投资节省对提高项目偿债能力具有重要意义。单位投资节省提高了项目的投资利润率,也提高了销售利润率(单位成本中包含的折旧减少)。因此,投资节省的很大部分事实上可以转化为还贷来源。

(5)项目资本金比例是否合适

资本金是股东或借款人投入项目的权益性资金。由于资本金与债务相比具有最后清偿的性质,且没有到期期限,因此,在有限责任制度下,资本金代表了投资者承担风险的限额,以及对债权人债权的保障程度。可见,资本金比例实质表明了一个项目中银行与项目投资者的风险分配和承担问题。

从宏观上看,资金本比例是国家宏观调控的重要手段之一,国家规定最低资本金比例即明确了行业准入标准。

从微观上看,资本金高低表明:①投资者实力及对项目的信心;②投资者愿意对项目风险承担的程度;③资本金对项目还贷能力的支持程度(资本金投入随着项目完工形成固定资产,在项目运营后,通过折旧的方式形成银行贷款的还款来源)。

(6)资本金来源是否已落实

项目的资本金主要来源包括股东出资或借款人自筹。针对股东出资,需要综合考察股东的资产规模、销售收入、盈利能力、现有融资的偿还、对其他项目的出资等,判断本项目建设期内股东是否具备出资能力。针对借款人自筹,如果资本金由借款人自筹解决,则需要综合考察借款人的经营情况、财务状况和现金流量能否满足如下三方面需求:①现有债务按期偿还;②对其他项目出资;③对本项目出资。

民营企业介入重大基础设施项目大部分存在出资问题。应重点关注:①出资来源;②尽可能要求资本金先于银行贷款到位。股东借款不能视同资本金(如股东在国家规定的最低资本金比例之外又提供了一部分股东借款,应明确股东借款为从属债务,不享有优先受偿权,在清偿银行贷款本息前不能抽回股东贷款)。

(7)项目所需的其他银行贷款是否能落实

需要重点关注银行同业对同一项目的态度。关注项目所需他行贷款是否落实,包括他行意向贷款的金额、期限、利率、担保条件等。重点是项目是否存在资金缺口,以及各行的贷款条件是否平衡。

(8)项目效益和还贷能力

需要关注项目销售收入与本身的融资匹配吗?关注项目效益的测算依据与企业现有经营指标吻合吗?关注项目效益能否覆盖自身的债务(贷款偿还期和偿债保证

比)。关注借款人的综合偿债能力。

3. 风险要素分析的方法

(1)情景模拟法

根据不同的情景,将不同的风险要素分别输入模拟的过程,然后再观察输出结果,进行综合分析,见图6—6。

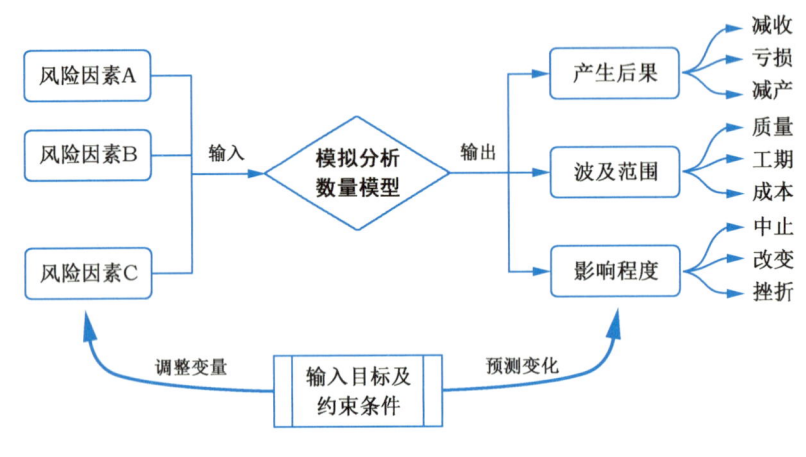

图6—6 风险预测情景模拟法

输出的结果可以由诸多风险指标构成,后果严重性指标,可以设定亏损金额的标准,影响蔓延的范围,如质量下降、工期拖延、成本超支等,对项目投资决策影响程度,或中止投资或改变方案或只受到轻微挫折。

(2)现金流量估计模型

项目的现金流是项目成败的关键,现金流量模型能够清晰地分析项目的风险点,建立现金流量模型需要考虑以下一些变量,包括:项目的投资费用,项目的建设时间表,项目产品的种类、数量、价格、销售收入以及其他市场因素,项目的直接生产成本(包括人工、原材料、能源、运输费用等),项目的非现金成本(包括折旧、摊销等),其他项目成本(如管理费用、技术专利费用、市场摊销费用等),流动资金需求量与周转时间,公司所得税和其他税收(如资源税、营业税、进出口税等),通货膨胀因素,融资成本(包括汇率、利率、金融租赁成本等),不可预见因素及费用,项目的经济生命期等,见图6—7。

建立项目的现金流量模型之后,第一步工作是进行项目净现值的分析,接下来在现金流量模型的基础上建立项目的融资结构模型。在一系列债务资金的假设条件下,确定项目合理的债务承受能力和投资者可以得到的投资收益率。现金流量模型中股本资金投入水平是三个变量的函数:投资者所必须获得的最低投资收益率,融资的可能性及债务资金的成本,股本资金的形式及成本。

4. 风险应对的六种模式

风险估量时应注意以下几点:①风险后果的相对性;②风险后果的综合性;③风险

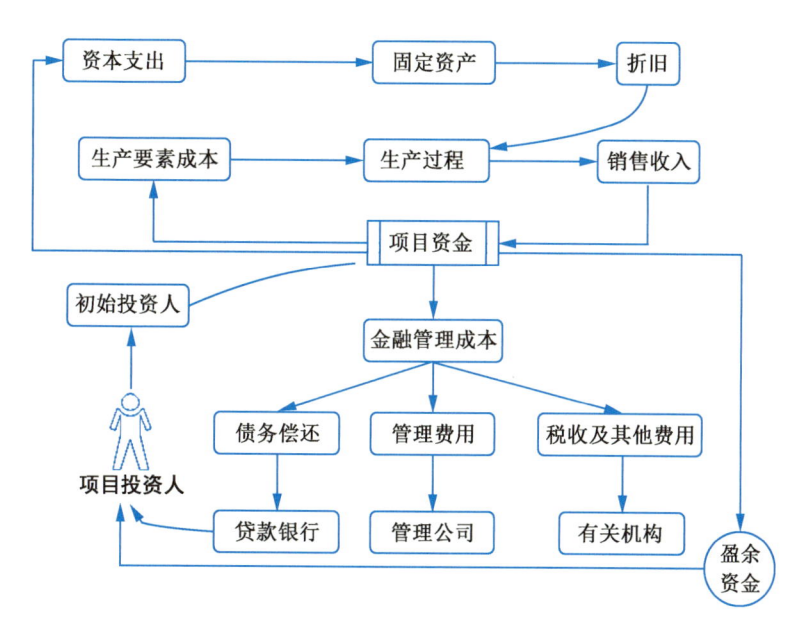

图 6-7 现金流量估算模型

后果的时间性。

无论是识别风险还是评估风险，最终目的还是为了应对风险，应对风险有六种模式，包括回避风险、分散风险、转移风险、承受风险、限制风险、缓解风险，见图 6-8。

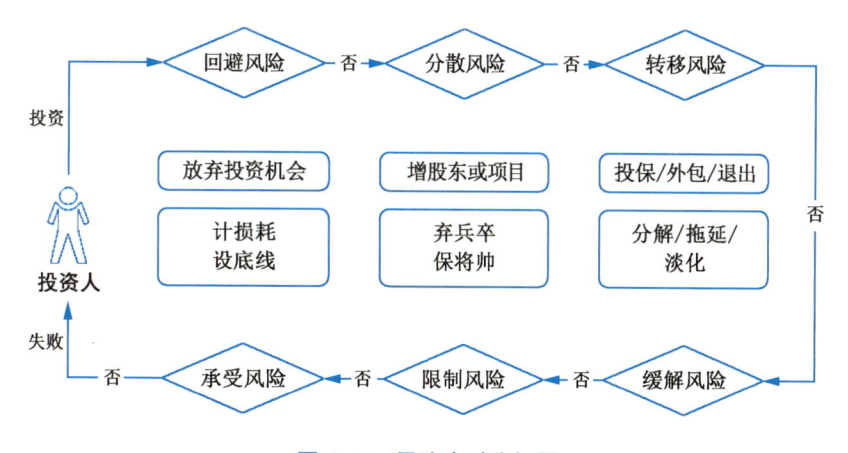

图 6-8 风险应对分析图

第七章

政府企业合作项目的融资模式

本章导读

政府企业合作项目在国内发展已经很成熟,很多准公共项目或公共建设项目采用了政府企业合作项目,本章介绍了"特许经营模式"、"PPP 模式"和"REITs"模式,此类项目大多属于重大建设项目,政府企业合作项目的融资模式为我国城镇建设项目提供了强有力的资金支持和政策支持。

学习目标

1. 熟练掌握政府企业合作项目融资的主要类型。
2. 掌握政府企业合作项目融资管理的相关知识要点。

本章主要知识点

1. 特许经营模式的概念
2. PPP 模式的概念
3. REITs 融资的概念

导入案例

北京市朝阳区凤凰城污水处理厂项目

此项目是北京市政府与北京金隅集团合作的特许经营项目,项目涵盖了污水处理厂的设计、建设、运营以及后续的维护。

融资模式:北京市政府提供了一部分的初始资金,剩余的资金则由北京金隅集团通过银行贷款、企业自有资金等方式筹集。在运营阶段,污水处理厂的运营费用由政府支付,同时政府还向金隅集团支付一定的特许经营费用,以保障其投资回报。

特许经营模式:北京市政府将污水处理厂的建设和运营权交给了北京金隅集团,签订了长期的特许经营协议。在协议期限内,金隅集团负责污水处理厂的运营和维护,同时政府会对其运营效果进行监督,确保服务的质量和标准。

通过这种模式,北京市政府有效地利用了私营企业的资金和管理经验,提高了公共服务的效率,同时也为私营企业提供了投资回报,实现了政企双赢。

特许经营模式在政府企业合作项目中的优势在于可以充分发挥企业作为市场主体的创新力和运营效率,同时降低政府的运营成本和风险。这种模式可以吸引市场主体的投资和参与,提供更多的就业机会和公共服务,促进经济发展和社会福祉。

7.1 特许经营模式

7.1.1 概念

在政府企业合作项目的融资模式中,特许经营模式是一种常见的形式。在《中共中央国务院关于深化投融资体制改革的意见》(中发〔2016〕18号)中,对广义的政府与社会资本合作提出了核心描述:通过特许经营、政府购买服务等方式,在交通、环保、医疗、养老等领域采取单个项目、组合项目、连片开发等多种形式,扩大公共产品和服务供给。

特许经营模式在政府企业合作项目中具体定义为:政府作为特许方,将特定项目的运营权授权给特许人,使其能够在指定领域内运营项目或提供相关服务。这些项目可以涵盖基础设施建设、公共服务、交通运输、水电能源等领域。特许人在获得特许经营权后,需要承担相应的运营责任和义务。这包括按照特许方的要求和标准进行运营,确保服务质量、遵守合规要求、维护品牌形象等。特许方通常会对特许人的运营进行监督和评估,以确保项目的成功和合规运营。特许人在特许经营模式中承担项目的投资责任,包括设备购买、设施建设、人员培训等。特许人也与特许方共担风险,如市场风险、经营风险等。特许经营模式通过特许费和特许权使用费的支付,为特许方提供回报,并在项目成功时为特许人带来利润。特许经营模式通常通过合同或特许协议明确双方的权利和义务。政府作为特许方,负责制定合同条款和监管规定,确保特许人按照合同约定履行责任,并保障公共利益和服务质量。

《基础设施和公用事业特许经营管理办法》(国家发展和改革委员会、财政部、住房和城乡建设部、交通运输部、水利部、中国人民银行2015年第25号公布,以下简称"25号令")对"基础设施和公用事业特许经营"进行了明确定义:政府采用竞争方式依法授权中华人民共和国境内外的法人或者其他组织,通过协议明确权利义务和风险分担,约定其在一定期限和范围内投资建设运营基础设施和公用事业并获得收益,提供公共产品或者公共服务。

7.1.2 特征(适用于基础设施和公用事业项目)

25号令对基础设施和公用事业特许经营的定义更强调政府在特许经营活动中的

授权,并明确了特许经营的核心是"特许经营者提供公共产品和公共服务"。

25号令对基础设施和公用事业特许经营可以采取的方式作了详细的说明:

(1)在一定期限内,政府授予特许经营者投资新建或改扩建、运营基础设施和公用事业,期限届满移交政府。

(2)在一定期限内,政府授予特许经营者投资新建或改扩建、拥有并运营基础设施和公用事业,期限届满移交政府。

(3)特许经营者投资新建或改扩建基础设施和公用事业并移交政府后,由政府授予其在一定期限内运营。

在经营期限方面,25号令中明确约定了对于投资规模大、回报周期长的基础设施和公用事业特许经营项目可以由政府或者其授权部门与特许经营者根据项目实际情况,可约定超过30年规定的特许经营期限,一定程度上给予政府部门及特许经营者更大的运作空间。

在项目流程方面,25号令中对特许经营项目操作流程的规定可概括为:实施方案的编制→实施方案的审查(可行性评估)→选择特许经营者→签订特许经营协议→特许经营协议的履行(监督管理、监测分析、绩效评价)→特许经营协议变更和终止(性能测试、评估、移交、接管、验收)。

在项目融资途径及政府的融资支持方面,25号令做出了较为全面的规定,包括:允许对特许经营项目开展预期收益质押贷款,鼓励以设立产业基金等形式入股提供项目资本金,支持项目公司成立私募基金,发行项目收益票据、资产支持票据、企业债、公司债等拓宽融资渠道。

在可行性缺口性补助方面,25号令中提出,用户收费不足以覆盖特许经营建设、运营成本及合理收益的,可由政府提供可行性缺口补助,包括政府授予特许经营项目相关的其他开发经营权益。

7.1.3 优劣势分析

特许经营模式在政府企业合作项目中的优势在于,可以充分发挥社会企业的创新力和运营效率,同时降低政府的运营成本和风险。这种模式可以吸引企业的投资和参与,提供更多的就业机会和公共服务,促进经济发展和社会福祉。特许经营模式适用于各种类型的项目,但在实施前需要充分考虑相关法律法规、市场需求和特许经营方的资质和信誉。尤其是必须综合考虑政府财政承受能力和债务风险状况,并与政府年度预算和中期财政规划相衔接,确保资金拨付需要。25号令同时提出,建立绩效评价机制,要求实施机构应会同有关部门对特许经营项目的运营情况进行绩效评价,根据绩效评价结果、按照特许经营协议约定对价格或财政补贴进行调整。

7.2 PPP 模式

7.2.1 概念

PPP 融资模式，是指政府与社会资本通过签订长期协议，建立互利共赢的合作伙伴关系，使得私营企业在政府部门的监管下代理完成基础设施项目的建设，不断提高基础设施服务质量。PPP 融资能有效减少企业与投资者的风险，主要表现在投资债人仅限于对债务人的出资额拥有有限追索权。

PPP 融资模式在世界上已经存在了很长时间，主要包括：

TOT（Transfer Operate Transfer）、PFI（Private Finance Initiative）、BOT（Build-Operate-Transfer）等，根据政府对 PPP 融资方式的参与程度，PPP 融资模式主要包括外包、特许经营和私有化三种形式。

（1）外包类 PPP 项目，是指政府支付产品或服务的费用，私营企业全力承担整体项目建设和维护，由政府负责后续的运营及项目收益，也由政府承担管理项目的风险，这降低了私营企业所承担的风险。

（2）特许经营类项目，是政府给予私营企业一定的特权，让其参与相关项目的投资和运营。如此，在特许经营的 PPP 项目中，政府和私营企业将共担相关项目的运营管理风险。

（3）私有化类 PPP 项目，是指私营企业负责项目整体的投资、建设、运营、管理，并承担项目的所有风险。

7.2.2 发展历程

PPP 模式在我国于 2013 年开始兴起，至 2020 年，中央和各部门出台的与 PPP 直接相关的政策超 50 个。财政部发布了《关于加快加强政府和社会资本合作（PPP）项目入库和储备管理工作的通知》《关于全国 PPP 综合信息平台（新平台）上线运行的公告》《关于印发污水处理和垃圾处理领域 PPP 项目合同示范文本的通知》《政府和社会资本合作（PPP）项目绩效管理操作指引》等推动 PPP 模式进一步发展的政策，PPP 在经历 2014—2017 年四年高速发展和 2018—2019 年两年调整之后，进入了新的发展阶段，变得更为稳健和成熟。2020 年底，《〈政府会计准则第 10 号——政府和社会资本合作项目合同〉应用指南》发布，规范了 PPP 模式形成的政府资产和相关净资产或负债的会计处理，以更为完整、准确地反映政府的资产、负债情况。2020 年，农业农村部发布《社会资本投资农业农村指引》，引导社会资本有序投入农业农村，健全多元投入保障机制，积极探索农业农村领域有稳定收益的公益性项目，推广 PPP 模式。国家发改委、财政部等 12 个部门联合发布《关于支持民营企业参与交通基础设施建设发展的实施意见》，要求进一步激发民营企业的活力和创造力。此外,2020年发布的一系列REITs试点政策是国家政策层面的重大金融创新,也是PPP发展的一大利好,使社会资本退出有道。在生态环保领域,2020年9月,生态环境部发布《关于推荐生态环境导向的开发模式试点项目的通知》,鼓励投融资模式创新,要求探索政府债券、政府投资基金、PPP、开发性金融、环保贷等多种投融资模式推进试点项目实施,2020年11月,国家发改委征集绿色PPP项目典型案例,充分激发社会资本的主观能动性和创造性,加强生态文明和环境保护政策。近几年,TOD、EOD项目兴起,也正是政策带来了大量项目机会。

2020年中国PPP市场总体量超过26万亿元,出现了很多PPP项目的数据平台,见7-1。国内PPP信息展示按照内容类型分为两大类:一类是以政策、观点、案例、活动为主的图文信息平台;另一类是以PPP项目周期数据为主的数字信息平台。

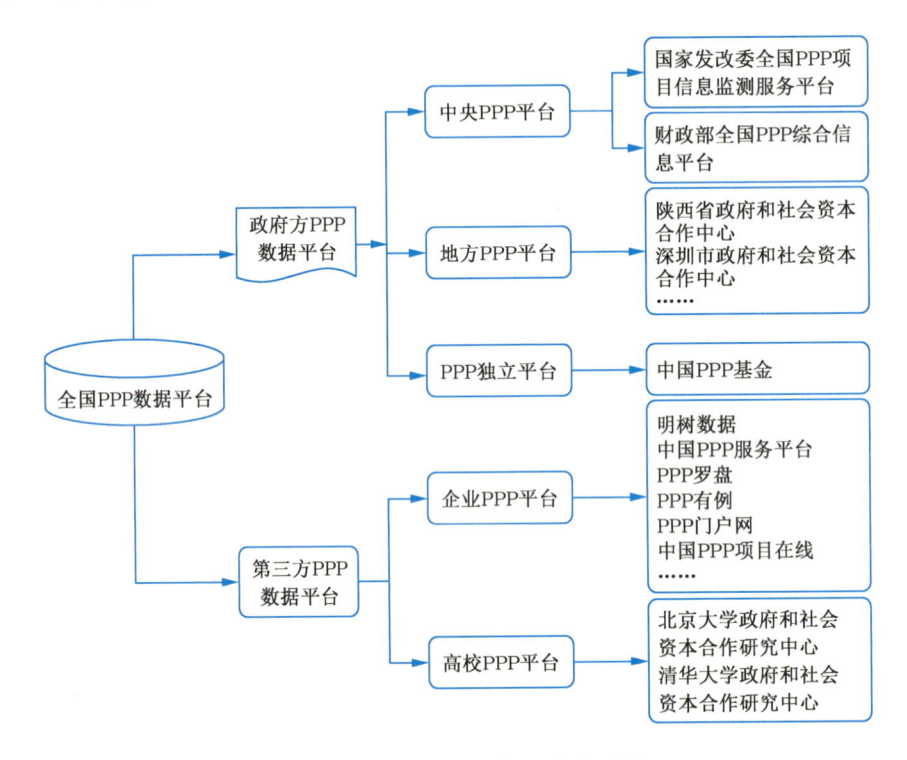

```
全国PPP数据平台
├── 政府方PPP数据平台
│   ├── 中央PPP平台
│   │   ├── 国家发改委全国PPP项目信息监测服务平台
│   │   └── 财政部全国PPP综合信息平台
│   ├── 地方PPP平台
│   │   ├── 陕西省政府和社会资本合作中心
│   │   ├── 深圳市政府和社会资本合作中心
│   │   └── ……
│   └── PPP独立平台 —— 中国PPP基金
└── 第三方PPP数据平台
    ├── 企业PPP平台
    │   ├── 明树数据
    │   ├── 中国PPP服务平台
    │   ├── PPP罗盘
    │   ├── PPP有例
    │   ├── PPP门户网
    │   ├── 中国PPP项目在线
    │   └── ……
    └── 高校PPP平台
        ├── 北京大学政府和社会资本合作研究中心
        └── 清华大学政府和社会资本合作研究中心
```

图7-1 我国PPP数据平台构成图

2023年11月,国务院办公厅转发了国家发改委、财政部《关于规范实施政府和社会资本合作新机制的指导意见》,国办发〔2015〕42号文不再执行。进一步鼓励民营参与,政企合作迎来新的政策环境。

7.2.3 PPP项目数据的五个阶段

PPP数据的公开性和联动性不足,导致数据研究难以深入研究,PPP数据应用功能分为:政府部门对PPP项目的监管和服务功能;金融机构对PPP项目的投资市场信息获取功能及项目可投资性评估功能;社会资本对 PPP 市场的竞争分析、区域和项目的评估分析功能等。

为明确 PPP 数据应用的具体功能,将 PPP 项目按照发展进程分为五个阶段:必要性和可行性论证阶段、实施方案审查阶段、社会资本遴选阶段、项目建设和运营阶段、项目移交阶段,见图 7—2。

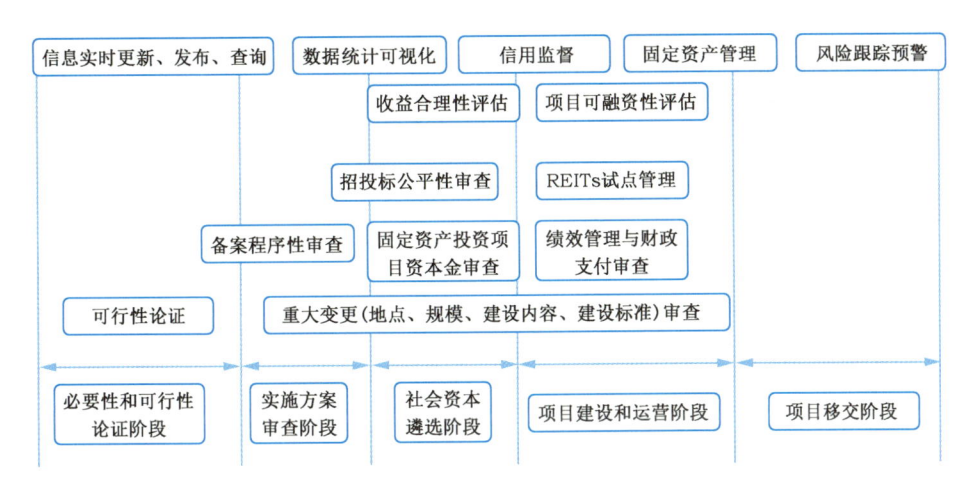

图 7—2　PPP 项目信息公布的阶段性功能图示

7.3　REITs 基金

7.3.1　概念

REITs(Real Estate Investment Trusts,不动产投资信托基金)是指在证券交易所公开交易,通过证券化方式将具有持续、稳定收益的不动产资产或权益转化为流动性较强的上市证券的标准化金融产品。广义上是指一种集合投资者资金来投资和经营房地产项目的基金形式。REITs 通过募集众多投资者的资金,用于投资不动产资产来获得收益。不动产资产主要指房地产项目,包括商业物业(如购物中心、办公楼、酒店)、住宅物业、工业物业等。REITs 基金的回报主要来自房地产项目的租金收入、资本收益和其他房地产相关的收益。基金经理按照基金协议规定的分配政策,将回报以股息或利润分配给投资者。

本章 REITs 作为政企合作融资模式,特指基础设施公募 REITs,即政府通过 REITs 基金来筹集基础设施资金,以支持项目的建设和运营。基础设施公募 REITs 收益依赖于基础设施项目运营产生的收益,主要影响因素包括基础设施项目所属行业的平均收益水平、项目自身的运营情况等方面。

REITs 已经成为我国政府和企业合作推动基础设施项目和房地产开发的重要工

具。2020年4月30日，中国证监会、国家发展改革委联合发布《关于推进基础设施领域不动产投资信托基金(REITs)试点相关工作的通知》，明确要求在基础设施领域推进不动产投资信托基金(以下简称基础设施公募REITs或公募REITs)试点工作，也代表着境内基础设施公募REITs试点正式起步。中国的REITs市场在2020年以后得到了快速发展，目前已经涵盖基础设施、公共服务、房地产开发等多个领域。

根据底层资产类型可以把REITs划分为权益型REITs、抵押型REITs和混合型REITs；根据组织形式可以把REITs划分为公司型REITs、契约型REITs和合伙型REITs；根据资金募集方式可以把REITs划分为公募型REITs和私募型REITs；根据底层不动产的不同，REITs可以分为住宅、零售、办公、物流、医疗、基础设施等多个类型。

7.3.2 REITs的发展历程

19世纪60年代，美国为盘活房地产存量资产，正式推出REITs产品，1960年，美国颁布《房地产投资信托法案》，1965年，首只REITs在纽交所上市交易。随着立法和税收政策的不断完善，REITs在美国取得了空前的发展，其领域不只限于房地产，还延伸到了交通运输、电信、互联网、卫星传输等基础设施领域。如今，REITs在海外市场已经成为仅次于股、债之后的第三大类基础金融万亿美元规模的REITs产品。在亚洲，如日本、新加坡、韩国等国家和地区均已推出REITs产品。

我国对REITs的探索最先出现在房地产领域。2014年发行的中信启行专项资产管理计划被认为是国内首个权益类REITs，2016年以后REITs开始在基础设施领域应用，截至2021年5月，REITs产品共发行了83只，发行总额达1 517.9亿元，其中基础设施类REITs占比约9%，基础设施类REITs中仓储物流超过了60%。

这一时期发行的REITs产品都是契约型资产支持计划，按照现行监管要求，由于资产支持计划只能通过专业子公司投资非上市公司股权，不能直接持有物业，加之信息披露适度性考虑和抵押权设定方面的困难，资产支持计划会通过持有私募基金的方式间接投资底层资产，并且大多采取固定收益模式，本质上属于债务型融资，所以也被称为类REITs。2020年，中国证监会、国家发展改革委联合发布《关于推进基础设施领域不动产投资信托基金(REITs)试点相关工作的通知》，拉开了公共基础设施公募REITs的序幕。公共基础设施公募REITs试点聚焦行业主要包括：(1)仓储物流业；(2)收费公路、铁路、机场、港口项目；(3)城镇污水垃圾处理及资源化利用、固废危废医废处理、大宗固体废弃物综合利用项目；(4)城镇供水、供电、供气、供热项目；(5)数据中心、人工智能、智能计算中心项目；(6)5G、通信铁塔、物联网、工业互联网、宽带网络、有线电视网络项目；(7)智能交通、智慧能源、智慧城市项目。

申报发行REITs的基础设施项目必须满足的基本条件包括以下几个方面：(1)基础设施项目权属清晰、资产范围明确，发起人(原始权益人)依法合规拥有项目所有权、特许经营权或运营收费权，相关股东已协商一致同意转让；(2)项目运营时间原则上不低于3年;(3)现金流持续稳定且来源合理分散,投资回报良好,近3年总体保持盈利或经营性净现金流为正,预计未来3年净现金流分派率(预计年度可分配现金流/目标不动产评估净值)原则上不低于4%;(4)基础设施运营管理机构具备丰富的同类项目运营管理经验,配备充足的运营管理人员,公司治理与财务状况良好,具有持续经营能力;(5)发起人(原始权益人)、基金管理人、基础设施运营管理机构近3年在投资建设、生产运营、金融监管、工商、税务等方面无重大违法违规记录,项目运营期间未出现安全、质量、环保等方面的重大问题。

我国在投资者结构、投资对象、收入来源和利润分配等方面基本遵循了境外REITs的特点。在投资者结构上,规则要求扣除战略配售比例之外,网下投资者发售比例不得低于70%,且剩余部分可以通过网上发行、场外发售等形式向公众投资者发行,确保更多的投资者参与REITs认购;在投资对象上,要求80%以上的资金投资在基础设施领域,其余资金可做利率债等金融资产投资;在收入来源上,要求REITs收入主要来自基础设施运营收入,且90%以上利润或可分配现金流须用于分配等。在法律载体上,采取了公募基金+ABS(=REITs)两层的REITs试点架构。

7.3.3 REITs基金的设计与应用

收费路桥是我国基础设施中最重要的类别之一,资产存量大、现金流相对稳定,是适宜进行REITs的基础资产。下面以"中联基金-浙商资管-沪杭甬徽杭高速资产支持专项计划"为例。

1. 项目概况

该资产支持专项计划项目2019年9月24日在上海证券交易所通过审核,2019年10月18日上市。原始权益人为浙江沪杭甬高速公路股份有限公司(以下简称沪杭甬公司),底层资产是徽杭高速(安徽段)。总发行额为20.13亿元,其中:优先级资产支持证券9亿元,占比44.71%;次级资产支持证券11.13亿元,占比55.29%。优先级受益凭证享受固定收益,每年还本付息,预期收益率为3.7%。次级受益凭证享受剩余收益,到期一次还本。增信方式包括:证券结构化分层、收费权质押、差额补足承诺,并通过流动性支持、优先回购权及回购义务保障优先级投资者的退出。计划说明书中设计的三种退出方式为:公募REITs退出、沪杭甬公司回购以及市场化处置。该项目主要参与方如表7-1所示。

表7-1　　　　　沪杭甬高速公路类REITs项目主要交易参与方

原始权益人	私募基金管理人	资产支持计划管理人
浙江沪杭甬高速公路股份有限公司	中联前源不动产基金管理有限公司	浙江浙商证券资产管理有限公司
法律顾问	评估机构	评级机构
北京市中伦律师事务所	天源资产评估有限公司	中诚信证券评估有限公司

资料来源:REITs研究中心;《证券时报》。

2. 交易结构

该计划的交易结构如图7-3所示,其最大的特点在于利用减资的方式构建股债结构。

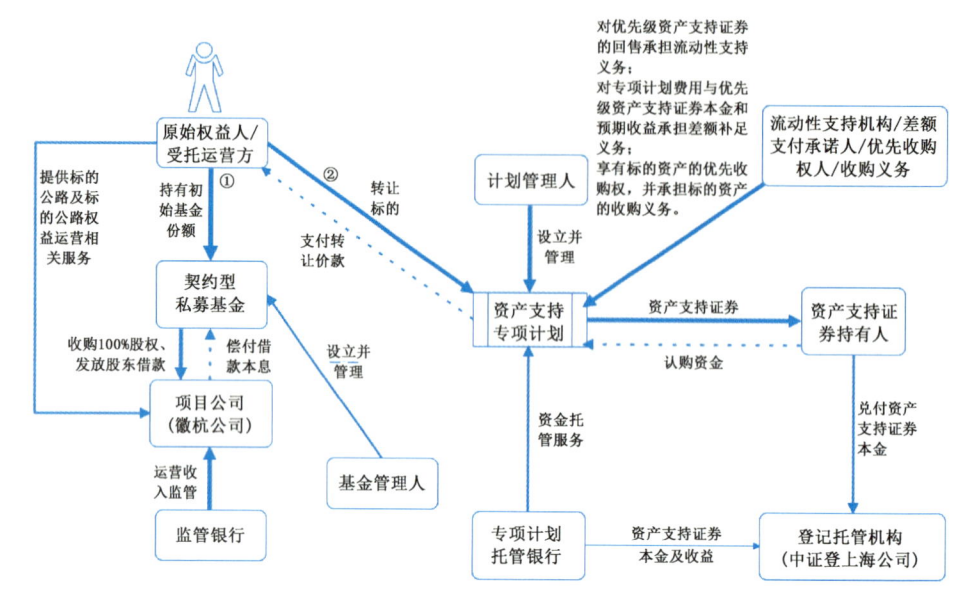

图7-3 私募基金交易结构图

具体操作步骤如下:

(1)设立私募基金

中联前源不动产基金管理有限公司作为私募基金管理人设立私募基金,沪杭甬公司作为原始权益人认购基金的所有份额,即20.125亿份,并支付初始认购资金500万元。与此同时,沪杭甬公司对项目公司(徽杭公司)减资13.7亿元,即项目公司负债端增加一笔13.7亿元的应付款。

(2)设立资产支持专项计划,并通过该计划收购私募基金份额

浙商资管作为管理人设立资产支持专项计划,投资者认购资产支持证券,最终募集资金20.13亿元。其中,专项计划向原始权益人(沪杭甬公司)转入500万元,并向私募基金支付20.075亿元,收购原始权益人持有的私募基金的所有基金份额,成为私募基金的唯一持有人。

(3)私募基金对项目公司构建股债结构

私募基金以7.12亿元从沪杭甬公司收购徽杭公司的全部股权,成为唯一股东。徽杭公司将高速公路的收费权质押到私募基金,获得私募基金13.7亿元的股东借款,用于偿还应支付给沪杭甬公司的应付减资款。

(4)本息偿还及收益分配

徽杭公司在到期日向私募基金偿还股东借款本息,并向私募基金分配股利。在收

到利息及股利后,私募基金将收益分配给专项计划,由浙商资管再分配给投资者。

7.3.4 REITs项目特征(适用于收益持续稳定的基础设施项目)

1. 项目特征

不同于其他国家和地区的金融市场,我国REITs市场的发展是从基础设施领域开始推进的,采用了"国家发改委推荐,中国证监会审批注册"的组合模式。

基础设施REITs,也称为公开募集基础设施证券投资基金,是指依法向社会投资者公开募集资金形成基金财产,通过基础设施资产支持证券等特殊目的载体持有基础设施项目,由基金管理人等主动管理运营上述基础设施项目,并将产生的绝大部分收益分配给投资者的标准化金融产品。按照规定,我国基础设施REITs在证券交易所上市交易。理论上来说,任何可以产生现金流的不动产(物业),都可以成为REITs的标的资产,其具备稳定的资产价值、稳定的现金流、与风险成正比的收益率、较高的投资体量、较长的项目寿命等特性。

根据《中华人民共和国证券投资基金法》(2015年修正)第七十二条的规定:"基金财产应当用于下列投资:(一)上市交易的股票、债券;(二)国务院证券监督管理机构规定的其他证券及其衍生品种。"因此,我国公募基金不能直接投资不动产或未上市公司的股权。在我国现有法律框架下,基础设施REITs无法通过直接持有项目公司(非上市公司)股权而实现控制底层资产的完全所有权或经营权。

因此,我国目前试点阶段采用了"基础设施REITs基金+专项计划+项目公司"的结构(如图7—4所示),即公募基金通过持有专项计划全部基础设施资产支持证券,实现对专项计划的控制,专项计划通过"股+债"的构造,实现持有项目公司全部股权及债权,取得基础设施所有权或经营权利,并获取基础设施项目租金、收费等稳定现金流。

基础设施REITs是国际通行的配置资产,具有流动性较高、收益相对稳定、安全性较强等特点,能有效盘活存量资产,填补当前金融产品空白,拓宽社会资本融资渠道,提升直接融资比重,增强资本市场服务实体经济质效。从短期看,有利于广泛筹集项目资本金和降低债务风险,是稳投资、补短板的有效政策工具;从长期看,有利于完善储蓄转化投资机制,降低实体经济杠杆,推动基础设施投融资市场化、规范化健康发展。

2. 优劣势分析

与直接投资不动产相比,REITs基金提供了更高的流动性。投资者可以通过买卖基金份额来调整和转让投资。基金的流动性使得投资者更容易进入和退出房地产市场,从而增加了投资的灵活性。REITs基金通常受到特定的监管和规范要求。政府监管机构会制定相关法规,以保护投资者利益,并确保基金的透明度和合规性。

通过REITs基金,政府和企业可以合作在不动产领域进行项目投资和运营。政府可以将特定固定资产项目纳入REITs基金,吸引投资者的资金参与,并通过租金等经营性收益获取经济回报。这种融资模式可以降低政府的直接负担、促进基础设施发展,并提供更多的投资机会和灵活性。

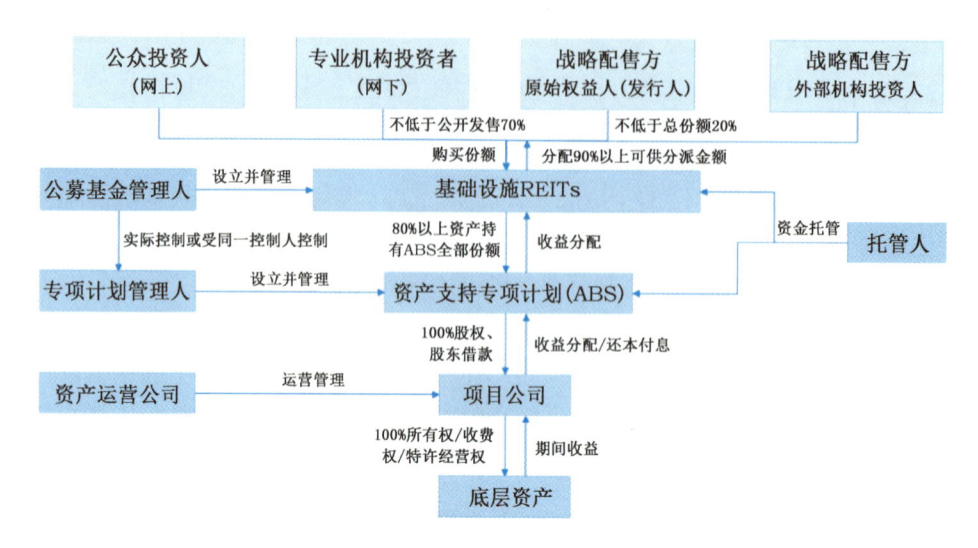

图7-4 我国基础设施REITs产品结构图

对投资者而言,基础设施公募REITs的投资价值主要体现在以下几个方面:一是参与门槛低,流动性预期优于债性标的;二是对于优质项目,投资者可以享受到优质资产的价值提升和运营收益;三是在机制设计上,具有强制分红及扩募机制,可以实现长期资产配置;四是与其他资产相关性较低,有助于优化投资组合。

基础设施公募REITs产品以拥有持续、稳定经营现金流的不动产作为底层基础资产。它具有双重属性,既有类似于股票的权益属性,有体现出类似债券的固定收益属性。投资者收益主要来源于期间分红收益和资产价值提升带来的份额价值增长收益。上海市基础设施建设规模和建设速度一直处于国内领先地位,形成的固定资产涵盖电力建设、交通运输、邮电通信、公用事业、市政建设等各方面,经济价值可观,运营管理稳定,为实施资产证券化提供了大量储备资产。

7.4 其他融资模式

7.4.1 片区开发模式

在《国务院办公厅关于促进开发区改革和创新发展的若干意见》(国办发〔2017〕7号)中,对开发区管理体制和运营模式创新等方面提出要求,比如完善开发区财政预算管理和独立核算机制,支持以各种所有制企业为主体,按照国家有关规定投资建设、运营开发区,或者托管现有的开发区,享受开发区相关政策。

片区开发项目投资内容往往包含土地一级整理、公益性基础设施项目、安置房、有一定收入的经营性基础设施项目、市场化的房地产二级开发、产业导入和孵化、城市基础设施的运营等。收入来源主要为区域的土地出让净收益、增量财税收入、非税收入（行政事业收费）以及运营租赁收益、房地产二级开发收益等。

地方政府和地方平台为了推动片区开发项目的进展，同时规避地方政府隐性债务。片区开发要顺着城市的脉络和底蕴，尊重地方人文、环境、要素和资源禀赋，依托惠企政策、营商环境和产业布局优化等方面，做大国民经济体量，实现实体经济和产业实业的良性发展，逐步实现人口、资本、资源的优化配置，激发经济发展内生动力，实现房地产市场与实体经济的两条增长曲线的耦合。只有强大的经济体量和产业竞争力才是片区开发项目能够高质量平稳发展的源动力。

7.4.2 XOD 模式

"XOD 模式"，是 TOD（公共交通导向）、EOD（教育设施导向或生态环境导向）、COD（文化设施导向）、HOD（综合医疗设施导向）、AOD 模式（政府规划导向）、SOD 模式（社会服务设施导向）、POD（城市公园等生态设施导向）等在内的满足现代城镇发展多种需求的开发模式的统称。本质上都是以某一核心要素、关键资源、重要驱动为出发点，向外衍生和延伸，形成一定的功能聚集区和业态综合布局地，注重土地资源的集约利用、生态环境的保护以及人与自然的和谐发展。XOD 模式中运用比较广泛的主要是 TOD 和 EOD。

1. EOD 模式

EOD 模式是以生态保护和环境治理为基础，以特色产业运营为支撑，以区域综合开发为载体，采取产业链延伸、联合经营、组合开发等方式，推动公益性较强、收益性差的生态环境治理项目与收益较好的关联产业有效融合，统筹推进，一体化实施，将生态环境治理带来的经济价值内部化。

《关于推荐第二批生态环境导向的开发模式试点项目的通知》（环办科财函〔2021〕468号）、《关于印发〈生态环保金融支持项目储备库入库指南（试行）〉的通知》作为两个重要的 EOD 政策文件，明确了生态环境治理项目边界定义。生态环境治理项目应当与产业开发之间密切关联、充分融合，避免无关项目捆绑，除规范的 PPP 项目外，不涉及运营期间政府付费，不以土地出让收益、税收、预期新增财政收入等返还补助作为项目收益。

该模式力争在不依靠政府投入的情况下实现项目整体收益与成本平衡。不以任何形式增加地方政府隐性债务。探索将生态环境治理项目与资源、产业开发项目一体化实施的项目组织实施方式，依托项目承担单位仅为一个市场主体。须在项目层面实现关联产业收益补贴生态环境治理投入。

EOD 模式项目实施流程如下：

(1) 识别项目，整体谋划。识别生态环境治理项目及其关联产业开发项目，明确一体化实施的可行性，初步确定项目实施边界和目标要求等。

(2) 综合测算，优化边界。分析项目综合成本与总体收益，算好整体账、综合账，在确保产业开发项目收益反哺生态环境治理项目的基础上，优化调整项目边界范围，构建项目投资与收入相平衡的项目包，确定建设规模、建设内容、技术路线等。明确项目收入、运营成本、交易结构等核心条件。

（3）项目立项，推进落地。根据项目具体情况，可进行子项目分别立项整体实施或者整体立项。政府投资项目按照招投标等有关要求，采用市场竞争的方式确定项目实施主体。企业投资项目按照招商引资等有关要求，确定项目实施主体。立项完成后，需要结合项目的资金平衡机制、交易结构、投融资逻辑等编制实施方案，报政府相关部门审批后开展招标采购流程。

（4）绩效考核，加强管理。明确生态环境治理成效要求，建立健全绩效评价及考核机制，切实发挥项目各方管理职责，加强项目实施过程监管。

2. TOD 模式

TOD 模式是"以公共交通为导向"的开发模式，是一种以公共交通为中枢、综合发展的步行化城区。其中公共交通主要是地铁、轻轨、车站等轨道交通及巴士干线，然后以公交站点为中心，建立集工作、商业、文化、教育、居住等为一体的城区，以实现各个城市组团紧凑型开发的有机协调模式。TOD 一般也包括铁路沿线及站场周边的土地开发和站城一体化。

十多年来，国家陆续出台了多个文件支持公共交通周边土地综合开发利用。2012年12月，国务院出台《关于城市优先发展公共交通的指导意见》，鼓励支持对轨交用地的地上、地下空间，按照市场化原则实施土地综合开发利用，收益用于弥补建设和运营亏损。2013年8月，国务院发布33号文（《关于改革铁路投融资体制加快推进铁路建设的意见》）提出，加大力度盘活铁路用地资源，鼓励土地综合开发利用。支持铁路车站及线路用地综合开发。2014年8月，国务院办公厅出台《关于支持铁路建设实施土地综合开发的意见》，规定了铁路沿线实施土地综合开发的原则、界限、政策、监管等问题，提出了支持以自主开发、转让、租赁等多种方式盘活利用现有建设用地，鼓励对既有铁路站场及毗邻地区实施土地综合开发。

TOD 模式可以包括与公共交通（一般是地铁）建设有关的各类附属经营性设施的开发建设，主要目的是通过"地铁＋物业"的模式，用经营性物业的销售、出租、经营等实现的收入弥补城市轨道交通建设和运营的巨额亏损，缓解财政承受压力，平滑财政支出责任。

📖 **实践案例**

浙商沪杭甬 REITs

1. 项目概述

沪杭甬高速公路于1991年开工建设，1995年12月起分段陆续建成交付使用，1998年底全线建成通车，素有"浙江第一路"之称。它不仅是浙江接轨大上海的"黄金通道",还是"宁波—舟山港"、绍兴中国轻纺城货物集疏运输的"主渠道"。沿线还分布着萧山、海宁、余姚等浙江2/3的全国社会经济综合百强县(区)。沪杭甬高速杭州市区段改建工程杭州收费站至德胜互通段主线高架桥于2022年3月9日起开通试运行。2022年9月28日,杭州"东大门"——沪杭甬高速(新)萧山收费站正式通车。

2. 底层资产情况

沪杭甬杭徽REIT的底层资产为杭徽高速公路(浙江段)及其相关构筑物资产组的收费权,杭徽高速公路(浙江段)是G56杭瑞高速(杭州—瑞丽)在浙江省境内的部分。杭徽高速(浙江段)项目总计122.2公里,于2006年实现全线通车。除昌昱段收费期至2029年12月25日,其余路段收费期均至2031年12月25日。目前项目全线路段正常养护、正常通车。

3. 融资情况

作为一家深耕高速公路建设与投融资创新的公司,浙沪杭甬公司在多年的经营管理中就高速公路项目的融资具有多种模式,包括传统的银行授信、机构借款、发行债券以及资产证券化等方式,其具体融资情况如表7-2所示。2021年6月,沪杭甬公司通过浙商沪杭甬REIT的发行及上市,使用公募REITs这一新的金融工具实现融资金额43.60亿元,也实现了公司在基础设施项目投融资工具创新尝试中的重要进展与突破。

表7-2　　　　　　　　　　　浙商沪杭甬REIT融资情况

序号	投资者名称	认购份额(万份)	占比
1	浙江沪杭甬高速公路股份有限公司	25 500.00	58.95%
2	杭州余杭交通集团有限公司	913.97	1.83%
3	杭州市临安区交通投资有限公司	2 007.25	4.01%
4	浙江浙商金控有限公司	1 051.47	2.10%
5	光证资管城亨7号集合资产管理计划	1 051.47	2.10%
6	中国中金财富证券有限公司	1 051.47	2.10%
7	中国保险投资基金(有限合伙)	1 051.47	2.10%
8	中国人寿再保险有限责任公司	1 051.47	2.10%
9	工银瑞投—工银理财四海甄选集合资产管理计划	525.73	1.05%
10	北京首源投资有限公司	525.73	1.05%
11	上海机场投资有限公司	841.18	1.68%
12	中国东方资产管理股份有限公司	1 051.47	2.10%
13	招商财富—招银基础设施1号集合资产管理计划	525.73	1.05%
14	网下投资者	9 525.34	17.78%
合　计		46 673.76	100%

4. 市场表现情况分析

基金底层资产质量优质。底层资产杭徽高速公路是连接杭州与徽州（黄山市）的陆路快速通道，2015—2019年车流量CAGR8.6%（客车流量占比80%，2020年受疫情影响，但仍正增长7.0%），同期通行费收入CAGR5.8%，2020年受疫情后2021年收入较2019年增长10.6%。杭徽高速沿线串联若干国家级景区，是浙西和皖南的黄金旅游干线，也穿过了杭州经济发达的余杭区和临安区，区位优势明显，未来车流量有望保持增长。浙商沪杭甬REIT运营稳健，有能力实现可供分配金额的长期平稳增长。

5. 分红情况

表7—3　　　　　　　　　　浙商沪杭甬REIT分红情况

累计分红（亿元）	分红次数	最近分红时间
8.479	3	2023—06—19

数据来源：浙沪杭甬公司基金2023年度报表。

第八章

科技创新型企业项目融资管理

本章导读

随着我国资本市场建设逐步完善，为加快社会主义现代化进程，科技项目融资管理越来越受到社会各界的关注，现代企业需要重视股权管理，尤其是通过股权管理提升企业的多元化融资能力。

本章将重点讲述科技项目申报管理、科技企业融资管理、上市融资管理及产业基金管理等知识内容。

学习目标

1. 熟练掌握科技项目申报的主要类型。
2. 重点把握科技项目融资的主要形式。
3. 了解我国多层次资本市场的结构。

本章主要知识点

1. 专精特新中小企业的基本概念
2. 专精特新小巨人的申报条件
3. 专精特新申报的好处
4. 主板上市条件
5. 我国多层次的资本市场
6. 产业基金的分类
7. 企业上市的操作程序
8. 股权接力融资的基本概念

导入案例

世界五百强企业存续 300 多年的持续创新动力

法国圣戈班成立于 1665 年,由法国路易十四时代的大臣 Colbert 先生创办。刚开始,圣戈班定位为皇家玻璃加工厂,刚刚组建便承接了凡尔赛宫的玻璃画廊,之后又为法国卢浮宫广场前的金字塔提供了 660 块形状各异的玻璃。

经过几个世纪的苦心经营,圣戈班由最初的玻璃加工厂茁壮成长为世界材料供应商,跻身世界 500 强,2019 年排名为第 226 名。2019 年,公司营业收入 493 亿美元,利润 4.95 亿美元,总资产 503.4 亿美元。[1]

圣戈班于 1857 年进军德国,1904 年进军西班牙,1967 年进军美国,1985 年进入中国,并为上海大剧院提供了优质玻璃。现在圣戈班为 50% 的欧洲轿车提供安全玻璃,为美国 1/5 的房屋提供隔音保温材料,每年生产 300 亿只玻璃瓶用于包装食品、酒、香水及药品,为世界上 80 个首都及 100 多个城市提供输配水管道系统,在欧洲设有 2 600 多个建材分销店,所有这些使它成为世界工业集团百强之一。

2018 年,圣戈班再次被 Clarivate Analytics 评为全球百强创新企业之一。圣戈班的创新由 3 700 多名研发人员组成的研发团队、全球 8 大跨业务部研发中心、近百个开发机构及雄厚的资金所支持。2017 年,圣戈班在研发领域的投入达到 4.46 亿欧元。圣戈班拥有巨大的创新资源,目前有近 900 个正在进行中的研发项目,每年推出大量的新产品,1/4 的在售产品在过去五年是不存在的。与此同时,圣戈班每年在全球申报的专利数量约 400 项,不断巩固在相关市场的首席地位。[2]

圣戈班的创新动力及创新源不仅来自自身的研发团队,圣戈班于 2006 年组建的 NOVA 对外风险投资部门为圣戈班的创新及技术壁垒起到了重要作用。圣戈班官网资料显示,NOVA 对外风险投资部门是圣戈班集团负责寻找、分析初创企业的专项团队。自 2006 年建立以来,NOVA 已分析了 3 000 多家初创企业,签订了 70 多项合作协议。有多种合作方式,包括:共同开发、知识产权转让、共同制造、商业化协议、投资及合资并购等。每隔两年,NOVA 会举办 NOVA 全球创业创新大赛。[3]

圣戈班 1985 年进入中国市场,至今在华已设立 1 家研发中心和近 40 家生产基地,拥有 6 600 名员工,2019 年营业额近 100 亿元。从整个集团运营规模来看,中国的业绩增长是前三位的,2018 年和 2019 年营业额达到 10% 的增长。

---

[1] http://www.fortunechina.com/global500/102/2019.
[2] https://www.saint-gobain.com.cn/node/3378.
[3] https://www.saint-gobain.com.cn/node/1588.

8.1 企业科研项目管理

国家为引导企业向科技型企业发展,出台了相当多的政策,按照政府申报类型分类,科技项目可以分为政策资助类(给钱)、减税类(少出钱)、转化融资类(营商环境等)、认证类(资质政府背书)、政策引导研究(规划)。对于企业来讲,可以根据科研项目的"内、外"分为"申报类项目及内部研发类项目"两类,其中,申报类项目按有无资助可分为"认定型项目申报"和"资助型项目申报"两类,见图8—1。

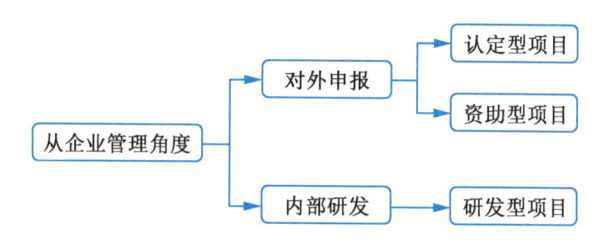

图8—1 科研项目的分类(从企业角度)

认定型项目是指企业按照政府部门认定项目的申报要求,向政府部门提出申请并经专家评审后获得由政府部门颁发的资格或称号。

资助型项目指企业承担的各级政府主管部门下达的科技计划、技术创新研究、产品开发与产业化等财政科技项目。

研发型项目是指企业以科学研究和技术开发为内容而单独立项的项目,其目的在于解决经济和社会发展中出现的科学技术问题。

从企业管理的角度,认定型项目是企业决策者或投资人最需要重视的项目,这属于顶层设计:一方面,通过政府部门的认定来检视自身企业发展的阶段;另一方面,借助政府部门的认定获得资金、减税、融资、品牌等各方面的政策支持。

资助型项目与研发型项目是认定型项目申报的基础。

认定型项目申报可以借助第三方专业机构来完成,企业管理者只要指定专业部门进行对接即可。

资助型项目和研发型项目需要针对科技项目进行管理活动的计划、组织、协调与控制,主要管理内容涉及项目的组织、人员、经费、成果和档案等方面。

目前,与科技相关的认定型项目包括由工信部主导的专精特新认定以及科技部主导的高新技术企业认定。

8.1.1 专精特新认定

1."专精特新"项目申报的发展历程

专精特新是由工信部首次提出的,其目的是进一步加强优质中小企业梯度培育工作,推动中小企业高质量发展,其发展历程见表 8—1。

表 8—1　　　　　　　　　　　专精特新项目申报发展历程

时　间	内　容
2011 年 7 月	工信部首次提出"专精特新"这一概念
2011 年 9 月	《"十二五"中小企业规划》中提出将"专精特新"作为中小企业转型升级的重要途径
2018 年 11 月	工信部开展了首批"专精特新"小巨人企业培育工作
2021 年 7 月	中央政治局会议首提发展"专精特新"中小企业
2021 年 9 月	北京交易所宣布设立,其核心是为"专精特新"中小企业服务
2022 年 3 月	全国两会期间,"专精特新"首次被纳入《政府工作报告》
2022 年 6 月	工业和信息化部发布《关于印发〈优质中小企业梯度培育管理暂行办法〉的通知》(工信部企业〔2022〕63 号)

2. 申报条件

工信部企业〔2022〕63 号文件将专精特新型企业划分为专精特新中小企业和专精特新"小巨人"两类。还包括"创新型中小企业评价标准"。

针对专精特新中小企业,工信部有明确的四项条件,这四项条件缺一不可,是必要条件。

同时满足以下四项条件即视为满足认定条件:"(一)从事特定细分市场时间达到 2 年以上。(二)上年度研发费用总额不低于 100 万元,且占营业收入总额比重不低于 3%。(三)上年度营业收入总额在 1 000 万元以上,或上年度营业收入总额在 1 000 万元以下,但近两年新增股权融资总额(合格机构投资者的实缴额)达到 2 000 万元以上。(四)评价得分达到 60 分以上或满足下列条件之一:近三年获得过省级科技奖励,并在获奖单位中排名前三;获得国家级科技奖励,并在获奖单位中排名前五。近两年研发费用总额均值在 1 000 万元以上。近两年新增股权融资总额(合格机构投资者的实缴额)6 000 万元以上。近三年进入"创客中国"中小企业创新创业大赛全国 500 强企业组名单。"

专精特新"小巨人"企业认定须同时满足专、精、特、新、链、品六个方面指标。虽然文件中没有明确的认定条件,但在认定指标中对主营收入、研发费用、研发机构、专利等提出了要求,具体见表 8—2。

表 8—2　　　　　　　　专精特新中小企业与专精特新小巨人申报条件比较

	专精特新中小企业	专精特新小巨人	备 注
从事细分市场年限	2年以上	3年以上	小巨人企业年限要求高
主营收入	1 000万元以上(或股权融资2 000万以上)	1亿元以上,近两年研发占比不低于3%;5 000万到1亿元,研发占比不低于6%;5 000万元以下,且新增股权融资8 000万元以上,且研发总额3 000万元以上、研发人员占职工总数50%以上。2年内占营收比不低于3%	小巨人将主营收入与研发的占比结合起来,但区别在于,对于中小企业来说,主营和研发是一票否决制的,而小巨人企业则是评分项
研发费用	总额100万元以上,占营收比不低于3%		
研发机构	评分项	自建或与高等院校、科研机构联合建立研发机构,设立技术研究院、企业技术中心、企业工程中心、院士专家工作站、博士后工作站等	中小企业中,研发机构和专利作为评分项,小巨人要求同时具备的条件
专利	评分项	拥有2项以上与主导产品相关的Ⅰ类知识产权,且实际应用已产生经济效益	
评分60,或相当条件;小巨人(直通车)	近三年获得过省级科技奖励,并在获奖单位中排名前三;获得国家级科技奖励,并在获奖单位中排名前五	近三年获得国家级科技奖励,并在获奖单位中排名前三	国家级科技奖、"创客中国"创新创业大赛、股权融资,是企业的加分项
	近两年研发费用总额均值在1 000万元以上	近三年进入"创客中国"中小企业创新创业大赛全国50强企业组名单	
	近两年新增股权融资总额(合格机构投资者的实缴额)6 000万元以上		
	近三年进入"创客中国"中小企业创新创业大赛全国500强企业组名单		

3. 评价指标

"专精特新"是引导方向,专精特新中小企业和专精特新小巨人的评价标准都设立了"专业化、精细化、特色化、创新能力"四个大类指标,见表 8—3。

表 8—3　专精特新中小企业与专精特新小巨人申报指标比较

	专精特新中小企业	专精特新小巨人
专业化指标	上年度主营业务收入总额占营业收入总额比重	企业从事特定细分市场时间达到 3 年以上，主营业务收入总额占营业收入总额比重不低于 70%，近 2 年主营业务收入平均增长率不低于 5%
	近 2 年主营业务收入平均增长率	
	从事特定细分市场年限	
	主导产品所属领域情况	
精细化指标	数字化水平	重视并实施长期发展战略，公司治理规范，信誉良好、社会责任感强，生产技术、工艺及产品质量性能国内领先，注重数字化、绿色化发展，在研发设计、生产制造、供应链管理等环节，至少 1 项核心业务采用信息系统支撑。取得相关管理体系认证，或产品通过发达国家和地区产品认证（国际标准协会行业认证）。截至上年末，企业资产负债率不高于 70%
	质量管理水平	
	上年度净利润率	
	上年度资产负债率	
特色化指标	地方特色指标。由省级中小企业主管部门结合本地产业状况和中小企业发展实际自主设定 1～3 个指标进行评价	技术和产品有自身独特优势，主导产品在全国细分市场占有率达到 10% 以上，且享有较高知名度和影响力。拥有直接面向市场并具有竞争优势的自主品牌
创新能力指标	与企业主导产品相关的有效知识产权数量	5 000 万元、5 000 万到 1 亿元、1 亿元以上，以及相应的研发投入比例；研发机构；专利；国家级科技奖、"创客中国"大赛
	上年度研发费用投入	
	上年度研发人员占比	
	建立研发机构级别	
产业链配套指标	无	位于产业链关键环节，围绕重点产业链实现关键基础技术和产品的产业化应用，发挥"补短板""锻长板""填空白"等重要作用
主导产品所属领域指标	无	主导产品原则上属于以下重点领域：从事细分产品市场属于制造业核心基础零部件、元器件、关键软件、先进基础工艺、关键基础材料和产业技术基础；符合制造强国战略十大重点产业领域；属于网络强国建设的信息基础设施、关键核心技术、网络安全、数据安全领域等产品

值得关注的是创新型中小企业评价标准，要求评价得分达到 60 分以上（其中创新能力指标得分不低于 20 分、成长性指标及专业化指标得分均不低于 15 分），或满足下列条件之一：

(1) 近三年内获得过国家级、省级科技奖励。

(2) 获得高新技术企业、国家级技术创新示范企业、知识产权优势企业和知识产权示范企业等荣誉（均为有效期内）。

(3)拥有经认定的省部级以上研发机构。

(4)近三年新增股权融资总额(合格机构投资者的实缴额)500万元以上。

其评价指标包括创新能力、成长性、专业化三类六个指标,评价结果依分值计算,满分为100分:

(1)创新能力指标(40分),包括与企业主导产品相关的有效知识产权数量、上年度研发费用总额占营业收入总额比重。

(2)成长性指标(30分),包括上年度主营业务收入增长率、上年度资产负债率。

(3)专业化指标(30分),包括主导产品所属领域情况、上年度主营业务收入总额占营业收入总额比重。

4. 政策支持及申报的意义

政策项目申报对于科技型企业来说,主要有以下几个方面的意义:

(1)不仅是一块牌子,更是荣誉,是企业品牌,也是迈向上市的一块敲门砖,专精特新是北交所上市的重要条件。

(2)为获得各类政策支持提供了必要的条件,例如,目前上海规定,获得认定"专精特新"项目的企业,可优先获得无抵押贷款500万元的低利率及贷款贴息政策。

(3)促进专业服务,目前各地都在鼓励企业申报,如上海各区政府对首次企业认定的给予补贴5万~20万元;企业无需为了申报配备专业人员,可以聘请第三方专业服务机构为企业申报提供服务。

8.1.2 高新技术企业认定

1. 高新技术企业认定工作的发展历程

我国高新技术企业认定工作是从20世纪90年代初开始的,见表8-4。为建立我国高新技术产业、促进高新技术企业快速发展,国务院于1991年发布《国家高新技术产业开发区高新技术企业认定条件和办法》。为了贯彻落实党的十八届五中全会提出的创新、协调、绿色、开放、共享五大发展理念,落实推进供给侧结构性改革的各项举措,用税收减法换"双创"新动能加法,以促进产业结构调整、增强持续增长动力。基于这个背景,科技部、财政部、国家税务总局在广泛深入调查研究的基础上,修订完善了新的认定办法,经国务院批准后印发。2016年1月《科技部、财政部、国家税务总局关于修订印发〈高新技术企业认定管理办法〉的通知》(国科发火〔2016〕32号)印发,配套文件《高新技术企业认定管理工作指引》也于2016年6月正式印发。原《高新技术企业认定管理办法》(国科发火〔2008〕172号)、《高新技术企业认定管理工作指引》(国科发火〔2008〕362号)、《关于高新技术企业更名和复审等有关事项的通知》(国科火字〔2011〕123号)同时废止。

表 8—4　　　　　　　　　　　高新技术企业认定工作发展历程表

时　间	内　容
1991 年	国务院发布《国家高新技术产业开发区高新技术企业认定条件和办法》（国发〔1991〕12 号）以开展高新技术企业认定工作，并配套制定了一系列优惠政策
1996 年	《国家高新技术产业开发区外高新企业认定条件和办法》（国科发火字〔1996〕018 号）将高新技术企业认定范围扩展到国家高新区外
2000 年	《国家高新技术产业开发区高新技术企业认定条件和办法》（国科发火字〔2000〕324 号）再次修订了国家高新区内高新技术企业认定标准
2008 年 4 月 14 日	科技部、财政部、国家税务总局共同制定了新的《高新技术企业认定管理办法》以落实有关高新技术企业的优惠政策，大力提升我国高新技术企业的自主创新能力，实现产业升级发展
2016 年 1 月	在党的十八届五中全会的背景下，《科技部、财政部、国家税务总局关于修订印发〈高新技术企业认定管理办法〉的通知》（国科发火〔2016〕32 号）印发，配套文件《高新技术企业认定管理工作指引》也于 2016 年 6 月正式印发

2. 申报条件

根据《科技部、财政部、国家税务总局关于修订印发〈高新技术企业认定管理办法〉的通知》（国科发火〔2016〕32 号规定），认定条件包括：

(1) 企业申请认定时须注册成立 1 年以上。

(2) 企业通过自主研发、受让、受赠、并购等方式，获得对其主要产品（服务）在技术上发挥核心支持作用的知识产权的所有权。

(3) 对企业主要产品（服务）发挥核心支持作用的技术属于《国家重点支持的高新技术领域》规定的范围。

(4) 企业从事研发和相关技术创新活动的科技人员占企业当年职工总数的比例不低于 10%。

(5) 企业近 3 个会计年度（实际经营期不满 3 年的按实际经营时间计算，下同）的研究开发费用总额占同期销售收入总额的比例符合如下要求：最近 1 年销售收入小于 5 000 万元（含）的企业，比例不低于 5%。最近 1 年销售收入在 5 000 万元至 2 亿元（含）的企业，比例不低于 4%。最近 1 年销售收入在 2 亿元以上的企业，比例不低于 3%。其中，企业在中国境内发生的研究开发费用总额占全部研究开发费用总额的比例不低于 60%。

(6) 近 1 年高新技术产品（服务）收入占企业同期总收入的比例不低于 60%。

(7) 企业创新能力评价应达到相应要求。

(8) 企业申请认定前 1 年内未发生重大安全、重大质量事故或严重环境违法行为。

需要注意的是，《高新技术企业认定管理工作指引》附件有明确的国家重点支持的高新技术领域，其中，除了技术领域外，还包括"服务业支撑技术"，如"检验检测认证技术"、"现代体育服务支撑技术"、"智慧城市服务支撑技术"，以及"研发与设计服务"、

"信息技术服务"、"文化创意产业支撑技术"、"电子商务与现代物流技术"等。

高新技术企业认定鼓励中介机构帮助服务，各地政府对企业被认定后会有相应的补贴。

3. 认定标准

高新技术企业认定也是需要由企业申请，再由科技部门组织专家评审，主要包括以下七个方面：

(1) 年限

《认定办法》第十一条"须注册成立一年以上"是指企业须注册成立 365 个日历天数以上；"当年"、"最近一年"和"近一年"都是指企业申报前 1 个会计年度；"近三个会计年度"是指企业申报前的连续 3 个会计年度（不含申报年）；"申请认定前一年内"是指申请前的 365 天之内（含申报年）。

(2) 知识产权

不具备知识产权的企业不能认定为高新技术企业。高新技术企业认定中，对企业知识产权情况采用分类评价方式，其中：发明专利（含国防专利）、植物新品种、国家级农作物品种、国家新药、国家一级中药保护品种、集成电路布图设计专有权等按Ⅰ类评价；实用新型专利、外观设计专利、软件著作权等（不含商标）按Ⅱ类评价。

(3) 高新技术产品（服务）与主要产品（服务）

高新技术产品（服务）是指对其发挥核心支持作用的技术属于《国家重点支持的高新技术领域》规定范围的产品（服务）。

主要产品（服务）是指高新技术产品（服务）中，拥有在技术上发挥核心支持作用的知识产权的所有权，且收入之和在企业同期高新技术产品（服务）收入中超过 50% 的产品（服务）。

(4) 高新技术产品（服务）收入占比

技术性收入包括：一是技术转让收入，指企业技术创新成果通过技术贸易、技术转让所获得的收入；二是技术服务收入，指企业利用自己的人力、物力和数据系统等为社会和本企业外的用户提供技术资料、技术咨询与市场评估、工程技术项目设计、数据处理、测试分析及其他类型的服务所获得的收入；三是接受委托研究开发收入，指企业承担社会各方面委托研究开发、中间试验及新产品开发所获得的收入。

(5) 企业科技人员占比

企业科技人员占比是企业科技人员数与职工总数的比值。

(6) 企业研究开发费用占比

企业研究开发费用占比是企业近三个会计年度的研究开发费用总额占同期销售收入总额的比值。

(7) 企业创新能力评价

企业创新能力主要从知识产权、科技成果转化能力、研究开发组织管理水平、企业成长性这四项指标进行评价。

4. 企业创新能力评价指标

企业创新能力评价指标见表 8—5。

表 8—5　　　　　　　　高新技术企业申报企业创新能力评价指标

主要指标	子类指标	评　分
知识产权		30
	技术的先进程度	8
	对主要产品(服务)在技术上发挥核心支持作用	8
	知识产权数量	8
	知识产权获得方式	6
	企业参与编制国家标准、行业标准、检测方法、技术规范的情况(参考,最多可加 2 分)	2
科技成果转化能力	科技成果转化形式包括：自行投资实施转化；向他人转让该技术成果；许可他人使用该科技成果；以该科技成果作为合作条件,与他人共同实施转化；以该科技成果作价投资,折算股份或者出资比例；其他协商确定的方式	30 ≥5 项(25～30 分) ≥4 项(19～24 分) ≥3 项(13～18 分) ≥2 项(7～12 分) ≥1 项(1～6 分)
研究开发组织管理水平		20
	制定了企业研究开发的组织管理制度,建立了研发投入核算体系,编制了研发费用辅助账	6
	设立了内部科学技术研究开发机构并具备相应的科研条件,与国内外研究开发机构开展多种形式产学研合作	6
	建立了科技成果转化的组织实施与激励奖励制度,建立开放式的创新创业平台	4
	建立了科技人员的培养进修、职工技能培训、优秀人才引进,以及人才绩效评价奖励制度	4
企业成长性		20
	净资产增长率赋值(10 分)	分六档：≥35％,9～10 分；≥25％,7～8 分；≥15％,5～6 分；≥5％,3～4 分；>0,1～2 分；≤0,0 分
	销售收入增长率赋值(10 分)	

5. 政策支持及申报意义

(1)税收减免优惠。企业所得税年税率由原来的 25％降为 15％,相当于在标准税率上降低了 40％,3 年期满之后可以申请复审,复审通过继续享受 3 年税收优惠。

(2)科研经费支持和财政拨款。经认定可凭《高新技术企业认定证书》及批准文件享受国家、省、市有关优惠政策,更易获得国家、省、市各级的科研经费支持和财政拨款。高新技术企业也是众多政策性如资金扶持、贷款等参评条件之一。

(3) 国家级企业荣誉。高新技术企业是最容易通过自身努力获取的国家级的资质荣誉,影响力与中国名牌产品、中国驰名商标、国家免检产品属于同一量级。

(4) 树立企业品牌形象。产品及服务是公司标签,但高新技术企业给予产品的背书将极大地提升品牌形象,无论是广告宣传还是产品招投标工程,都将有非常大的帮助。

(5) 转型升级里程碑。高新技术企业认定是一项引导政策,引领企业走自主创新、持续健康发展的鼓励手段,企业抓住机会将迎来跨越发展的最好机遇。

(6) 企业市场价值跃升。高新技术企业能证明企业在该领域具有较强的技术实力,企业自身的价值自然得到证明。

(7) 更易吸引核心人才。通过认定的高新技术企业,对企业获取优秀人才具有强大号召力,是核心人才衡量企业的重要标准。

(8) 增加融资估值。在企业整体实力的评估中,高新技术企业是企业综合实力的体现。

(9) 用地政策。高新技术企业可优先获得办公及工业用地,将为企业的快速发展提供强大的推动力,同时,可获得免费用地的机会。

(10) 上市的重要条件。高新技术企业是企业上市的基础条件和重要考核指标。

8.1.3 科研项目管理

1. 科研管理岗位的价值创造体系

很多企业家很少重视科研管理岗位对企业的价值创造。商场如战场,科技促进社会进步,企业的科研能力建设是企业发展的重要基础,国家鼓励企业向高新技术企业发展,其认定条件中,研发费用占比是重要的指标。

科研管理岗位如何创造价值?

企业家要重视科技管理岗位,科研项目对于企业来说是兵器库,各类项目认定、课题、知识产权(如专利等)都属于企业的技术储备,在知识经济时代,知识生产需要"数据库",服务类企业将"案例库""知识库""专家库"作为科研的兵器库。

第一步,做好预算。企业家可以按营业收入的百分比设定预算框架,一般可以按3%作为最低指标给到科研部门。科研部门通过日常的情报管理获得信息,评估分析行业科技前沿,再根据企业自身实际由科研部门负责制定研发计划,科研计划需要科研管理人员与外部高校和科研院所充分沟通,国家鼓励"产学研"合作,企业自身研发力量不够,就可以和高校合作,对于高校来说,与企业的合作属于横向课题,费用不会很高,企业也不需要聘用专业的高能级的人才,通过横向合作课题,能获得高能级研发人员及研发设备,帮助企业获得相当的科研能力。

第二步,做好决策。企业家需要决策研发方向以及预算的来源,一般来说,制造型企业大多采用盈亏平衡分析法,通过将研发费用折算到产品的销售量中,国际制造业大多采用这种方式来推动研发能力,很多国际知名企业的研发费用占营业收入的比例一般达12%。对于服务企业来说,可以通过预测消费客流来平衡,例如很多景区或医院需要研发旅游设施设备,一套设备看上去很贵,但如果通过消费者的使用测量,就能把研发费用通过一定时间摊销完成。自主研发非常重要,企业家不能只想着到外部购买设备,需要有自己的眼光,研发新的设施设备。

第三步,做好判断。市场决定研究方向,企业家打仗需要称手的兵器,科学技术能否解决客户的难题是企业存在的价值所在。企业家不仅是需要通过商务谈判获取信息,更需要经常参加各类展会了解行业技术发展前沿,同时,还需要举办一系列的活动来收集技术信息,以应对市场变化的需求。例如,某国际巨头属于玻璃行业的巨头,他们的研发部门仅3 000多名研发人员,占职工总数的10%左右,但他们每年会举办全球新材料行业的创新创业大赛,很多中小企业拥有很强的技术,一旦在比赛中被该巨头看中,就会出巨资买下该技术,并要求技术拥有者退出相关行业。随后将技术由内部研发人员进行再开发,转为公司自主专利。另外,他们每年和大学高校举办创新创业大赛,为的是发现强大的人才,技术人才是需要有天赋的,他们用很小的费用和学校举办各类科研创新活动,就是为了发现新的点子、新的人才,并不断储备。这种巨头的做法值得国内科技企业学习。

第四步,做好定位。企业只有不断更新自己的兵器库,拥有最好的技术装备,才能无往而不利,百年企业需要有定位,企业的战略定位影响到企业发展的未来方向,拥有技术外,还需要不断评估技术的使用价值和市场价值,不断拓展企业疆域,在拥有足够的产业资本后,采用国际巨头类似的方法和路径不断巩固企业自身商业领域的地位。

2. 科研项目管理的制度及流程

企业文化管心,企业制度管人,企业流程管事。科研项目管理需要从对外管理、项目管理、日常管理三个维度进行布局(见图8—2)。

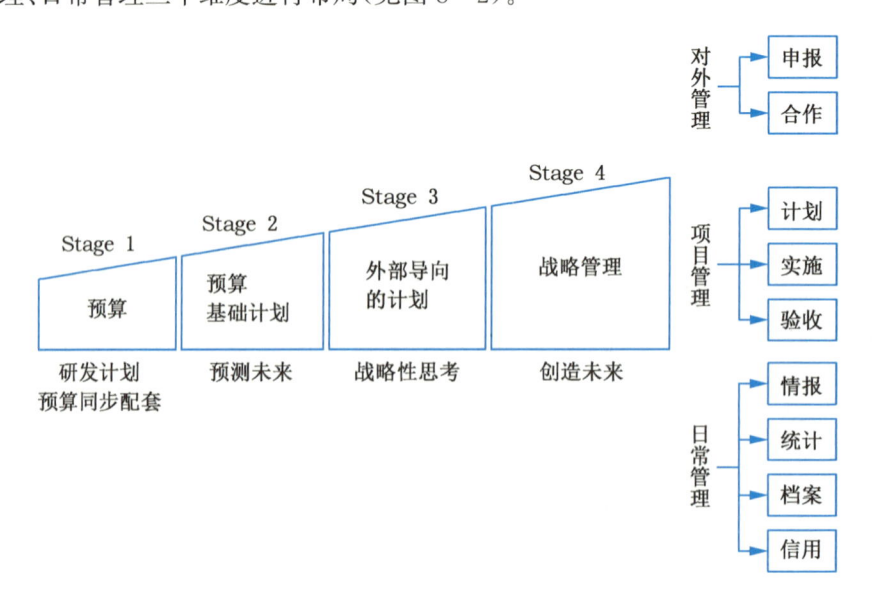

图8—2 科技管理的价值创造体系

对外管理需要做好项目申报以及科研项目合作研究等;项目管理是在项目启动后对项目实施管理的过程,包括计划、实施、验收三个阶段;日常管理是指对科研信息的管理,主要包括情报管理、统计管理、档案管理、信用管理。

研发是战略行为,一定是需要企业家高度重视的,新中国成立后,我国为了抑制国外势力,在制造业、经济基础薄弱的情况下,发动全国力量,通过科学家和全国人民的共同努力,成功完成了原子弹的试验,才有了我国国家的安宁,有了经济的长足发展。

科研项目的管理流程(见图 8-3)主要有项目计划、项目实施和项目验收三个环节,企业家先有研发意愿,然后由相关部门制定科研发展规划,再由财务部做好项目经费概算,与科研部门制定的规划形成申报项目文本,提报确定立项,立项后再开始预算书的编写。项目实施阶段做好科研项目日常管理、科研项目财务管理、科研项目外协管理、论文发表及专利申请、编制项目统计报告、形成产品并完成测试等。项目验收阶段包括:项目验收、产品交付;项目结题/结项;成果鉴定、登记报奖。

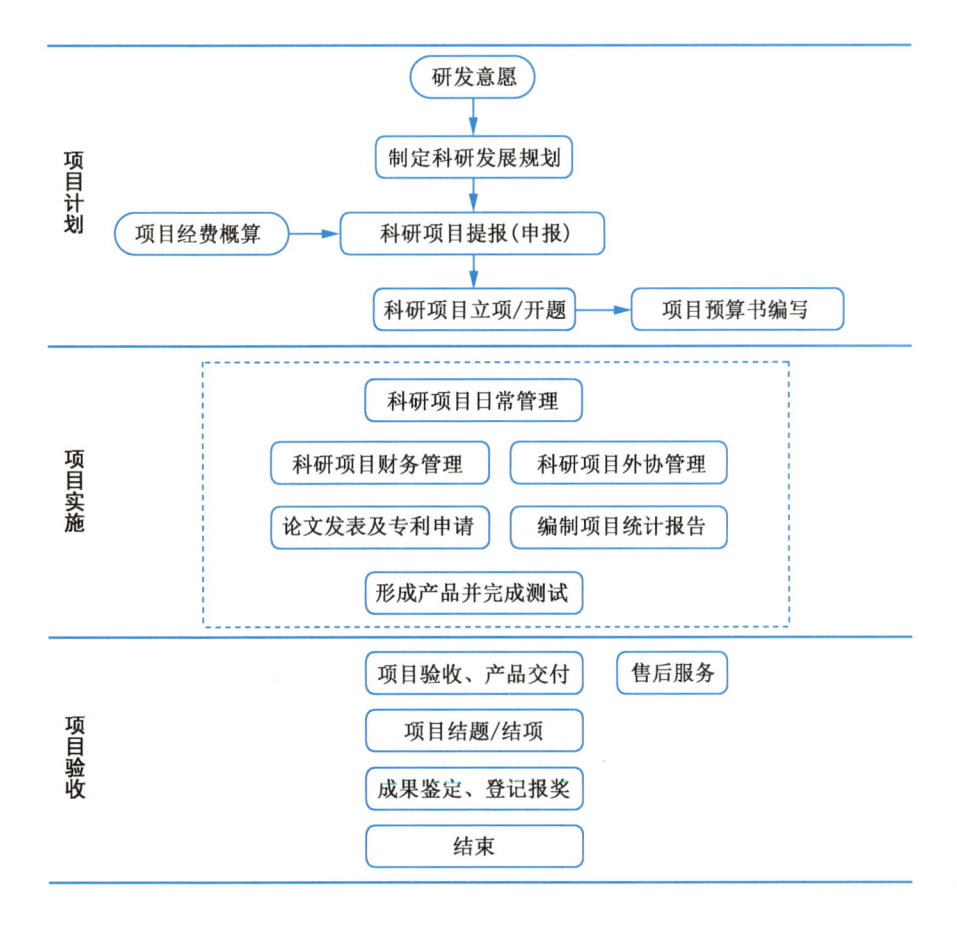

图 8-3 科研项目的管理流程图

8.2 科技企业(项目)融资管理

科技企业的发展包括种子期、扩张期和成熟期三个阶段,从技术研发项目的角度,包括基础研究、应用研究、成果转化、产品开发、中试、规模量产、改进更新、转型升级以及成熟退出。投资科技企业的资本主要分为政府资本、金融资本和产业资本三类。不同的资本在科技企业不同的发展阶段承担着不同的重要作用。种子期阶段,政府资本(政策性金融、财政资金)可以为初创型科技企业提供各类政策支持。如图8-4所示,种子期到扩张期这阶段,各种技术迭代,符合规模报酬递增的规则,这期间包括基础研究、应用研究、成果转化、产品开发及中试等活动。而这期间,金融资本也在其中起到重要作用,会有天使资本、创业资本、区域股权市场等资金陆续参与,见图8-4。

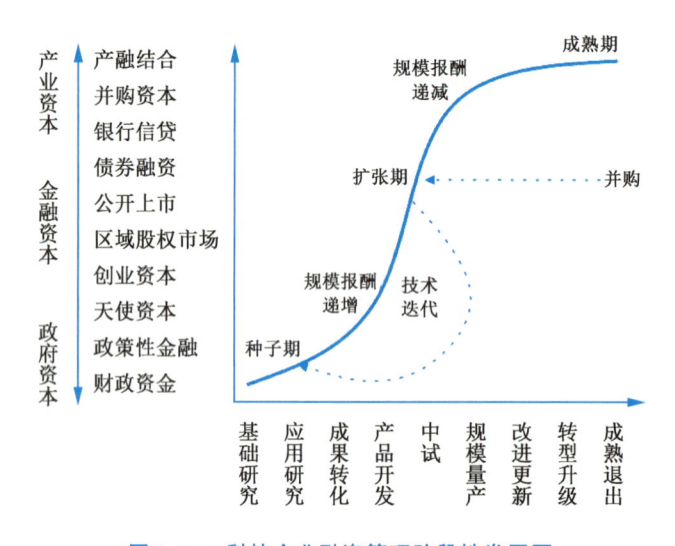

图8-4 科技企业融资管理阶段性发展图

一般来说,种子轮投创意,天使轮投想法,A轮投产品,B轮投数据,C轮投收入,D轮投利润。

种子轮,企业只有创意没有产品,估值不超过1 500万元;天使轮,企业初步有了产品及商业模式,估值不超过3 000万元;A轮,产品和商业模式开始成熟,有一定的用户数量,估值5 000万到1亿元;B轮,商业模式和盈利模式得到验证,估值3亿~6亿元;C轮,进入行业前列,准备上市,私募基金介入较多。

企业上市的目的主要是拓宽了融资渠道,可以发行债券,可定增或非定增,此时,通过项目融资、银行信贷、并购资本、产融结合等方式成为企业的重要融资方式。这一期间,企业可以利用资产实施行业内外的并购重组。

8.2.1 股权接力融资

股权估值是企业股权融资的基本方法与路径,科技企业要高速成长,股权估值是企业具备金融属性的重要环节,现代企业不仅是卖产品、卖服务获得利润,更需要卖"股权",让股权实现增值的过程。

1. 企业面临的两个市场竞争

股权估值是为了通过股权释放获得外部资本融入的根本要求。股权结构是顶层设计,它代表了企业的控制权,也代表了股东的数量及合理性。创业者需要掌握的是控制权及其边界。目前我国国内也引入了合伙制企业,合伙制企业与有限公司、股份公司需要有一个科学合理的股权设计。

对于科技型企业来说,股权接力是将股权通过对外融资的方式逐步实现公司持续市值增长、股东利益实现逐步增值以及公司经营快速增长的过程。

对于现代企业竞争来说,企业需要面对两个大市场:一个市场是产品或服务市场,这是从企业客户的角度来理解和定义,也属于传统的企业竞争市场;另一个市场则是全新的金融市场,是企业被当作商品,股权作为交易标的的一个市场。

有很多企业感叹,产品卖得好,不如股权卖得好。这是两个完全不同的维度。企业既要面向终端客户做好产品和服务质量,又要面向金融市场做好股权的包装与管理。

市值管理一般出现在上市公司的管理中,在我国实施 IPO 全面注册制的背景下,非上市公司的"市值管理"也更显重要。非上市公司的市值管理也就是做好股权估值的管理。

$$市值 = 股价 \times 股票数量$$

2. 股权融资接力的过程

下面以一个案例来说明整个股权融资接力的过程,见图 8—5。

(1)企业发展历程

种子期,该公司创业团队成功研发了一项生物技术,获得专利,并开始对外融资,这属于初次融资,他们找到了天使资本并获得了首期 200 万元的投资。

经双方协商,天使资本同意创业团队以技术入股的形式共同组建新的公司,技术估值为 50 万元,占股 20%,公司注册资本 250 万元,投资人以现金出资 200 万元,占股比例 80%。经双方确定按照总股本分为 1 000 股,则每股的市价为 2 500 元,总市值 250 万元。

①第一接力:天使资本

随着业务发展,产品已经进入市场,但公司尚未盈利,第一次融资 200 万元几乎用完,公司很快就面临第二次融资,经股东会决议,拟对外增加股权数量 600 股,在原来每股 2 500 元的基础上溢价 4 倍,按每股 10 000 元的价格引入新的股东,经过一番对外谈判,引入了新的投资 600 万元,原来的 1 000 股增加为 1 600 股。股权结构也随之

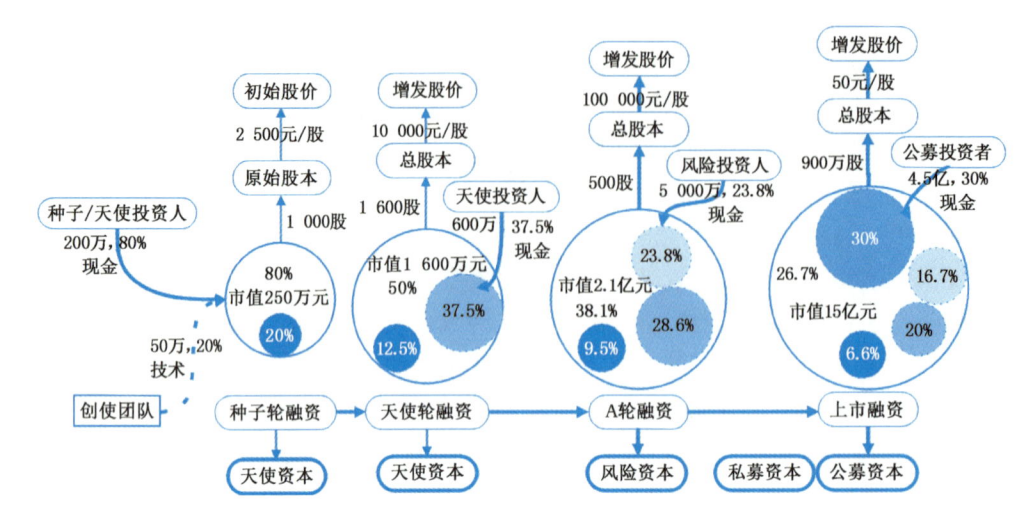

图 8-5 科技企业股权接力融资演绎图

发生了变化。原来的两方股东，现在成为三方股东。市值由原来的 250 万元迅速增加为 10 000×1 600＝16 000 000（1 600 万元），是 250 万元的 6.4 倍。其中，原来的股东结构发生了改变，原来的创业团队由 20％稀释到 12.5％，原来的种子投资人由 80％稀释到 50％，新增的天使投资人占比 37.5％。

②第二接力：风险资本

有了新增的 600 万元投资后，公司投入渠道，产品在当地市场销售开始稳定，项目开始盈利。刚开始公司的产品是委托加工的，交货期和质量等不能保证，为更好地拓展市场，公司还是需要自己的工厂，要投资工厂将需要一大笔资金，于是还需要第三次融资，这次融资规模预估在 5 000 万元。目前公司 1 600 股，每股股价 1 万元，由于现在公司有了盈利，按照科技公司的市场估值可以估到 10 倍，也就是 10 万元/股，经与多家风险投资资本商谈，最终确定一家愿意接受 10 倍估值，5 000 万元折为 500 股进入公司，于是公司的股本增加为 2 100 股，每股 10 万元，市值增加至 2.1 亿元。原有的股东结构同时有了变化，创业团队的占比稀释到 9.5％，种子投资人稀释到 38.1％，天使投资人稀释到 28.6％，风险投资人占比 23.8％。

③第三接力：私募资本

在风险资本的助力下，公司的经营规模进一步扩张，产品有了品牌并卖向全国市场，并通过并购等方式在行业内逐步靠前，公司有了上市的想法。于是公司通过寻找证券公司、律师事务所等了解上市的相关行情，最终邀请了一家投融资顾问公司帮助上市前辅导咨询，按照上市要求，公司需要做股份制改革，股份制改革需要有更多的股东，所以股价不能像原来 10 万元/股那么高，目的是要能够向市场发行，适应金融市场的股民购买。由此，公司借此机会做了持股平台，给内部的公司骨干等持股的机会，同时，稀释股价权，将原来的市值 2.1 亿元由原来的 2 100 股转变为 2 100 万股，股价由原来的 10 万元/股降至 10 元/股。这一阶段,专业投资 Pre-IPO 的私募基金愿意投资公司,帮助企业整合各种资源,并规范企业内部管理、股权结构、资本结构等。该公司当时没有找私募投资,而是通过上市辅导后直接上市。

④第四接力:公募资本

上市之后,由证券公司承销,并准备募集资金 4.5 亿元,用于收并购项目。按照市场估值,按照 5 倍估值,每股股价由 10 元/股增加为 50 元/股,4.5 亿元需要增加 900 万股,公司上市以后,原来股权结构再次变化,创业团队股占 6.6%,种子投资人占 26.7%,天使投资人占 20%,风险投资人占 16.7%,公募资本(流通股)占比 30%。

从投资者收益的角度,创业团队、种子投资人、天使投资人、风险投资人在公司上市以后,分别获得非常大的投资收益,其中,创业团队收益 200 倍(50 万元投资,1 亿元市值),种子投资人收益 200 倍(投入 200 万元,市值 4 亿元),天使投资人收益 50 倍(投资 600 万元,市值 3 亿元),风险投资人收益 5 倍(投资 5 000 万元,市值 2.5 亿元)。

由此可以看出,投资越靠前,收益越高,但风险也越大。

同时,我们从接力融资的过程可以看到,企业融资是一个非常重要的周期,需要在市值管理中不断做好股权融资管理,股权融资是贯穿企业生命周期全过程的一项重要工作。

表 8—6　　　　　　　　　　　　　　接力融资表

	创业团队股	种子投资股	天使投资股	风险投资股	公募资金股	合　计
第一接力						
股份数额(股)	200	800				1 000
每股价格(元)	2 500	2 500				2 500
股权比重(%)	20.0%	80.0%				100.0%
股权价值(元)	500 000	2 000 000				2 500 000
第二接力						
股份数额(股)	200	800	600			1 600
每股价格(元)	10 000	10 000	10 000			10 000
股权比重(%)	12.5%	50.0%	37.5%			100.0%
股权价值(元)	2 000 000	8 000 000	6 000 000			16 000 000
第三接力						
股份数额(股)	200	800	600	500		2 100
每股价格(元)	100 000	100 000	100 000	100 000		100 000
股权比重(%)	9.5%	38.1%	28.6%	23.8%		100.0%
股权价值(元)	20 000 000	80 000 000	60 000 000	50 000 000		210 000 000

续表

	创业团队股	种子投资股	天使投资股	风险投资股	公募资金股	合　计
第四接力						
股份数额（股）	2 000 000	8 000 000	6 000 000	5 000 000	9 000 000	30 000 000
每股价格（元）	50	50	50	50	50	50
股权比重（%）	6.6%	26.7%	20.0%	16.7%	30.0%	100.0%
股权价值（元）	100 000 000	400 000 000	300 000 000	250 000 000	450 000 000	1 500 000 000

8.2.2　项目运筹融资

项目运筹融资是指充分利用企业的内外部资源，利用金融的属性，即"信用和杠杆"的作用，策划项目运作路径，实现融资的功能。

1. 商业信用融资

将应付账款的支付期限延后和提高应收账款的金额是大规模的企业提供给小规模的企业商业信用支持的手段。商业信用的经营性动机理论主张企业将会使用时间差这一因素，把货币交换和商品交换时间进行分离。当货币交换提前时，对于买方来说，能够有效减少交易的成本，当商品交换提前时，对于卖方来说，能够有效降低交易的成本并增加收入。一般有三种融资方式：

（1）赊账

赊账是一种最原始、最简单而又最典型、最常见的商业信用形式。在这种商业信用形式下，卖方在把货物发给买方时，发货票上载明发运货物的名称、数量、价格以及货款总额和销售条件，买方并不需要签名开立正式借据以证明自己对卖方负有债务，即可开辟一个临时性的资金来源。卖方对买方提供信用仅仅是依据卖方对买方的信用以及财务状况的了解。例如，小王是卖空调的，卖空调有两种模式，一种是零售，一种是批发。他想到了利用货款信用期差融资的方法。如果采用零售的业务模式，零售的回款周期不确定性太强，但小王原先有客户，只要供货商给他充分的回款周期，他就能稳妥地将业务做起来，见图8—6。

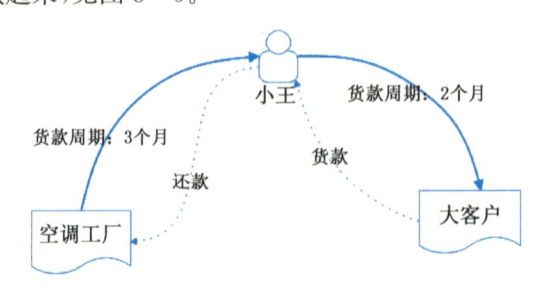

前提：空调工厂对小王有足够的信任，小王前期有大客户的积累。

图8—6　赊账过程示意图

(2) 期票

期票是债务人对债权人开出的承诺在一定期限支付现款的债务凭证。期票到期，债务人不得以任何理由拒付。期票可以看作是欠账的一种替代形式，一般是在卖方需要买方正式承认其所欠债务时会要求买方提供。例如，买方未能按时支付所欠账款，此时卖方便有可能要求买方开立期票。

(3) 商业承兑票据

商业承兑票据是指商品交易采用赊购时，由收款人或付款人开出，经付款人承兑的商业票据。

商业承兑票据是卖方在不了解买方信用情况下要求买方正式承认其所欠债务的另一种形式。

其一般步聚是：①卖方收到买方订单后，便根据订单的金额向买方签发一定数额的汇票；②卖方将发票、运货单和商业汇票交给往来银行，由银行转送给买方；③买方必须在转来的汇票上签字承兑正式承认债务并指定银行代付款项之后，才能取得货物提单提取货物。商业承兑票据具有某种程度的变现性，至于变现性的大小则取决于买方的信誉状况。商业承兑票据既可以作为借款的抵押品，又可以按票面金额折扣出售，立刻取得现款，商业承兑票据到期后，其持票人便可到指定银行取款。

2. 通道间接融资

科技型中小企业缺少信用，银行贷款也没有抵押，但如果中小企业的技术和产品有足够的市场，就可以找市场通道，借船出海。

在技术孵化阶段，企业最主要的成本是人工工资，创业团队可以节衣缩食降低成本，但到了市场开拓阶段，就必须要大胆请人，还要建立渠道、宣传品牌等。这是一个两难的境地，但科技型中小企业的技术和产品优势是可以借力的重要资源。

对于上市公司来说，他们也在寻找新的商机或新的技术产品，很多上市企业已经建立了"投资部门"，投资企业上下游相关的企业，打造产业生态圈（见图8-7）。企业发展是"以小博大"的过程，刚创立的企业缺乏信用积累，缺乏资金和市场渠道，但这些上市公司都有，中小科技型企业可以找到上市公司合作，如果产品借助上市公司的品牌和渠道得以快速发展，上市公司可以再决定是否入股。但对于科技型中小企业来说，打开市场是生存之本。

3. 项目招商融资

百果园的上市给了很多投资者一个启示——Frachise特许经营的魅力。特许经营强调的是品牌与管理，并授权给其他投资人经营，但必须缴纳特许经营加盟费用。

本质上，特许经营商就是打造了一个社团，特许经营商形成了一套成熟的管理制度和经营模式，能让加盟的成员赚取利润。企业是以小博大，金融也是依赖信用扩张做杠杆。

这其中，品牌、管理和经营模式是特许经营商的核心竞争力，也是信用的基础，投资人（经营者）加盟就等于招商融资，特许经营商可以依靠加盟者的资金扩大市场规模。

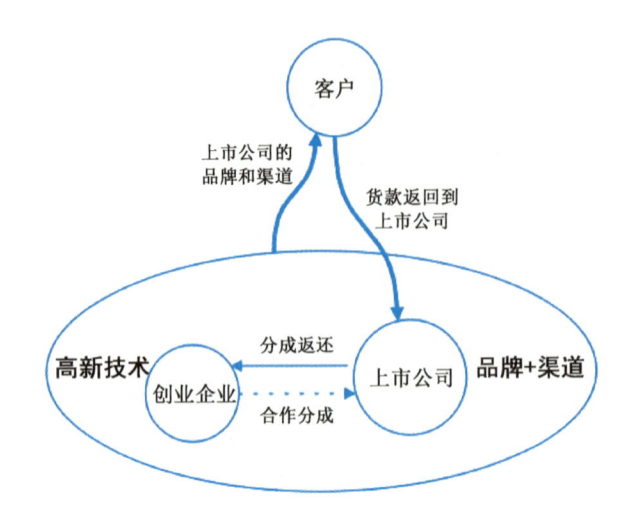

图 8—7　通道间接融资示意图

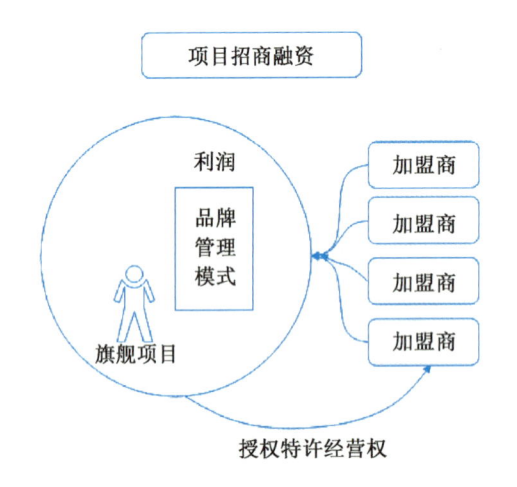

图 8—8　项目招商融资示意图

8.3　上市融资管理

8.3.1　股权资本化时代的全面到来

全面注册制实施以后,符合上市条件的企业只要备案即可以上市,这对于我国金融市场来说打开了资本市场化大门,而对于企业来说,企业股权资本化时代来临了。

对于企业家来说,具有很多意义:一是上市能够作为融资的愿景,上市退出机制更容易,吸引股权投资的可能性增强;二是意愿做大做强企业,通过上市建立规范化的现代企业管理制度,增加企业品牌;三是上市能够增加资产的流动性,提高公司股权资产的价值;四是上市能够建立长期的融资平台,拥有更多的融资渠道,并获得以非现金手段实施收并购的优势。

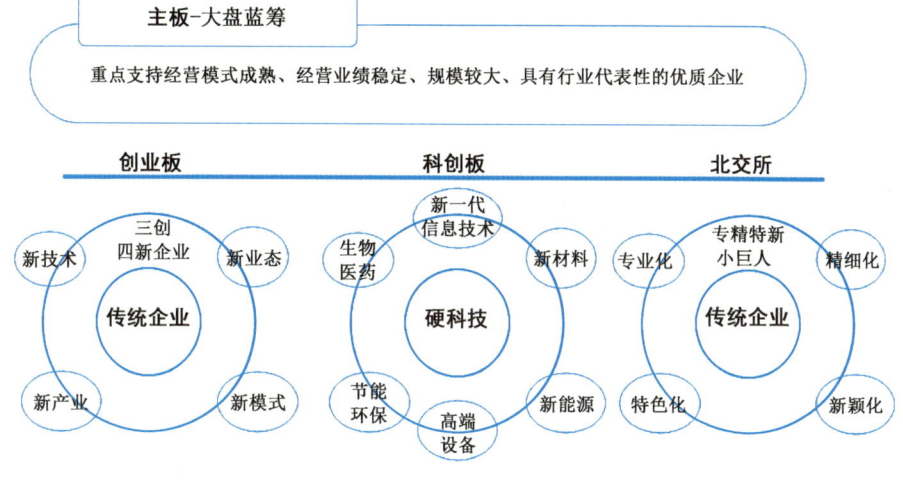

主板-大盘蓝筹
重点支持经营模式成熟、经营业绩稳定、规模较大、具有行业代表性的优质企业

创业板：三创四新企业、新技术、新业态、新产业、新模式、传统企业

科创板：新一代信息技术、生物医药、新材料、节能环保、高端设备、新能源、硬科技

北交所：专精特新小巨人、专业化、精细化、特色化、新颖化、传统企业

图 8—9　科技企业上市主要板块

注册制实施对于企业来说,不仅是做经营、管理,更是做股权、做市值管理,我国多层次资本市场体系的不断健全与完善,也是间接促进企业的战略管理能力。

很多企业长期陷于恶性竞争,表面上是缺乏战略,本质上是缺少资本的支持。我们传统意义上认为的"BAT",即百度、阿里巴巴、腾讯等,在美国纳斯达克上市前,他们并非以盈利为标准,而是以他们的无形资产价值为标准获得全球投资者的认同。

以京东融资的历程为例,京东的成功也是融资的成功,有了足够的资本,才有资格谈战略,今日资本 2007 年首笔投入,一路陪跑,之后先后由熊牛资本、梁伯韬私人投资、DST 基金、安大略教师退休基金等先后接力投资,从 2007 年首笔融资到 2013 年上市 IPO 仅花了 6 年时间。

1998 年 6 月 18 日,刘强东成立京东公司。

2006 年 1 月,京东成立上海全资子公司。

2007 年 5 月,京东广州全资子公司成立。

2007 年 8 月,京东赢得国际著名风险投资基金——今日资本的青睐,首批融资千万美元。自 2004 年正式涉足电子商务领域以来,京东一直倡导"低价正品"的口号,通过压缩产品利润以占据市场份额。在刚刚兴起的电子商务领域,为增强自身竞争优势、谋求长远利益,京东计划建设自有仓储物流体系并扩展产品品类,急需资金以周转运营。在员工数目仅 50 人、年销售额仅 5 000 万元人民币的业绩下,虽不投入任何广告,月销售额能达到 10% 的增长率。业务规模扩大的推动,物流设备配套的需求,京东凭借自身发展潜力赢得今日资本 1 000 万美元的投资,这成为京东融资历程里的第一笔资金,融资主要用于拓展产品品类和自建仓储物流体系。

2009年，今日资本、熊牛资本、梁伯韬私人投资2 100万美元。2009年初，京东斥资成立自有物流公司，计划建立以华北、华东、华南、西南、华中、东北为六大中心的物流体系。正是2008年全球金融危机后资本市场一片凄凉之际，在承担扩张的资本成本以及提升用户体验压力时，京东获得了今日资本、熊牛资本、梁伯韬私人投资共2 100万美元，这是金融危机后中国电子商务企业融到的第一笔资金，京东将70%的资金用于物流系统的建设。

2010年，老虎环球基金投资1.5亿美元。2009年京东年营业额约达40亿元，显示了京东在电子商务领域的巨大发展潜力。京东计划2010年将客服中心的座席由150个增加至400个，进一步提升服务质量和用户体验。这笔1.5亿美元的融资是金融危机后中国电子商务企业获得的数额最大的一笔投资。

2011年，DST等基金投资15亿美元。为建设技术研发项目，筹建7个一级物流中心，京东本次获得的15亿美元是中国互联网史上单笔数额最大的融资。

2012年，安大略教师退休基金等投资3亿美元。2012年京东自营快递——京东快递——获得自营牌照，为了支撑其不断扩张的物流系统的建设，而近几年京东一直都是亏损的营业状态，在上市融资并不可取的情形下，京东再次获得了3亿美元的投资。

2014年，在纽约上市融资。在2013年前三个季度，京东首次扭亏为盈，实现盈利6 000万后，迅速申请IPO。2014年5月22日，京东于纽约纳斯达克挂牌上市，开盘报价21.75美元，融资17.8亿美元，资金主要用于开拓自营生鲜市场、开拓三线以下城市以及扩大国际业务布局。

从以上数据总结可知，京东上市前融资约23亿美元，主要用于低价策略、仓储物流系统建设等方面，而上市后融资约18亿美元，主要用于业务扩张，资金用途方面有所区别。

很多国内的企业选择纳斯达克上市，主要是因为上市条件相对国内IPO流程简单且上市时间短。

国内从核准制全面推行注册制以后，我国的企业上市难度大幅度降低，注册制与核准制相比，主要包括大幅优化发行上市条件、切实把好信息披露质量关、坚持开门搞审核三个方面。简而言之，建立多层次资本市场，构建多层次股权退出渠道，从申请到上市的时间缩短了。

8.3.2 资本市场概览

我国已构建多层次的资本市场，包括主板、二板、三板、四板，见图8-10。主板包括沪市主板、深市主板、深证中小板，也就是俗称的A股，主板突出"大盘蓝筹"特色，主要针对大型成熟企业，重点支持业务模式成熟、经营业绩稳定、规模较大、具有行业代表性的优质企业。二板包括创业板和科创板，两者有明显的区分，创业板突出"三创四新"特色，主要服务成长型创新创业企业，深入贯彻创新驱动发展战略，适应发展更多依靠创新、创造、创意（三创）的大趋势，支持传统产业与新技术、新产业、新业态、新模式(四新)深度融合的企业。科创板突出"硬科技特色",面向世界科技前沿、面向经济主战场、面向国家重大需求,优先支持符合国家战略,拥有关键核心技术,科技创新能力突出,主要依靠核心技术开展生产经营,具有稳定的商业模式,市场认可度高,社会形象良好,具有较强成长性的企业。北交所突出"专精特新、小巨人"特色,主要服务创新型中小企业,重点支持先进制造业和现代服务业,推动传统产业转型升级,培育经济发展新动能,促进经济高质量发展。

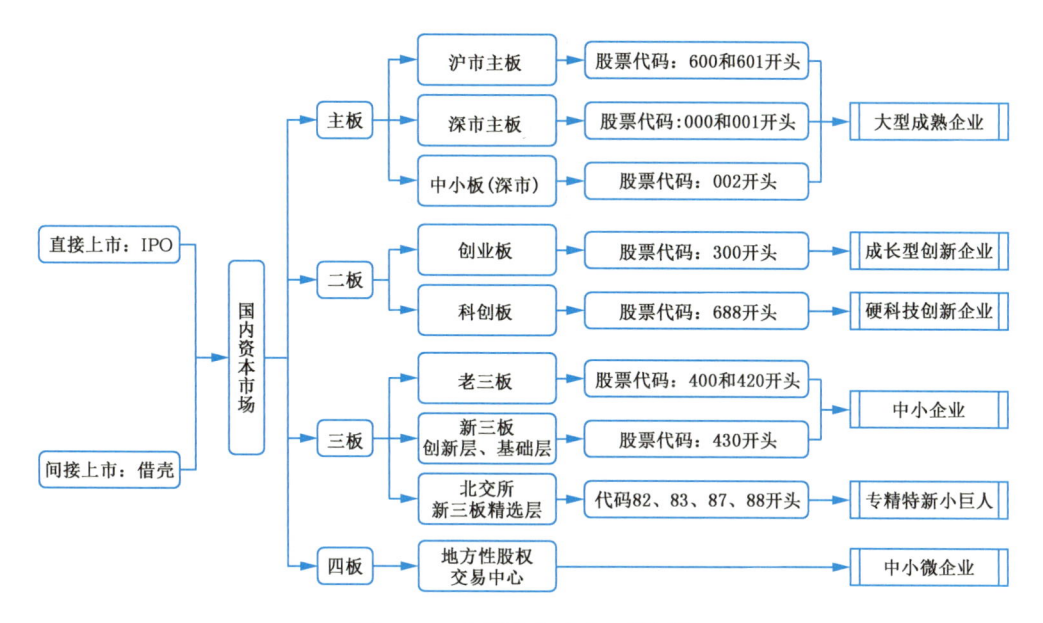

图 8-10 多层次资本市场分析图

1. 北交所上市条件

发行人申请公开发行并上市,应当符合下列条件:

(1)发行人为在全国股转系统连续挂牌满 12 个月的创新层挂牌公司。
(2)符合中国证券监督管理委员会规定的发行条件。
(3)最近一年期末净资产不低于 5 000 万元。
(4)向不特定合格投资者公开发行的股份不少于 100 万股,发行对象不少于 100 人。
(5)公开发行后,公司股本总额不少于 3 000 万元。
(6)公开发行后,公司股东人数不少于 200 人,公众股东持股比例不低于公司股本总额的 25%;公司股本总额超过 4 亿元的,公众股东持股比例不低于公司股本总额的 10%。
(7)市值及财务指标符合本规则规定的标准。
(8)北交所规定的其他上市条件。

发行人申请公开发行并上市,市值及财务指标应当至少符合下列标准中的一项,见表 8-7。

表 8—7　　　　　　　　　　　北交所上市申报条件

指标		选择标准一（净利润）	选择标准二（营收）	选择标准三（营收＋研发）	选择标准四（研发）
预计市值	不低于	2亿元	4亿元	8亿元	15亿元
财务指标	最近两年	净利润不低于1 500万元，加权平均净资产收益率不低于8%	营业收入不低于1亿元	研发投入合计占营业收入的比例不低于8%	研发投入不低于5 000万元
	条件	或	且	且	
	最近一年	净利润不低于2 500万元，加权平均净资产收益率不低于8%	营业收入增长率不低于30%，现金流量净额为正	营业收入不低于2亿元	

资料来源:《北京证券交易所股票上市规则(试行)》(征求意见稿)。

2. 科创板上市条件

发行人申请在本所科创板上市,应当符合下列条件:

(1)符合中国证券监督管理委员会规定的发行条件。

(2)发行后股本总额不低于人民币3 000万元。

(3)公开发行的股份达到公司股份总数的25%以上;公司股本总额超过人民币4亿元的,公开发行股份的比例为10%以上。

(4)市值及财务指标符合本规则规定的标准。

(5)上交所规定的其他上市条件。

发行人申请在上交所科创板上市,市值及财务指标应当至少符合下列标准中的一项,见表8—8。

表 8—8　　　　　　　　　上交所科创板上市备案申请条件

指标		选择一	选择二	选择三	选择四	选择五
预计市值	不低于	10亿元	15亿元	20亿元	30亿元	40亿元
财务指标	最近三年		研发投入合计占营收比不低于15%	经营活动现金流量净额累计不低于1亿元		主要业务或产品需经国家有关部门批准,市场空间大,已取得阶段性成果,并获得知名机构投资等
	条件		且	且	且	
	最近两年	盈利且累计不低于5 000万元				
	条件	或	且	且	且	
	最近一年	盈利且营收不低于1亿元	营业收入不低于2亿元	营业收入不低于3亿元	营收不低于3亿元	

资料来源:《关于发布〈上海证券交易所科创板股票上市规则〉的通知》。

3. 创业板上市条件

发行人申请在本所创业板上市，应当符合下列条件：

(1) 符合中国证券监督管理委员会规定的创业板发行条件。

(2) 发行后股本总额不低于 3 000 万元。

(3) 公开发行的股份达到公司股份总数的 25% 以上；公司股本总额 4 亿元的，公开发行股份的比例为 10% 以上。

(4) 市值及财务指标符合本规则规定的标准。

(5) 本所要求的其他上市条件。

红筹企业发行股票的，前款第二项调整为发行后的股份总数不低于 3 000 万股。前款第三项调整为公开发行的股份达到公司股份总数的 25% 以上；公司股份总数超过 4 亿股的，公开发行股份的比例为 10% 以上。红筹企业发行存托凭证的，前款第二项调整为发行后的存托凭证总份数不低于 3 000 万份，前款第三项调整为公开发行的存托凭证对应基础股份达到公司股份总数的 25% 以上；发行后的存托凭证总份数超过 4 亿份的，公开发行存托凭证对应基础股份达到公司股份总数的 10% 以上。

本所可以根据市场情况，经中国证监会批准，对上市条件和具体标准进行调整。

发行人为境内企业且不存在表决权差异安排的，市值及财务指标应当至少符合下列标准中的一项，见表 8-9。

表 8-9　深交所创业板股票备案申请要求

指标		选择一	选择二	选择三
预计市值	不低于		10 亿元	50 亿元
财务指标	最近两年	最近两年净利润均为正，且累计净利润不低于 5 000 万元		
	最近一年		最近一年净利润为正且营业收入不低于 1 亿元	营业收入不低于 3 亿元

资料来源：《深圳证券交易所创业板股票上市规则》(2020 年修订)。

4. 主板上市条件

(1) 标准一：最近三年净利润均为正，且最近三年净利润累计不低于 1.5 亿元，最近一年净利润不低于 6 000 万元，最近三年经营活动产生的现金流量净额累计不低于 1 亿元或者营业收入累计不低于 10 亿元。

(2) 标准二：预计市值不低于 50 亿元，且最近一年净利润为正，最近一年营业收入不低于 6 亿元，最近三年经营活动产生的现金流量净额累计不低于 1.5 亿元。

(3) 标准三：预计市值不低于 80 亿元，且最近一年净利润为正，最近一年营业收入不低于 8 亿元，见表 8-10。

表 8-10　　　　　　　　　　　　主板上市申请条件

指标		选择一	选择二	选择三
预计市值	不低于		50 亿元	80 亿元
财务指标	最近三年条件	净利润为正,且不低于 1.5 亿,现金流量净额不低于 1 亿或营收不低于 10 亿	现金流量净额累计不低于 1.5 亿元	
	最近两年条件	且	且	且
	最近一年	净利润不低于 6 000 万元	净利润为正,营收不低于 6 亿元	净利润为正,营业收入不低于 8 亿元

5. 我国资本市场的层级

目前我国资本市场层级分为：交易所市场（主板、中小板、创业板）和场外市场（全国中小企业股份转让系统，即新三板）、区域股权市场（四板市场）和券商柜台市场。

它们之间的多层次关系，从上到下依次是：主板为第一层，中小板和创业板为第二层，第一、第二层次属于场内市场；新三板为第三层，区域股权市场为第四层（根据"新国九条"规定，区域股权市场将从制度上被纳入我国多层次资本市场体系），券商柜台或成为第五层，第三、四、五属于场外市场部分。

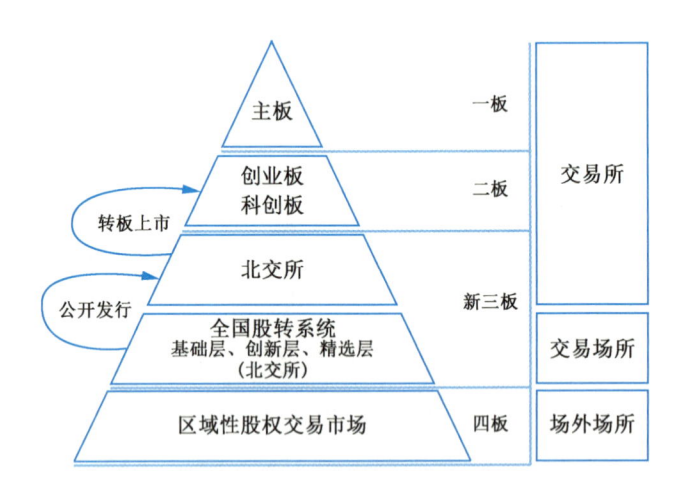

图 8-11　我国资本市场层级图

（1）一板市场（主板）

第一板市场（Main-Board Market）也被称为主板市场，它是指我们通常所说的证券市场（通常指股票市场），是一个国家或地区证券发行、上市和交易的主要场所。在中国的一板市场，它指的是上海和深圳股市 A 股中 600 开盘价和 000 开盘价的股票。

深交所2021年4月6日宣布,主板与中小板合并。合并实施后,原中小板上市公司的证券类别变更为"主板A股",证券代码和证券简称保持不变。原中小板"002001～004999"证券代码区间由主板使用。

(2)二板市场(科创板、创业板)

第二板市场(Second Board Market)是与第一板市场相对应的概念。它主要是为中小型成长型新兴公司设立的,其上市要求通常比"第一板"更广泛。与主板市场相比,二板市场具有前瞻性、高风险、监管要求严格、高技术产业导向明显等特点。世界上大多数成熟的证券市场和新兴市场都有这样的股票市场,世界上最著名的二级市场是美国的纳斯达克市场。

(3)三板市场(北交所、全国股转系统)

三板市场是代表非上市公司转让股份的地方。指经中国证券业协会批准,具有非上市公司股份转让资格的证券公司通过电子交易为非上市公司提供的专项转让服务,其服务对象是中小型高科技企业。

三板市场的正式名称是"代理股份转让系统",于2001年7月16日正式开通。作为中国多层次证券市场体系的一部分,三板市场为上市公司的股票在退市后继续流通提供了一个场所。另一方面,它也解决了原STAQ和NET系统历史遗留下来的几家公司的法人股流通问题。2013年1月16日,全国中小企业股份转让系统正式揭牌运行,与主板、中小企业板和创业板形成明确分工,旨在为处于起步阶段、盈利能力较低的中小企业提供资本市场服务。在主板和二板上市审查更加严格的背景下,有"转板"前景的新三板可能成为中小企业进入资本市场的重要跳板。

2021年9月,北京交易所成立,原来的企业被划分成基础层、创新层、精选层三类,其中精选层被允许公开发行股票。

(4)四板市场

四板市场是一个区域性市场。对于特定投资者的转让,交易方式是协议转让而不是竞争性转让。股票不向公众公开发行。

表8—11　　　　　　　　　　我国证券交易市场分类表

场内外类型	市场类型	市场板块
场内市场	交易所市场	主板
		中小板
		创业板
		北交所
场外市场	全国中小企业股份转让系统	新三板
	区域股权市场	四板市场
	券商柜台市场	

8.3.3 企业上市的操作程序

企业上市在我国已经很成熟,公司上市原来是核准制,有非常严格的审批要求,现在是注册制,以备案为主,但上市这件事,对于企业来说,一定是需要找到专业的第三方来帮助完成的,专业的事找专业的人。主要流程如下:

1. 召开股东会决议,形成启动公司上市的决议

按照公司法规定,公司决策中涉及经营的问题由董事会决策,但如果涉及股权和股东资产变更等事宜,则必须由股东会决策,并形成股东会决议。股东会决议形成后,意味着公司上市正式启动,同时,可以委托董事会执行。

2. 聘请中介机构

上市过程中,必须聘请四类专业的服务机构,包括财务顾问、投资银行(证券公司)、会计师事务所及证券律师。

(1)财务顾问

财务顾问是辅助上市企业做出前期重要决策的中介服务机构。他们可以梳理企业资本结构,帮助设计上市路径,选择适合的上市路径及股票市场,制定企业上市前的改制及重组方案,选择合适的投资银行、律师、会计师并协助工作等。

(2)投资银行

投资银行主要是主承销商和保荐人,要对企业进行上市前的辅导,协助企业制定各种符合规范的申请文件和招股说明书,安排路演承销股票。投资银行与企业的立场往往是不同的,财务顾问可以站在企业的角度与投资银行进行博弈。

(3)证券律师

证券律师需要对公司法及上市法律法规相当熟悉,主要负责审议各种法律文件并出具法律意见,确定股东决议的有效性。证券律师和日常的法律顾问不同。

(4)会计师事务所

会计师主要的职能是财务审计和资产评估,并出具财务状况意见书。证券律师和会计师事务所的作用是向证券监管部门证明企业的申报资料没有作假行为。聘请知名律师事务所、会计师事务所能更有利于上市。

3. 筹备各项指标达到上市标准

主要是股权结构的梳理与改造以及现代企业制度的建立。筹备阶段也是上市前的准备及辅导阶段。

(1)股份制改造

上市前股份制改造是企业从民营企业走向公众企业的重要标志,必须将有限责任公司改造成股份制企业。企业家可以考虑员工持股平台及股权结构设计等。

(2)资产兼并重组

如果企业的营业收入、净利润、研发比例、净资产等财务指标没有达到上市的要求,则需要通过资产兼并重组的方式在上市前争取达标。

(3)上市前辅导

投资银行(证券公司)作为保荐人,需要对上市公司进行一年期的上市前辅导,建立并完善符合上市公司要求的组织架构和企业管理制度。

(4)出具审计报告

在上市申报前,需要由会计师事务所对整个公司的资产及财务状况进行审计,以确定各项经济指标达到上市条件。

4. 准备上市申请的文件

在上述各项指标达标之后,公司可以开始准备上市申请文件了。

上市申请文件都是标准格式,按照投资银行指导的套路完成即可。

(1)填写上市申请表

主要内容是披露拟上市企业的股东构成、管理架构、产业结构、经营业绩、资产状况等信息。

(2)制作招股说明书

相当于企业向股民融资的商务计划书,招股说明书介绍企业融资所要投入的项目、资金的用途和预算、市场前景预测和效益分析。

另外,有些文件需要律师和会计师出具,如法律状况意见书和财务状况意见书。

5. 股票发行销售

世界上大部分国家和地区的上市公司监管部门都实行核准制度,设定一系列门槛指标,如果确认申请上市的公司达到这些指标并无异议,则视为准入。企业的上市申请书经证券监管机构核准达标之后,企业即进入上市的最后阶段,可以销售发行新股(IPO)并公开挂牌交易了。操作步骤如下:

(1)在监管部门指定报刊上刊登招股说明书。

(2)到股票承购机构较多的城市进行巡回路演,推销公司新发行的股票。

(3)印刷股票,与投资银行商议票面发行价格和承销折扣价格。

(4)主承销投资银行包销的股票过户,其他承销机构分销,投资者认购。

(5)冻结资金过户,办理股票托管手续。

6. 上市挂牌交易

股票发行销售被称为上市公司的一级市场,主要目的是公募融资,然后投资者在一级市场上认购的股票进入二级市场,公开挂牌交易。二级市场上的股票交易在股东之间进行,与公司本身的经营没有直接关系了,上市公司管理层的义务,是诚实地披露企业经营状况的信息,以降低小股东的投资风险。

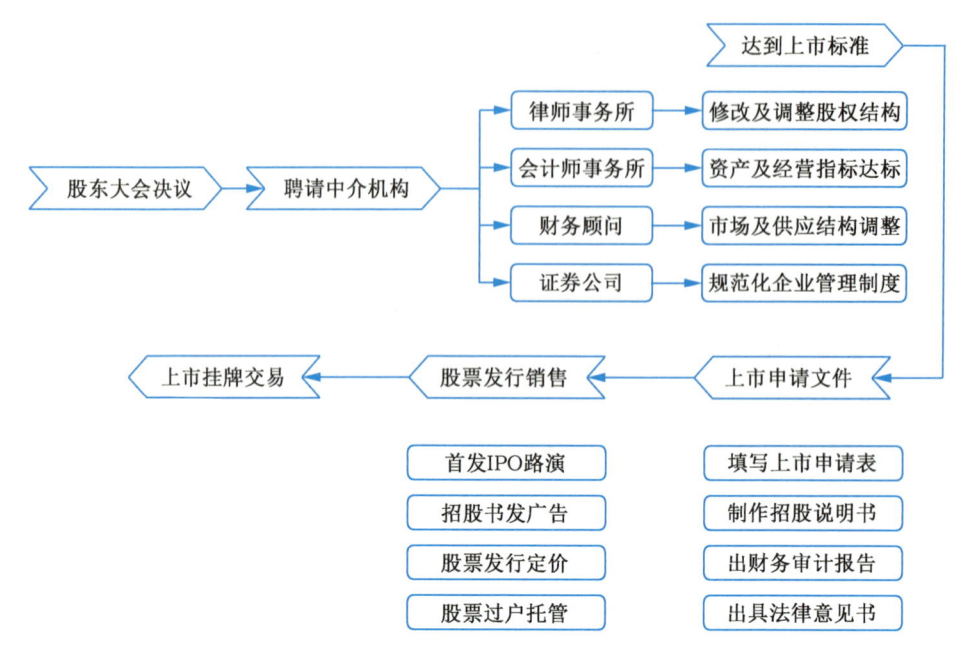

图 8—12　企业上市的操作程序

8.4　产业基金

8.4.1　政府产业基金的概念

1. 基本概念

政府产业基金是指由政府出资,主要投资于非公开交易企业股权的股权投资基金和创业投资基金。政府产业基金的宗旨在于通过政府引导以吸引社会资本广泛参与,带动我国风险资本市场发展,为高新技术企业提供更广泛的资金来源。

我国的政府产业基金相对比较宽泛,不仅包括引导基金、创业投资基金和产业投资基金,也包括少部分支持基础设施和公共服务的基金。其中,创业投资基金的主要目标是支持企业创新、推动产业转型升级。

2. 发展历程

20 世纪 90 年代末以来,我国产业投资基金经历约 20 年的发展历程。总体来看,我国产业投资基金发展可分为三个阶段:第一阶段是 20 世纪 90 年代末至 2008 年国际金融危机发生之前,是我国产业投资基金发展的萌芽期,产业投资基金整体处于探索发展阶段。第二阶段是 2008 年国际金融危机爆发至 2013 年,产业投资基金经历政府引导、市场主导双驱动的平稳发展期。上海、杭州、北京、武汉、广州、西安、天津、深圳等地纷纷成立了政府产业发展引导基金,大多采用市场化的方式进行,取得了较好的投资效益,发挥了产业促进功能。第三阶段是 2014 年至今,是政府主导型产业投资基金高速发展期。

2014 年《私募投资基金管理人登记和基金备案办法(试行)》颁布,2015 年国务院下发《关于发展众创空间推进大众创新创业的指导意见》并设立 400 亿元新兴产业创投引导基金,加上各地急剧扩大的融资、建设及发展需求,产业投资基金成为地方政府履行事权的一种新工具。

产业投资基金的分类和相应业务模式没有统一的标准。按照产业投资基金设置目标差异,大致可分为产业投资母基金、产业投资引导基金、行业性或主题性产业投资基金三种。经过多年实践,我国产业投资基金已发展出有限合伙制和公司制两种重要组织形式。有限合伙制都已成为产业投资基金发展的主导组织形式。从业务模式看,我国产业投资基金主要包括创业基金、政府性产业基金及 PPP(政府和社会资本伙伴关系)基金三种基本模式。

(1)创业基金

创业基金可分为政府主导型创业基金和市场型股权及产业投资基金等,前者主要是践行政府"双创"政策而广泛设立的政府创新创业引导基金,是目前创业基金的主导力量。随着私募投资基金监管改革,与英美国家风险投资基金、私募股权投资基金相类似的中国市场型股权及产业投资基金发展进入高速期,成为创业基金领域中重要的参与者。

(2)政府性产业投资基金

政府性产业投资基金主要是政府主导或参与设立的各类产业发展、转型、升级的投资基金,这里的政府性产业投资基金是一个广义概念,只要有政府出资或提供显性或隐性担保就可称为政府性产业投资基金。

(3)PPP 基金

PPP 基金不仅是传统的股权投资,而且还可能提供债权、担保、咨询及其他专业服务,主要功能是融资支持。

8.4.2　政府产业基金的作用

我国政府产业基金主要用于招商引资,地方成立产业基金后,在对外招商引资时,可以通过股权投资的方式对符合地方产业导向的企业进行投资,以此吸引企业入驻。

1. 杠杆作用

国外产业引导投资基金的引导性主要体现在对私人资本的撬动上,即杠杆效应。在美国信用担保模式中,基于不同的担保方式,中小企业融资可以获得自有资本 2～3 倍杠杆资金。以色列政府产业引导基金规章要求,至少要吸引 60% 的私人资本参与。澳大利亚政府产业引导基金运行中,政府资金与私人资本的比例是 1∶1～1∶2,具体配比通过竞标来决定。澳大利亚甚至通过降低政府出资的收益回报比例来吸引私人资本的参与,比如,在1∶2的政府资金和私人资金的出资中,澳大利亚政府的法定权益为33.3%,但是收益比例可能只约定为10%,剩余部分分配给私人资本股东以及基金管理人。

产业引导基金政府资金的杠杆作用主要体现在三个方面:一是能否积极吸引民间资本参与到产业引导基金之中,成为促进相关产业的重要力量;二是能否最大限度地吸引民间资本、机构投资者、海外资本等参与设立产业投资子基金的建设,直接形成投资资金的杠杆效果;三是所设立子基金能否发挥进一步的杠杆放大作用,将吸引的民间资本引向产业引导基金要发展的产业。通过梳理国外产业引导基金的成功经验,可以发现政府资金杠杆效应的发挥取决于两个方面:一是资本市场等配套设施的完备性;二是产业发展具有较好的研究、技术和产业化基础。因此,为了更好地发挥产业引导基金的引导性和杠杆性,提高基金对产业发展的促进作用,政府还应重视相关的法律框架和软件建设。美、英、以色列、德、日等发达经济体均已建立了较为完备的法律制度框架,夯实了产业投资基金发展的制度基础。同时,美、英、以色列、新加坡等软件建设更为完备,在知识产权保护、研发促进机制、金融市场发展、专业工商服务、专业人才建设等都具有良好的机制。

2. 获利的退出机制

政府产业引导基金的退出机制主要包括:公开上市、出售股权、公司回购、破产清算或到期清算等类型。

从国际经验来看,不同经济体的经济发展情况和金融市场的发达情况决定了其退出方式各有侧重,但总的来看,公开上市和股权转让是最普遍的方式。其中,公开上市是所有产业投资基金退出的首选方式,主要原因在于公开上市可以让初始资本获得极高的投资回报率。但从操作层面看,公开上市难度较大。

目前,国内的产业基金有溢价转让、溢价回购、明股实债等退出方式。

溢价转让是指将政府产业基金投资的股权通过溢价的方式转让给其他投资者后退出。

溢价回购是指要求融资方作出承诺,在投资方要求退出时,融资方用自己的分红利润溢价回购投资者的股权。例如,基金在投资时以每股1元的价格认购融资方增发的股票,融资方承诺,在一定期限内以每股不少于3元的价格回购投资者的股票,保证投资者在此期限内的投资利润。

8.4.3 不同股权投资基金的区别

创业基金可分为政府主导型创业基金和市场型股权投资基金等,创业基金的投向是创业企业的股权,政府主导型注重社会资本引导,不以营利为目的,市场型股权投资基金以营利为目的,投资创业企业,最终为了获利退出,见表8—12。

产业基金是为了吸引社会资本进入区域产业链设置的股权投资基金。其根本目的是借助产业基金引导社会投资。

表 8—12 产业基金分类表

	产业投资基金	市场型股权基金	政府主导型创业基金
概念	产业投资基金是一种对未上市企业进行股权投资和提供经营管理服务的利益共担、风险共担的集合投资制度，即通过向多数投资者发行基金份额设立基金公司，由基金公司自任基金管理人或另行委托基金管理人管理基金资产，委托基金托管人托管基金资产，从事创业投资、企业重组投资和基础设施投资等实业投资	创业投资企业（创业投资基金）是主要从事创业投资的企业组织。创业投资指向创业企业进行股权投资，以期所投资创业企业发育成熟或相对成熟后主要通过股权转让获得资本增值收益的投资方式	创业投资引导基金由政府设立并按市场化方式运作的政策性基金，主要通过扶持创业投资企业发展，引导社会资金进入创业投资领域。引导基金本身不直接从事创业投资业务。建立政府引导基金，让政府作为主体，将原本直接扶持企业和直接创建创投基金的行为，改变为投资到良好投资业绩的投资基金，通过约定产业和政策方向来规范资金的管理，提升政府资金运用效率
组织形式	公司制、合伙制、信托制	公司制、合伙制、信托制	参股创投企业、跟进投资风险补助和投资保障等形式
资金来源	自然人、法人和其他组织。不多于200人的确定投资者	各种合法渠道的资金	财政专项资金；从所支持的创业投资机构所获取的回报；社会捐赠的资金等
投向	未上市企业的股权	创业企业的股权	在国内从事创业投资的创业投资企业、创业投资管理企业、具有投资功能的中小企业服务机构
目的	通过对产业的结构整合或区域经济的协调整合，实现基金的增值收益	向创业企业进行股权投资，利用创业企业的高速发展，待所投资的创业企业发育成熟或相对成熟后通过股权转让等方式退出以获得资本增值收益	扶持各地区域性自主创新企业和创业投资企业，并以自身示范作用带动更多社会资金参与投资到政府扶持的产业
设立条件	符合《产业投资基金管理暂行办法》有关规定，并需报国家发改委批准	符合《公司法》和《合伙企业法》的有关规定	各省市的相关政策
相关法律法规	《产业投资基金管理暂行办法》	《创业投资企业管理暂行办法》和《关于促进创业投资企业发展有关税收政策的通知》	国务院《科技型中小企业创业投资引导基金管理暂行办法》、各省市公布实施的引导基金管理办法
区别	规模大，目的是产业链导向，或推动区域经济，需要国家发改委批准	组织形式灵活，重点投资创业企业，通过上市或兼并购退出	政府的引导基金不以营利为目的，重点是扶持创投企业，引导民间资本投入

📖 **实践案例**

政府主导型创业基金的组建方案

1. 基金要素

(1) 基金规模

如：B省基金(以下称基金或本基金)总规模为50亿元。

(2) 基金存续期

基金存续期为7年，其中投资期为4年(含开发期1年)，管理退出期为3年，7年到期后如仍有项目未退出，经出资方同意后可适当延长。

(3) 基金设立

根据省政府《××省省级产业发展投资引导基金管理办法》精神，省政府出资由X发展(控股)有限责任公司做受托管理人，引入×××集团等装备制造企业，Y资本投资运营有限公司(以下简称"Y")共同发起设立A基金。

(4) 出资来源及出资方式

本基金出资采取承诺制，各出资人按照相关协议约定根据项目进度按比例履行出资义务。基金采用结构化安排，劣后级资金方面，由省财政出资5亿元、Y资金出资2亿~3亿元、装备制造企业出资3亿~5亿元；基金剩余份额作为优先级，通过市场化的方式募集到位。

(5) 基金管理机构

B发展产业引导投资基金管理有限责任公司(以下简称"产业引导管理公司")与其他出资、合资新设的一家基金管理公司作为管理人管理该基金，具体负责基金资产的项目遴选、投资决策、管理、回收、处置等经营活动。

(6) 基金管理费用

基金管理公司将向本基金代收管理费用，原则上每年的管理费用不超过基金实际规模的2%。

(7) 托管银行

本基金资产实行专户管理，原则上在具备财政代理资格的商业银行及基金资产托管资质的银行中选择。

(8) 注册地

基金注册地为F市。

2. 投资策略

(1) 投资对象

基金的投资应符合国家、B省产业政策以及高端装备制造产业发展规划，应当重点投资于国家"十四五"及"中国制造2025"规划下的中大型高端装备及智能制造企业，同时应兼顾处于种子期、初创期与成长期并拥有创新技术与创新商业模式、具有成长潜力的智能制造型企业。

(2)投资领域和比例

基金重点投资于高端装备制造、大数据、物联网、云计算等技术的高端制造或高端制造和智能化相结合的领域。

(3)投资方式

基金将以股权投资、夹层投资、并购投资作为主要的投资方式,资源配置上以中长期战略投资和短期财务投资相结合,并可以通过公开发行上市、换股、出售股权、回购与收购以及上市公司＋PE模式等方式实现退出。

(4)投资决策

基金投资由投资决策委员会负责对基金项目投资与退出事项作出决策。该决策委员会由7名委员组成,其中省经信委提名1名委员,B发展提名2～3名委员,Y与装备企业合计提名2～3名委员、优先级出资方提名1名委员。对项目的投资决策需经委员会全体委员的5/7以上(含5/7)通过方可生效。(可根据实际情况调整投委会的席位设置。)

3. 风险防范

(1)基金运营管理机构应建立、健全基金内部控制体系和防线控制机制,保障基金运行安全,应制定投资管理相关办法制度及实施细则,并报主管机构备案。办法制度及实施细则中应当明确基金投资方式、投资期限、投资范围、投后管理、风控标准、投资决策议事规则、具体薪酬激励约束机制等。

(2)基金不得投资不符合国家和省产业政策、产业发展规划的项目,不得实施任何形式的对外借款(可转股债权投资或夹层投资除外),不得直接通过二级市场买卖挂牌交易的股票(上市公司非公开发行及以并购重组为目的的除外),不得投资于远期、期货、期权、掉期等金融衍生品,不得从事商业性房地产投资,不得发放贷款、资金拆借、对外担保、赞助和捐赠,以及国家法律法规禁止从事的其他业务。

(3)基金应遵循分散配置原则,控制单个项目投资规模,对单个项目的单笔或累计出资金额不超过基金总规模的20%。对单一标的企业投资总额原则上不能成为控股股东。

(4)基金进行股权投资之前尚未使用的资金和所投项目推出后未进行分配之前的资金构成的闲置资金可用于但也仅限用于投资低风险、流动性强的投资产品,包括但不限于银行存款、政府债券及法律、法规和基金章程允许投资的其他固定收益类产品等。

(5)基金运营管理机构选择符合条件的商业银行对基金投金专户进行托管。托管银行依据依托协议约定负责账户管理、资产保管、监督管理、资金清算、会计核算等日常业务,对投资活动实施动态监管。托管银行应于会计年度结束后1个月内向运营管理机构报送上年度资金托管报告。托管银行发现基金异动应及时报告。

(6)基金运营管理机构应在项目投资实施或退出后(被投资企业工商变更完成)60日内,将相关资料报基金公司备案,并应于每季度向基金各股东提交《基金运行报告》,

此外,于会计年度结束 4 个月内,向基金各股东提交《基金年度会计报告》和《基金年度执行情况报告》。接受相关部门和基金的监督管理。

4. 收益分配方案

基金的分配和清算,将对所有成本、费用、税金扣除后的剩余收益,按以下顺序进行分配(第一项为最优先分配,其后按顺序次之):

(1)优先级有限合伙人本金及年化基础收益。

(2)劣后级有限合伙人本金及年化基础收益(如有)。

(3)经前述三项分配后仍有剩余的,则为超额收益。管理公司收取超额收益的20%作为业绩奖励,剩余80%的超额收益分配比例可由优先级、劣后级合伙人另行约定。

5. 基金管理有限公司

(1)股权结构

基金管理有限公司拟采用公司制方式设立,作为基金的普通合伙人参与基金,并受托管理该基金。发展国投初始注册资本为 5 000 万元,其中产业引导管理公司 B、投资公司 Y、装备企业共同出资,持股比例视各方出资额进行具体安排。

(2)治理结构

①董事会

公司设董事会,成员 5 人,由各方根据协商出资比例委派,董事长由产业引导管理公司提名。

②监事

公司不设监事会,设监事 1 名。

③经营管理层

发展国投设总经理 1 名、副总经理若干名,由股东委派和市场招聘人员组成。

④公司人员

成立初期,投资团队由产业引导管理公司和投派人组成,以后因工作需要,可在社会上公开招聘。

(3)注册地

管理公司的注册地由股东协商确定。

(4)管理模式

公司采用"中后台统一,前台独立"的模式对基金进行管理。"中后台统一"指基金的风险控制、财务管理、人员管理等均有产业引导管理公司的中后台统一管理协调,基金不再单设中后台部门。经其他股东协商一致,Y 可委派财务人员 1 名,负责基金财务。

"前台独立"指根据基金实际,基金有相应的前台投资团队,有独立投资决策委员会,独立选择项目以及独立决策投资和退出。

第九章

项目管理知识新框架

本章导读

传统的管理是指协同他人共同完成目标的活动,包括计划、组织、协调、控制等功能。项目是一次性的活动,是在明确的目标下,有组织地优化现有资源完成目标的活动,有起始时间和结束时间。项目管理就是应用相关的方法、工具、技术和能力去管理项目的活动。项目管理的新知识、新框架为现代项目管理提供了新的知识范式。本章将系统地介绍项目管理的新知识框架。

学习目标

1. 熟练掌握项目管理的知识新框架,重点把握项目管理的12项原则。
2. 了解项目管理的绩效域、裁剪、模型、方法及工件等知识点。

本章主要知识点

1. 项目管理的十二项原则
2. 价值交付系统的五个方面
3. 项目内部环境的四类软件资产
4. 规划绩效域的六个要素
5. 绩效域的八个方面
6. 裁剪包括哪些过程

本章内容主要来源于项目管理标准和《项目管理知识体系指南》(简称《PMBOK®指南》)第七版,第七版与第六版的内容有很大的改变。第七版的管理知识框架主要包括五个部分,包括价值交付系统、项目管理的12项原则、项目绩效域、裁剪、模型与方法及工件。"以夷制夷",我国在项目管理方面的知识也有很长的历史积累,通过了解国外的项目管理知识体系,结合我国项目管理的实际需要,让更多的实践者能够创造出符合我国国情的项目管理知识体系。

9.1 价值交付系统

价值交付系统是建立、维持和/或使组织得到发展的一系列战略业务活动,通过成果、收益和价值的绩效的有效管理来满意客户要求,包括"创造价值、组织治理系统、与项目有关的职能、项目环境及产品管理考虑因素"五个部分,见图 9-1。创造价值主要描述了项目如何在系统内运作,从而为组织及其干系人创造价值;组织治理系统主要描述了治理如何支持价值交付系统;与项目有关的职能明确了支持项目的职能;项目环境明确了影响项目和价值交付的内部和外部因素;产品管理考虑因素明确了项目组合、项目集、项目和产品之间的关联方式。

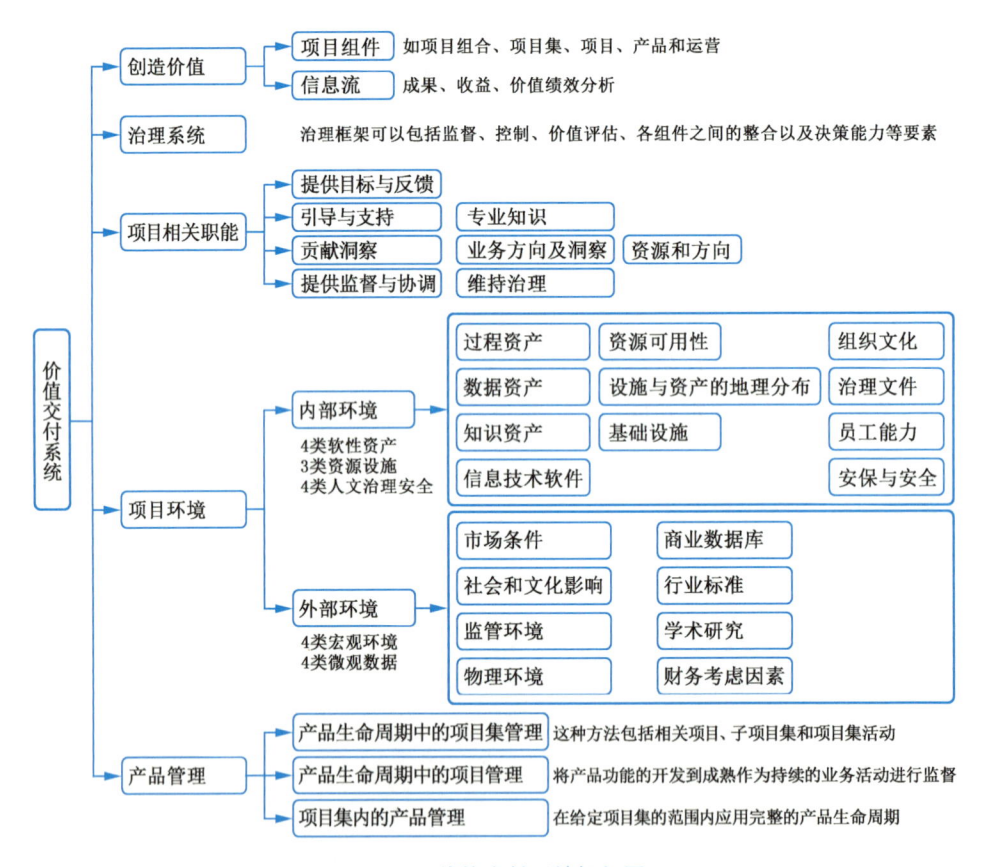

图 9-1 价值交付系统框架图

9.1.1 创造价值

1. 项目组件

从系统思维的角度,项目的组件包括项目组合、项目集、项目、产品和运营,项目管理的目标是创造价值,项目系统可以包含不同的项目组件。任何项目或项目集都可能会包括产品,运营可以直接支持和影响项目组合、项目集和项目,以及其他业务职能,如工资支付、供应链管理等。项目组合、项目集和项目会相互影响,也会影响运营,见图 9—2。

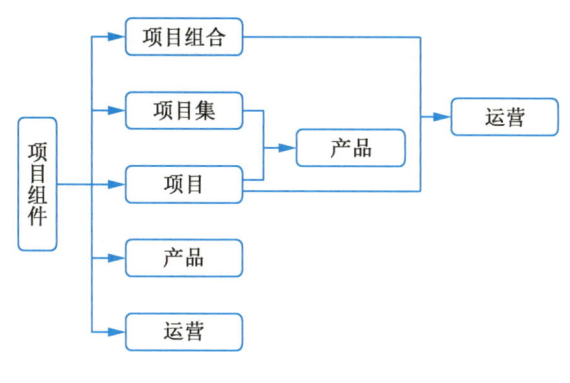

图 9—2 项目组件结构图

2. 信息流

当信息和反馈在所有组件之间以一致的方式共享时,价值交付系统最为有效,使系统与战略保持一致。

信息流包括层级及关注点的不同,从图 9—3 中可以看出,高层领导到运营是自上而下的信息流(传递),高层领导贯彻到项目组合的信息是战略,项目组合传递到项目集与项目的是期望成果、收益和价值(结果导向),项目集与项目传递到运营的是包含支持和维护信息的可交付物(交付物成果导向)。

运营到高层领导是自下而上的信息流(反馈),运营反馈到项目集与项目的信息是针对更新、修复和调整的信息,项目集与项目反馈到项目组合的信息是绩效信息和进展,项目组合反馈到高层领导的信息是项目组合绩效信息,运营直接反馈到高层领导的信息是成果、收益、价值绩效的分析,见图 9—3。

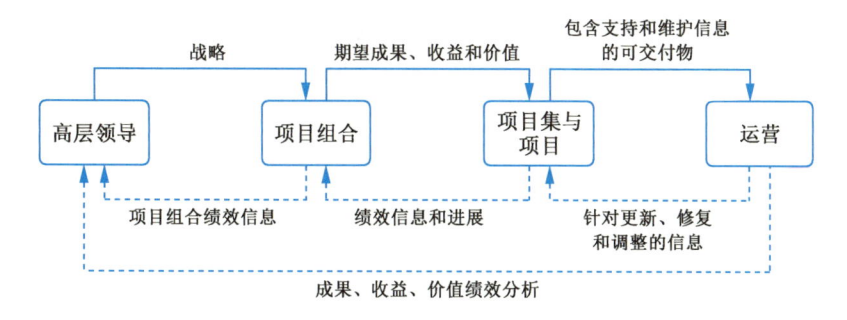

图 9—3 成果、收益、价值绩效分析

9.1.2 治理系统

治理系统与价值交付系统协同运作,可实现流畅的工作流程、管理问题并支持决策。治理系统提供了一个框架,其中包含指导活动的职能和流程。治理框架可以包括监督、控制、价值评估、各组件之间的整合以及决策能力等要素。

治理系统提供了一个整合结构,用于评估与环境和价值交付系统的任何组件相关的变更、问题和风险。这些组件包括项目组合目标、项目集收益和项目生成的可交付物。

项目可以在一个项目集或项目组合内运作,也可以作为一个独立的活动进行。在一些组织中,项目管理办公室可能会为项目组合内的项目集和项目提供支持。项目治理包括定义用于批准变更和做出与项目相关的其他业务决策的职权。项目治理与项目集和/或组织治理保持一致。

9.1.3 项目相关职能

第七版书中提出了8个与项目相关的职能,经典管理理论定义管理有4个主要职能,即计划、组织、领导和控制。在本章节内,事实上将这四项职能展开了,并融入了项目管理岗位的职责。

1. 计划职能(提出目标和反馈)

具有此职能的人员提供客户和最终用户的观点、见解和清晰指导。客户和最终用户并非总是同义词。

本标准对客户的定义是:提出项目申请或提供项目资金的个人或群体。最终用户是将直接使用项目可交付物的个人或群体。

项目目标主要基于客户和最终用户就项目需求、成果和期望作出的明确指导。在适应型和混合型项目环境中,项目更需要获得持续反馈,因为项目团队正在探索和开发特定增量中的产品要素。在某些项目环境中,客户或最终用户会参与到项目团队,以便进行定期审查和反馈。在某些项目中,客户代表会加入项目团队的工作。

2. 组织职能(引导和支持)

类似于人事部门的工作,引导和支持需要鼓励项目团队成员参与、协作以及对工作输出的共同责任感。引导这一职能有助于项目团队就解决方案达成共识,解决冲突并做出决策。项目团队还需要通过引导这一职能来协调会议并以公正的方式推动实现项目目标。项目团队还需要通过变革为员工提供支持,并帮助他们克服阻止成功的障碍。这可以包括评估绩效并向个人和项目团队提供反馈,以帮助他们学习、适应和改进。

3. 组织职能(运用专业知识)

类似于专家型人员,在某个行业或专业领域能够提供与项目特定主题相关的知识、愿景和专业知识。他们会在整个组织内提供建议和支持,并为项目团队的学习过程和工作准确性做出贡献。这些人员可以是组织外部人员,也可以是内部项目团队成员。

4. 领导职能(开展工作并贡献洞察)

类似于项目管理者的概念技能(判断能力,表达观点),行业经验充分,需要他们能提供生产产品和实现项目成果所需的知识、技能和经验,他们可以在项目持续期间或有限时间内以全职或兼职方式开展工作。项目团队可以集中办公或者以虚拟方式工作,具体取决于环境因素。

5. 领导职能(业务方向与洞察)

类似于高层管理者,具有此职能的人员会指导并澄清项目方向或产品成果。它涉及根据商业价值、依赖关系以及技术或运营风险来确定需求或待办事项的优先级。具有此职能的人员向项目团队提供反馈,并为要开发或交付的下一个增量或要素设定方向。此职能涉及与其他干系人、客户及其项目团队互动,以定义产品方向。其目标是使项目可交付物的价值最大化。

6. 领导职能(提供资源和方向)

具有此职能的人员会推动项目的开展,并与项目团队和更广泛的干系人群体沟通组织的愿景、子目标和期望。他们是项目和项目团队的倡导者,可帮助获得项目活动得以推进所需的决策、资源和职权。

这些人员充当高级管理层和项目团队之间的联络人,在使项目与商业目标保持一致方面发挥支持作用,消除障碍并解决项目团队决策权范围之外的问题。具有此职能的人员为项目团队无法自行解决或管理的问题或风险(例如,资金或其他资源短缺或无法满足的截止日期)提供上报路径。

7. 控制职能(提供监督和协调)

类似于办公室的协调人员,具有此职能的人员通常通过精心安排项目工作,帮助项目团队实现项目目标。在项目团队内如何履行,这一职能的具体情况可能因组织而异,但都可能包括领导规划、监督和控制活动。一些组织中,在项目前期,这一职能可能涉及一些评估和分析活动。此职能包括监督和开展工作,以改善项目团队成员的健康、安全和整体福祉。

协调包括咨询管理层和业务单元领导的想法,以推进目标的实现、提高项目绩效或满足客户需要,它还可以包括协助进行商业分析、招标和合同谈判以及商业论证开发。

项目可交付物最终确定后,在项目正式结束之前,监督可以参与有关收益实现和维持的后继活动。

8. 维持治理

类似于督办人员,履行治理职能的人员会批准并支持项目团队提出的建议,以及监督项目在实现预期成果方面的进展。他们会维持项目团队与战略或商业目标之间的联系,而这些目标在项目过程中可能会发生变化。

9.1.4 项目环境

项目环境包括内部环境和外部环境。

1. 内部环境

内部环境包括11类要素,其中,4类要素是有关于软件资产的,3类要素是有关于硬件设施的,4类要素是有关于人文治理安全的。

4类软件资产的要素包括:数字资产、知识资产、过程资产和信息技术软件。其中,过程资产是指项目实施过程需要用到的类似工具、方法论、方法、模板、框架、模式或PMO资源等。

3类硬件设施包括:设施和资源的地理分布、基础设施和资源可用性。其中,基础设施包括现有设施、设备、组织和电信通道、信息技术硬件、可用性和功能;资源可用性是指包括签订合同和采购制约因素、获得批准的供应商和分包商以及合作协议,与人员和材料相关的可用性包括签订合同和采购制约因素、获得批准的供应商和分包商以及时间线。

4类人文治理安全的要素包括:员工能力、组织文化、治理文件以及安保和安全。其中,组织文化包括组织的愿景、使命、价值观、信念、文化规范、领导力风格、等级制度和职权关系、组织风格、道德和行为规范;治理文件包括政策和流程;安保和安全措施可能包括针对设施访问、数据保护、保密级别和专有秘密的程序和实践。

2. 外部环境

组织的外部因素主要包括4类宏观因素和4类微观因素。

(1) 4类宏观因素

①市场条件。市场状况包括竞争对手、市场份额、品牌认知度、技术趋势和商标。

②社会和文化影响与问题。这些因素包括政治气候、地域风俗和传统、公共假日和事件、行为规范、道德和观念。

③监管环境。监管环境可能包括与安全性、数据保护、商业行为、雇佣、许可和采购相关的全国性和地区性法律与法规。

④物理环境。物理环境与工作条件和天气有关。

(2) 4类微观因素

①商业数据库。数据库包括标准化的成本估算数据和行业风险研究信息。

②学术研究。此研究可包括行业研究、出版物和标杆对照结果。

③行业标准。这些标准与产品、生产、环境、质量和工艺有关。

④财务考虑因素。这些考虑因素包括汇率、利率、通货膨胀、税收和关税。

9.1.5 产品管理考虑的因素

产品是指可以量化的生产出的工件,既可以是最终制品,也可以是组件制品。产品管理涉及将人员、数据、过程和业务系统整合,以便在整个产品生命周期中创建、维护和开发产品或服务。产品生命周期是指一个产品从引入、成长、成熟到衰退的整个演变过程的一系列阶段。

初始产品开始时可以是项目集或项目的可交付物。在整个生命周期中,新的项目集或项目可能会增加或改进为客户和发起组织创造额外价值的特定组件、属性或功能。在某些情况下,项目集可以涵盖产品或服务的整个生命周期,以便更直接地管理收益并为组织创造价值。

产品管理考虑的因素,主要是贯穿于项目全生命周期的管理,从项目集角度、项目角度和产品角度三个不同角度考虑产品管理的一系列问题。

9.2 项目管理的 12 项原则

《PMI 道德与专业行为规范》确定了项目管理界最重要的 4 项价值观的基础:责任;尊重;公平;诚实。

第七版的项目管理知识体系给出了 12 项原则。包括:
(1)成为勤勉、尊重和关心他人的管家;
(2)营造协作的项目团队环境;
(3)有效的干系人参与;
(4)聚焦于价值;
(5)识别、评估和响应系统交互;
(6)展现领导力行为;
(7)根据环境进行裁剪;
(8)将质量融入过程和可交付物中;
(9)驾驭复杂性;
(10)优化风险应对;
(11)拥抱适应性和韧性;
(12)为实现预期的未来状态而驱动变革。

这 12 项原则本质上是 12 个关键词,以及围绕 12 个关键词需要掌握的项目管理的关键知识点。

9.2.1 成为勤勉、尊重和关心他人的管家

管家,对于委托方来说,是一个尽职尽忠的词,需要体现正直、关心、可信、合规 4 项基本的职责。

管家也是一个服务词汇,对外,要处理好四个方面的问题,包括:环境及资源的使用;处理好外部干系人的关系;处理好项目所在地区的影响;提升专业化行业水平。对内,管家要让全体成员与目标、愿景、价值观等保持一致;让所以团队成员在机会、薪酬

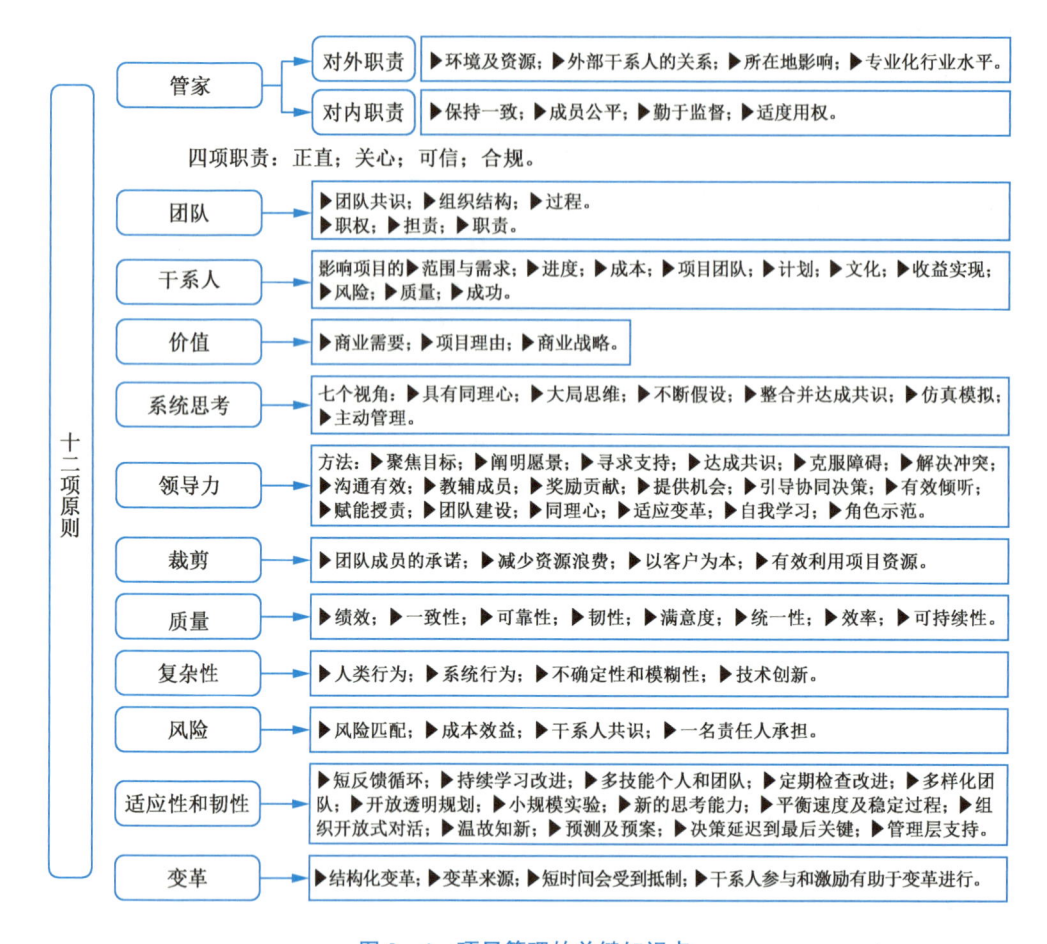

```
            ┌─ 对外职责 ─ ▶环境及资源；▶外部干系人的关系；▶所在地影响；▶专业化行业水平。
      管家 ─┤
            └─ 对内职责 ─ ▶保持一致；▶成员公平；▶勤于监督；▶适度用权。
            四项职责：正直；关心；可信；合规。

      团队 ── ▶团队共识；▶组织结构；▶过程。
              ▶职权；▶担责；▶职责。

      干系人 ── 影响项目的▶范围与需求；▶进度；▶成本；▶项目团队；▶计划；▶文化；▶收益实现；
                ▶风险；▶质量；▶成功。

      价值 ── ▶商业需要；▶项目理由；▶商业战略。

      系统思考 ── 七个视角：▶具有同理心；▶大局思维；▶不断假设；▶整合并达成共识；▶仿真模拟；
                  ▶主动管理。

十二
项原    领导力 ── 方法：▶聚焦目标；▶阐明愿景；▶寻求支持；▶达成共识；▶克服障碍；▶解决冲突；
则              ▶沟通有效；▶教辅合作；▶奖励贡献；▶提供机会；▶引导协同决策；▶有效倾听；
                ▶赋能授责；▶团队建设；▶同理心；▶适应变革；▶自我学习；▶角色示范。

      裁剪 ── ▶团队成员的承诺；▶减少资源浪费；▶以客户为本；▶有效利用项目资源。

      质量 ── ▶绩效；▶一致性；▶可靠性；▶韧性；▶满意度；▶统一性；▶效率；▶可持续性。

      复杂性 ── ▶人类行为；▶系统行为；▶不确定性和模糊性；▶技术创新。

      风险 ── ▶风险匹配；▶成本效益；▶干系人共识；▶一名责任人承担。

      适应性和韧性 ── ▶短反馈循环；▶持续学习改进；▶多技能个人和团队；▶定期检查改进；▶多样化团
                      队；▶开放透明规划；▶小规模实验；▶新的思考能力；▶平衡速度及稳定过程；▶组
                      织开放式对话；▶温故知新；▶预测及预案；▶决策延迟到最后关键；▶管理层支持。

      变革 ── ▶结构化变革；▶变革来源；▶短时间会受到抵制；▶干系人参与和激励有助于变革进行。
```

图 9—4　项目管理的关键知识点

方面得到公平对待；勤于监督项目中使用的组织资金、材料和其他资源；了解职权、担责和职责的运用是否适当（特别是身居领导岗位时）。

9.2.2　营造协作的项目团队环境

营造协作的项目团队环境涉及多个促成因素，例如团队共识、组织结构和过程。这些因素支持一种使个人能够共同工作并通过互动产生协同效应的文化。

1. 团队共识

团队共识是一套行为限制和工作规范，由项目团队制定，并通过个人和项目团队的承诺予以维护。

2. 组织结构

项目团队会使用、裁剪和实施有助于协调与项目工作相关的个人工作的结构。组织结构是指项目工作要素和组织过程之间的任何安排或关系。

包括但不限于：确定角色和职责；将员工和供应商分配到项目团队；有特定目标任

务的正式委员会；定期评审特定主题的站会（每日例会）。

3. 过程

项目团队会定义能够完成任务和所分配工作的过程。例如，项目团队可能会使用工作分解结构（WBS）、待办事项列表或任务板对某一分解过程表示同意。

在项目团队中，特定任务可以被委派给个人，也可以由项目团队成员自行选择，包括：职权，是指在特定背景下有权做出相关决策、制定或改进程序、应用项目资源、支出资金或给予批准的情形，职权是被从一个实体授予（无论是明示授予还是默示授予）另一个实体；担责，是指对成果负责的情形，担责不能由他人分担；职责，有义务开展或完成某件事的情形，职责可与他人共同履行。

9.2.3 有效的干系人参与

干系人会影响项目、绩效和成果。项目团队通过争取其他干系人参与为他们服务。干系人参与积极推动价值交付。

干系人可以影响项目的许多方面，包括但不限于：

(1) 范围/需求——通过表明需要增加、调整或删除范围和/或项目需求的要素。

(2) 进度——通过提出加快交付的想法，或者放慢或停止交付关键项目活动。

(3) 成本——通过帮助减少或取消计划支出，或者增加会提高成本或需要额外资源的步骤、需求或限制。

(4) 项目团队——通过限制或允许接触具备交付预期成果所需技能、知识和经验并可推动学习型文化的人员。

(5) 计划——通过为计划提供信息，或倡导对商定的活动和工作作出变更。

(6) 成果——通过开展或阻止实现为期望成果所需的工作。

(7) 文化——通过建立或影响甚至定义项目团队和更广泛组织参与的程度和特点。

(8) 收益实现——通过制定和确定长期目标，从而使项目交付预期的确定价值。

(9) 风险——通过界定项目的风险临界值，并参与后续的风险管理活动。

(10) 质量——通过识别和要求提供质量需求。

(11) 成功——通过定义成功因素并参与对成功的评估。

9.2.4 聚焦于价值

价值（包括从客户或最终用户的角度看的成果）是项目的最终成功指标和驱动因素。价值聚焦于可交付物的成果。项目的价值可以表示为对发起组织或接收组织的财务贡献。价值也可以是对所取得的公共利益的测量，例如，社会收益或客户从项目结果中所感知到的收益。当项目是项目集的组件时，项目对项目集成果的贡献可以表示为价值。

许多项目（尽管不是所有项目）都是基于商业论证而启动。也可能由于任何确定的交付需要,或者修改流程、产品或服务(如合同、工作说明书或其他文件)的需要而启动项目。在所有情况下,项目的目的就是提供预期成果,该成果通过有价值的解决方案满足需要。商业论证可以包含有关战略一致性、风险敞口评估、经济可行性研究、投资回报率、预期关键绩效测量、评估和替代方法的信息。商业论证可以从定性或定量的方面或者同时从这两个方面来说明项目成果的预期价值贡献。

商业论证至少包含以下支持性和相互关联的要素:

(1)商业需要。商业为项目提供理由,并解释为什么开展该项目。它源于初步的业务需求,这些需求反映在项目章程或其他授权文件中。商业需要提供了有关商业目的和目标的详细信息,它可能针对执行组织、客户组织、组织的合伙方或公共福利。明确说明商业需要有助于项目团队了解未来状态的商业驱动因素,并使项目团队能够识别机会或问题,从而提高项目成果的潜在价值。

(2)项目理由。项目理由与商业需要相关。它解释了为什么商业需要值得投资以及为什么在此时应该满足商业需要。项目理由会附有成本效益分析和假设条件。

(3)商业战略。商业战略是开展项目的原因,所有需要都与实现价值的战略相关。

9.2.5 识别、评估和响应系统交互

这一原则的关键词是系统思考。系统思考适用于项目团队如何看待自身及其在项目系统内的互动。

1. 系统的视角

重要的系统视角包括:对商业领域具有同理心;关注大局的批判性思维;挑战假设与思维模式;寻求外部审查和建议;使用整合的方法、工件和实践,以便对项目工作、可交付物和成果达成共识;使用建模和情景来设想系统动力如何互动和反应;主动管理整合,以帮助实现商业成果。

2. 识别、评估和响应系统交互可带来以下积极成果

及早考虑项目中的不确定性和风险,探索替代方案并考虑意外后果;在整个项目生命周期内,调整假设和计划的能力;持续提供信息和洞察,以说明规划和交付情况;向有关干系人清晰沟通计划、进展和预测;使项目目的、目标与客户组织的目的、目标和愿景保持一致;对项目可交付物的最终用户、发起人或客户,能够适应他们不断变化的需要;能够看到协调一致的项目或举措之间的协同作用和带来的节约;能够利用未获取的机会,或者看到其他项目或举措面临或构成的威胁;对最佳项目绩效测量及其对项目参与人员行为的影响作出澄清;使整个组织受益的决策;更全面、更明智地识别风险。

9.2.6 展现领导力行为

项目对有效领导力有独特的需要。有别于通用业务运营(角色和职责通常已经确定并保持一致),项目通常涉及多个组织、部门、职能或供应商,他们会不定期互动。此

外,项目的利害关系和期望可能高于常规的运营职能。因此,更广泛的经理、高管、资深贡献者和其他干系人会试图影响项目,这往往会造成更大程度的困惑和冲突。因此,与大多数项目相比,高绩效项目会有更多的人,更频繁地表现出有效的领导力行为。

优先考虑愿景、创造力、激励、热情、鼓励和同理心的项目环境可以支持更好的成果,这些特质往往与领导力有关。领导力包括对项目团队内外的个人施加影响以便实现预期成果的态度、才能、性格和行为。

提升领导力智慧的具体方法包括但不限于:让项目团队聚焦于商定的目标;阐明项目成果的激励性愿景;为项目寻求资源和支持;就最好的前进方式达成共识;克服项目进展的障碍;协商并解决项目团队内部以及项目团队与其他干系人之间的冲突;调整沟通风格和消息传递方式,使之与受众相关;教练和辅导项目团队成员;欣赏并奖励积极行为和贡献;为技能增长和发展提供机会;引导协同决策;运用有效对话和积极倾听;向项目团队成员赋能并向他们授予职责;建立勇于担责、有凝聚力的项目团队;对项目团队和干系人的观点表现出同理心;对自己的偏见和行为有自我意识;在项目生命周期内管理和适应变革;通过承认错误,促进快速失败/快速学习的思维方式;就期望的行为进行角色示范。

9.2.7 根据环境进行裁剪

项目团队应该对项目方法进行裁剪,以适应项目及其环境的独特特征,这有助于提高项目的绩效水平、增加项目成功的概率。

1. 裁剪的方法

经过裁剪的项目方法可以为组织产生直接和间接的收益,例如:项目团队成员会做出更深入的承诺,因为他们参与了方法的定义;行动或资源方面的浪费会有所减少;以客户为本(因为客户和其他干系人的需要是项目裁剪的重要影响因素);项目资源得到更有效的利用,因为项目团队意识到各个项目过程的权重。

2. 裁剪项目可以带来以下积极成果

提高创新、效率和生产力;吸取经验和教训,以便可以分享特定交付方法的改进之处,并将它们应用于下一轮工作或未来的项目;采用新的实践、方法和工件,组织的方法论得到进一步改进;通过实验发现改进的成果、过程或方法;在具有多个专业背景的项目团队内,用于交付项目结果的方法和实践得到有效整合;从长远来看组织的适应性有所增强。

对方法进行裁剪具有迭代性,因此,在项目生命周期中它是一个持续的过程。项目团队需要收集所有干系人的反馈,了解在项目进展过程中各种方法和经裁剪的过程对他们有何效果,以评估这些方法和过程的有效性,并给组织增加价值。

9.2.8 将质量融入过程和可交付物中

质量是产品、服务或结果的一系列内在特征满足需求的程度。质量包括满足客户陈述或隐含需求的能力。对项目的产品、服务或结果(此处称为"可交付物")进行测量,以确定是否符合验收标准并适合使用的质量。

质量可以从不同的维度来测量:

(1)绩效。可交付物的功能是否符合项目团队和其他干系人的预期?

(2)一致性。可交付物是否适合使用,是否符合规格?

(3)可靠性。可交付物在每次执行或生成时是否会产生一致的度量指标?

(4)韧性。可交付物是否能够应对意外故障并快速恢复?

(5)满意度。可交付物是否会获得最终用户的积极反馈?这包括可用性和用户体验。

(6)统一性。与相同方式生成的其他可交付物相比,可交付物是否具有相同性?

(7)效率。可交付物是否能以最少的输入和人力投入产生最大的输出?

(8)可持续性。可交付物是否会对经济、社会和环境参数产生积极影响?

无论是处理一系列预先明确定义的需求,还是一系列逐步详细制定、以增量方式交付的需求,质量活动、质量管理过程和实践有助于生成可交付物和成果,它们达到项目目标,且符合组织和相关干系人所表达的期望、用途和验收标准。密切关注项目过程和可交付物的质量会产生积极成果,包括:项目可交付物符合验收标准所定义的目的;项目可交付物达到干系人期望和商业目标;项目可交付物缺陷最少或无缺陷;交付及时或有所加快;强化成本控制;提高产品交付质量;减少返工和报废;减少客户投诉;良好供应链整合;提高生产力;提高项目团队的士气和满意度;强健的服务交付;改进决策;持续改进过程。

9.2.9 驾驭复杂性

项目是由相互作用的要素组成的系统。复杂性是由于人类行为、系统行为和模糊性而难以管理的项目或其环境的特征。交互的性质和数量决定了项目的复杂程度。复杂性源于项目要素与项目要素之间的交互以及与其他系统和项目环境的交互。虽然复杂性无法控制,但项目团队可以对其活动作出调整,以应对复杂性造成的影响。

1. 人类行为

有人的地方就有江湖。人类行为是人的行为、举止、态度和经验的相互作用。主观因素(例如与项目目的和目标相冲突的个人议程)的引入也可能会使人类行为的复杂性加深。客观因素包括不同地区的民俗、语言等文化。

2. 系统行为

系统行为是项目要素内部和项目要素之间动态相互依赖的结果。例如,不同技术系统的集成可能会导致威胁,从而影响项目的成果和成功。项目系统各组件之间的交互可能导致相互关联的风险,造成新出现或不可预见的问题,并产生不清晰和不相称的因果关系。

3. 不确定性和模糊性

模糊性是一种不清晰、不知道会发生什么情况或如何理解某种情况的状态。

不确定性是指缺乏对问题、事件、要遵循的路径或要追求的解决方案的理解和认识。它涉及替代行动、反应和成果的概率，其中包括未知的未知和黑天鹅事件，它们是完全超出了现有的知识或经验的新兴因素。

4. 技术创新

技术创新可能导致产品、服务、工作方式、流程、工具、技术、程序等的颠覆。台式电脑和社交媒体的出现是技术创新的范例，它们从根本上改变了项目工作的执行方式。新技术及其使用方式存在的不确定性会增加复杂性。创新有可能有助于项目产生解决方案，但若与其有关的不确定性未得到确定，则可能会导致项目混乱，从而使复杂性增加。

9.2.10 优化风险应对

风险是一旦发生即可能对一个或多个目标产生积极或消极影响的不确定事件或条件。已识别的风险可能会也可能不会在项目中发生。在整个生命周期内，项目团队应努力识别和评估项目内部和外部的已知和新出现的风险。

风险可能是积极的（机会），也可能是消极的（威胁）。项目团队会在整个项目进行期间不断应对各种风险。

组织的风险态度、偏好和临界值会影响风险的应对方式。风险应对措施应该符合以下要求：

(1) 与风险的重要性相匹配；
(2) 具有成本效益；
(3) 在项目环境中切合实际；
(4) 相关干系人达成共识；
(5) 由一名责任人承担。

9.2.11 拥抱适应性和韧性

大多数项目在某个阶段都会遇到挑战或障碍。如果项目团队开展项目的方法同时具备适应性和韧性，则有助于项目适应各种影响并蓬勃发展。适应性是指应对不断变化的情形的能力。韧性由两个具有互补性的特质组成：吸收冲击的能力和从挫折或失败中快速恢复的能力。适应性和韧性是任何开展项目的人员应具备的有益特征。

该从整体的角度做到适应性，例如应采用适当的变更控制过程，以避免诸如范围蔓延等问题。在项目环境中，支持适应性和韧性的能力包括：

(1) 较短的反馈循环，以便快速适应；
(2) 持续学习和改进；
(3) 拥有宽泛技能组合的项目团队，同时还有在每个所需技能领域具有广博知识的个人；
(4) 定期检查和调整项目工作，以识别改进机会；

(5)多样化的项目团队,以获得广泛的经验;
(6)开放和透明的规划,让内部和外部干系人参与;
(7)小规模的原型法和实验,以测试想法和尝试新方法;
(8)充分运用新的思考方式和工作方式的能力;
(9)平衡工作速度和需求稳定性的过程设计;
(10)组织的开放式对话;
(11)具有宽泛的技能组合、文化和经验的多样性项目团队,同时还有各个所需技能领域的主题专家;
(12)对过去相同或类似工作中所获学习成果的理解力预测多种潜在情景,并为多种可能的情况做好准备的能力和意愿;
(13)将决策推迟到最后责任时刻;
(14)管理层支持;
(15)平衡速度和稳定性的开放式设计,预期的成果而非可交付物能够促成解决方案,进而可利用比原始计划更好的结果。

9.2.12 为实现预期的未来状态而驱动变革

在当今的商业环境中保持相关性是所有组织面临的根本挑战。要做到具有相关性,必须对干系人的需要服务,对变革作出快速响应,并担当变革推动者。

项目经理应具备独特的能力,让组织做好变革的准备。根据项目本身的定义,项目会创造新的事物:它们是变革推动者。

变革管理或使能(enablement)是一种综合的、周期性的和结构化的方法,可使个人、群体和组织从当前状态过渡到实现期望收益的未来状态。它不同于项目变更控制,后者是一个过程,通过该过程,项目团队可以识别和记录项目的文件、可交付物或基准的修改,然后批准或拒绝这些修改。

变革可能由干系人实施并对其产生影响。推动干系人变革是促进项目提供所需可交付物和预期在组织中推动变革可能充满挑战,这有多种原因,比如有些人可能天生就抵制变革或厌恶风险,又如所处环境可能表现出保守的文化。有效的变革管理采用激励型策略,而不是强制型策略。参与和双向沟通可营造出这样的一种环境,即变革会得到采用和接受,或者从抵制变革的用户那里识别出一些需要解决的有效问题。

9.3 项目绩效域

绩效域是一组对有效交付项目成果至关重要的相关活动。项目绩效域是相互作用、相互关联、相互依赖的焦点领域,它们可以协调一致地实现预期的项目成果。总共有8个项目绩效域:干系人;团队;开发方法和生命周期;规划;项目工作;交付;测量;

不确定性。

这些绩效域共同构成了一个统一的整体。这样,绩效域就可以作为一个整合系统运作,每个绩效域都与其他绩效域相互依赖,从而促使成功交付项目及其预期成果。

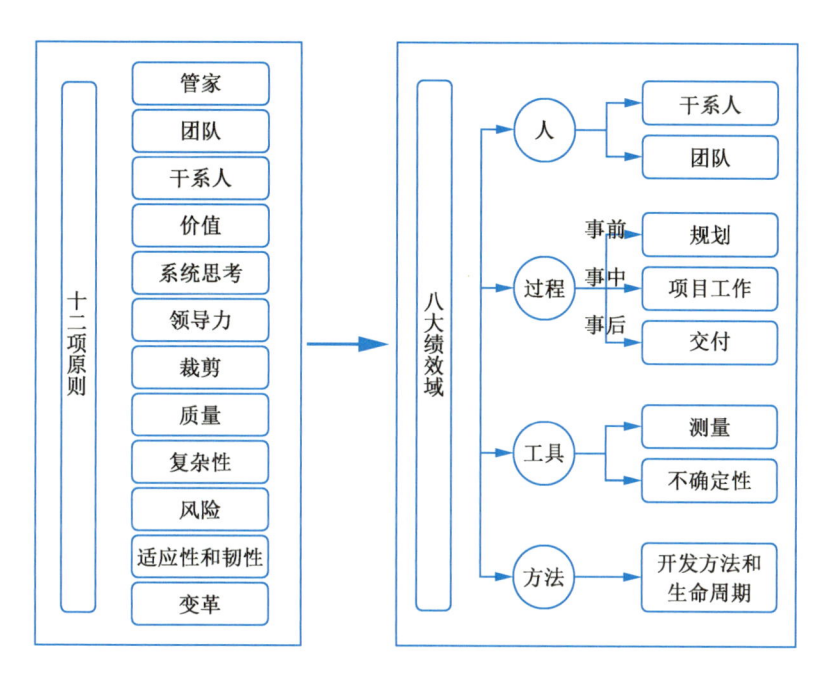

图 9-5 项目管理的八大绩效域

绩效域类似于结果导向,需要管理者时刻关注到阶段性成果的要素。从图 9-5 中可以看出,12 项原则是用于指导八大绩效域的,八大绩效域也可以创分为四个大类,即"人、过程、工具、方法",针对人的要素,管理者需注意,对外盯住干系人、对内盯住团队两个方面;过程包括事前、事中、事后,事前需要盯住规划,事中盯住"项目工作",事后盯住"交付";工具包括"测量"和"不确定性"两个方面,测量是指量化要求,而不确定性是指风险预测;方法是指开发方法和生命周期,不同的开发方法有着不同的生命周期,项目管理的方法也不同。

9.3.1 人的绩效域

有关于人的绩效域包括干系人和团队两个方面。

干系人是指能影响项目、项目集或项目组合的决策、活动或成果的个人、群体或组织,以及会受或自认为会受它们的决策、活动或成果影响的个人、群体或组织。

干系人分析是通过系统收集和分析各种定量与定性信息,来确定在整个项目中应该考虑哪些人的利益的一种方法。(详见第一章内容)

本节重点阐述团队的绩效域。团队绩效域需要创建文化和环境,使不同个体的集合能够演变成为高绩效的项目团队。这包括识别促进项目团队发展所需的活动,并鼓励所有项目团队成员实施领导力行为。

与此相关的概念包括项目经理、项目管理团队和项目团队三类。项目经理是由执行组织委派、领导项目团队实现项目目标的个人。项目管理团队是直接参与项目管理活动的项目团队成员。项目团队是执行项目工作以实现项目目标的一组人员。

1. 项目管理活动

项目管理需要将知识、技能、工具和技术应用于管理活动和领导力活动。管理活动聚焦于实现项目目标的手段,例如制定有效的程序、规划、协调、测量和监督工作等。领导力活动关注于人。领导力活动包括影响、激励、倾听、促使,以及与项目团队相关的其他活动。这两个方面对交付预期成果都很重要。

管理活动包括集中式管理或分布式管理。集中式管理是明确授权,在项目章程或其他文件中批准项目经理组建项目团队;分布式管理则是由自组织来完成,即由项目团队成员轮流担任项目经理的角色。

(1)服务型领导力(Servant Leadership)

服务型领导者使项目团队在可能的情况下进行自组织,并通过向项目团队成员提供适当的决策机会来提高自组织。包括消除存在创造交付商业价值过程中的问题和因素、避免内外部分心的事(时间碎片化等)、提供相关工具和激励工作团队。

(2)团队建设(团队发展的四个共同特征)

团队发展都需要具备四个方面的内容,这也是团队发展具备的特征。一是愿景和目标。每个人都必须了解项目的愿景和目标。在整个项目期间应沟通项目的愿景和目标。这包括当项目团队参与决策和解决问题时应参考预期成果。二是角色和职责。确保项目团队成员了解并履行其角色和职责是很重要的。这可以包括识别知识和技能方面的差距,以及通过培训、辅导或教练解决这些差距的策略。项目团队运作。促进项目团队沟通、解决问题和达成共识的过程可能包括与项目团队共同努力制定项目团队章程和一套行动指南或项目团队规范。三是指导。可以向整个项目团队提供指导,让每个人都朝着正确的方向前进。项目团队个体成员也可以就特定任务或可交付物提供指导。四是成长。确定项目团队表现良好的领域并指出项目团队可以改进的领域有助于项目团队成长。项目团队协同工作,可以识别改进目标,并采取措施实现这些目标。这也适用于项目团队中的每个人。

2. 项目团队文化(7项)

项目团队也需要像企业一样拥有团队文化。可以通过制度规范或行为行动来提升团队意识。

这其中包括了透明、诚信、尊重、积极地讨论、支持、勇气、庆祝成功7项不同的团队文化建设。由于优先考虑了工作,项目团队成员可能会延缓认可有关创新、适应、服务他人和学习的展示。然而,实时认可这些贡献可以保持激励项目团队和个人。

3. 高绩效项目团队(9个方面因素)

有效领导的一个目标是打造高绩效的项目团队,建立"高绩效项目团队"需要有9

个方面的因素,包括开诚布公的沟通、共识、共享责任、信任、协作、适应性、韧性、赋能、认可。

4. 领导力技能(4类技能)

拳不离手,曲不离口,领导力技能也需要加强训练。需要重点掌握4类技能:

(1)建立和维护愿景

每个项目都有一个目的。了解这一目的对于人们将时间和精力投入实现其目的的正确方向至关重要。项目愿景简明扼要地总结了项目的目的。它以现实且有吸引力的观点描述了未来的项目成果。

项目团队成员和关键干系人协作制定的愿景应该能够回答以下问题:项目的目的是什么?项目工作成功的定义是什么?项目成果交付后,未来将如何才能变得更好?项目团队如何知道自己偏离了愿景?

良好的愿景应该清晰、简明和可行。愿景应该:用强有力的词句或简短的描述对项目做出概括;描述可实现的最佳成果;在项目团队成员脑海中形成一幅共同的、有凝聚力的画面;激发人们对实现成果的热情。

(2)批判性思维

在各个项目绩效域中都需要识别偏见,找出问题的根本原因,并考虑具有挑战性的问题,它需要具备开放思维和客观分析的能力。批判性思维(尤其是在应用于发现过程时)可以包括概念想象力、洞察力和直觉。它还可以包括反思性思维和元认知("思考之上的思考"和"认知之上的认知")。项目团队成员可应用批判性思维来进行:研究和收集无偏见的、均衡的信息;识别、分析和解决问题;识别偏见、未说明的假设,以及价值观;辨别语言的使用情况以及对自己和他人的影响;分析数据和证据,以评估论点和观点;观察事件,以识别模式和关系;适当地运用归纳、演绎和溯因推理;识别并阐明错误前提、错误类比、情绪化诉求和其他错误逻辑。

(3)激励

激励项目团队成员涉及两个方面:第一个方面是了解激励项目团队成员实现出色绩效的因素;第二个方面是与项目团队成员合作,使他们始终致力于开展项目并使其取得成果。

内在激励源自个人内心或与工作相关。它与在工作本身中寻找乐趣有关,而不是关注奖励。外在激励是因为外部奖励(如奖金)而开展工作。内在激励因素包括:成就、挑战、对工作的信念、改变现状、自我指导和自主权、责任、个人成长、相互关系和谐的需要、成为项目团队的一员。

人们不止有一个激励因素,但多数人都有一个首要的激励因素。要想有效地激励项目团队成员,了解每位成员的首要激励因素是很有帮助的。

(4)人际关系技能

在项目中经常使用的人际关系技能包括情商、决策和冲突解决等。

情商,是识别我们自己的和他人的情绪的能力。这些信息用于指导思维和行为。

情商包含在4个关键领域:自我意识(包括了解我们自己的情绪、目标、动机)、自我管理(它是在采取行动之前进行思考以及暂缓仓促判断和冲动决策的能力)、社交意识(包括读懂非语言暗示和肢体语言的能力)、社交技能(寻找与各种干系人的共同基础以及建立融洽关系)。

决策,项目团队决策通常遵循发散/汇聚模式。这意味着干系人首先会参与制定一套广泛的备选解决方案或方法。这通常是让干系人分别参与进来,以避免资深的或有魅力的干系人对其他干系人产生不当影响。然后,项目团队汇聚在一起确定一个首选的解决方案。

这样做的目的是快速做出决策,同时以包容和尊重的方式吸收团队多样化的知识。这一过程与"别给我带来问题,给我解决方案"的理念一致,同时也与决策权相关的组织治理保持一致。

冲突管理,项目在动态环境中运行,面临着许多相互排斥的制约因素,包括预算、范围、进度和质量,这可能会导致冲突。通常,人们都希望避免冲突,但并非所有冲突都是负面的。处理冲突的方式既可能导致更多的冲突,也可能导致更好的决策和更出色的解决方案。

解决冲突的方法有4种:一是沟通时要开诚布公且对人要表现出尊重(选择安全的环境)。由于冲突可能会引起焦虑,因此必须保持安全的环境来探索冲突的根源。没有安全的环境,人们就会停止沟通。确保言语、语调和肢体语言不具有威胁性。二是聚焦于问题,而不是针对人。重点是解决问题,而不是指责。之所以会发生冲突,是因为人们对情况有不同看法。应做到对事不对人。三是聚焦于当前和未来,而不是过去。保持聚焦于当前的情况,而不是过去的情况。如果以前发生过类似的事情,那么旧事重提不会解决当前的问题。事实上,它会进一步加剧当前的冲突情况。四是一起寻找备选方案。冲突造成的损害可以通过寻找解决办法和替代方案来加以修复。这样还可以建立更具建设性的关系。这种做法会使冲突进入更有利于解决问题的空间,人们可以共同努力,形成创造性的替代方案。

9.3.2 过程绩效域

任何项目都会围绕项目启动、发展和结束。项目启动前,也就是事前的成效集中于"规划",项目发展过程中,也就是事中的成效集中于"项目工作",项目结束后,也就是事后的成效集中于"交付"。

1. 规划绩效域

规划的目的是积极主动地制定一种方法来创建项目可交付物。项目可交付物会推动项目所要取得的成果。高层级规划可以在项目批准授权之前开始。项目团队会逐步制定初始项目文件,例如愿景陈述、项目章程、商业论证或类似文件,以识别或定义实现预期成果的相互合作的方法。规划包括"估算、准确度、精确度、赶工、快速跟进、预算"6个要素。估算是指对某一变量的可能数值或结果的定量评估,如项目成本、资源、人力投入或持续时间；在质量管理体系中，准确度是指对正确程度的评估；在质量管理体系中，精确度是指对精准程度的评估；赶工是通过增加资源，以最小的成本代价来压缩进度工期的一种方法；快速跟进是一种进度压缩方法，将正常情况下按顺序进行的活动或阶段改为至少部分按并行方式开展；预算是指经批准的对整个项目、任一工作分解结构（WBS）组件或任一进度活动所做的估算。

影响项目规划方式的变量包括项目开发方法、项目可交付物、组织需求、市场条件、法律或法规限制。

(1) 围绕交付进行规划

进行规划时，首先要了解商业论证、干系人需求以及项目和产品范围。产品范围是某项产品、服务或结果所具有的特性和功能。项目范围是为交付具有规定特性和功能的产品、服务或结果而必须完成的工作。

项目团队会根据负责的最后责任时刻这一概念规划日常工作。这种方法的原理是：为了使团队能够考虑多个选项，推迟决策的时间点，直到进一步推迟将导致成本超过收益。它不会花时间为可能改变或不需要的工作制定计划，从而减少浪费。

(2) 围绕估算进行规划

规划需要对工作投入、持续时间、成本、人员和实物资源进行估算。估算是对某一变量的可能数值或结果的定量评估，如项目成本、资源、人力投入或持续时间。随着项目的发展，估算可能会根据当前的信息和情况而变化。项目生命周期中的阶段会影响与估算相关的四个方面：区间（开始探索项目机会时，估算区间在$-25\%\sim+75\%$，生命周期中进展良好的估算区间为$-5\%\sim+10\%$）、准确度、精确度（精确度是指与估算相关的精准度。例如，估算2天的时长比"本周某个时间"更精确）、信心（信心会随经验的增长而增加，处理以前的类似项目的经验有助于提高所需的信心）。

(3) 围绕进度进行规划

预测型方法或适应型方法，进度计划是执行项目活动的模型，包括持续时间、依赖关系和其他规划信息。进度规划时，预测型方法遵循以下分步过程：

第一步，将项目范围分解为具体活动。

第二步，按顺序排列相关活动。

第三步，估算完成活动所需的人力投入、持续时间、人员和实物资源。

第四步，根据可用性为活动分配人员和资源。

第五步，调整顺序、估算和资源，直至达成一致同意的进度计划。

如果进度模型与最初期望的结束日期不符，则可采用进度压缩方法。赶工是一种进度压缩方法，它旨在以最低的成本增加缩短持续时间。赶工可能包括为活动增加人员、加班或通过付费的方式加快交付速度。

快速跟进也是一种进度压缩方法，将正常情况下按顺序进行的活动或任务改为至少部分按并行方式开展。快速跟进通常需要在网络路径上应用提前量和滞后量。

压缩进度计划时，务必要确定活动之间的依赖关系。由于工作的性质，快速跟进无法适用于某些活动,包括:①强制性依赖关系。合同要求的或工作的内在性质决定的依赖关系。这种类型的依赖关系通常能改变。②选择性依赖关系。一种基于最佳实践或项目偏好的关系。这种类型的依赖关系可以改变。③外部依赖关系。项目活动与非项目活动之间的关系。这种类型的依赖关系通常不能改变。④内部依赖关系。一个或多个项目活动之间的关系。这种类型的依赖关系可以改变。

适应型进度规划会采用增量规划的形式。此类制定进度计划的方法之一是基于迭代和发布计划确定。制定一个高层级的发布计划,该计划将说明每个发布中要包含的基本特性和功能。在每个发布中,将有两个或多个迭代。在每个迭代中,商业价值和/或干系人价值都会有所增加。这些价值可能包括特性、风险降低、实验尝试,或者交付或保护价值的其他方式。基于对未来发布的工作的规划保持在高层级,这样项目团队就不会根据早期发布的反馈对该规划做变更。

(4)围绕预算做规划

项目预算是从商定的项目估算演变而来的。估算中的信息会被应用于项目成本,以制定成本估算。然后会将成本估算汇总,以制定成本基准。成本基准通常在整个项目进度中分配,以反映将于何时产生成本。这种实践做法使项目经理能够在特定预算期内核准的资金与所计划的工作之间取得平衡。如果某个预算期有资金限制,则可能需要重新安排工作,以符合这些限制。

项目预算应包括应急储备,以应对不确定性。之所以留出应急储备,是为了实施风险应对或应对发生的管理储备,以及为了应对与范围内工作有关的意外活动。管理储备可由项目、发起人、产品负责人或项目集和项目组合层级的项目管理办公室(PMO)管理,具体取决于组织的政策和组织结构。

(5)其他规划要点

除以上规划因素外,还需要考虑的规划要点包括:

①项目团队规划。项目团队的组成和结构。

②项目沟通规划。项目沟通的信息包括:每个干系人需要哪些信息?为什么要与干系人共享信息?提供信息的最佳方式是什么?何时以及多久需要一次信息?谁拥有所需要的信息?

③实物资源规划。实物资源包括材料、设备、软件、测试环境、许可证等,实物资源规划涉及估算以及供应链、物流和管理。拥有大量实物资源的项目(例如工程和建筑项目)将需要为采购活动制定计划,以获取资源。规划实物资源包括考虑到材料交付、移动、存储和处置的提前期,以及跟踪从抵达现场到交付集成产品的材料库存的手段。其项目需要大量实物材料的项目团队,会从战略角度思考和规划从订单到交付再到使用的时间安排。这可能包括评估批量订购对比存储成本、全球物流、可持续性,以及将实物资产与项目的其余部分进行整合管理。

④采购规划。采购可以在项目期间的任何时候进行。但预先规划有助于设定期望,确保采购过程顺利进行。一旦了解了高层级范围,项目团队就会进行自制或外购

分析。这包括确定将在内部开发的可交付物和服务,以及将从外部资源购买的可交付物和服务。这些信息会影响项目团队和进度计划。合同签订专业人士需要事先了解所需货物类型、何时需要这些货物以及所采购货物或服务所需的任何技术规范。

⑤规划的变更。整个项目期间会发生很多变更。某些变更是因发生风险事件或项目环境变化而导致的,有些则是基于对需求的深入了解,而其他变更则是由于客户请求或其他原因造成的。因此,项目团队应制定相关流程,以便在整个项目期间可以调整计划。这可能包括采取变更控制流程、重新确定待办事项列表的优先级排序,或者确定项目基准等形式。具有合同要素的项目可能需要遵循已定义的合同变更流程。

⑥规划的度量指标。规划、交付和测量工作之间存在自然的联系,这种联系就是度量指标。制定度量指标包括设定临界值,指明工作绩效是否符合预期,是否有与预期绩效正向或负向偏离的趋势,或者是否不可接受。决定测量什么和多久测量一次,最好的说法是"只测量重要的东西"。与产品相关的度量指标仅适用于正在开发的可交付物。与进度和预算绩效相关的度量指标通常由组织标准驱动,并与基准或者经批准版本的进度或预算(实际结果将与它们进行比较)相关。

作为规划的一部分,将制定绩效的度量指标、基准和临界值,以及任何测试和评估的流程和程序,用于根据项目可交付物的规格来测量绩效。作为测量绩效域的一部分,度量指标、基准和测试都被用作评估实际绩效偏差的依据。

2. 项目工作绩效域

项目工作涉及与建立项目过程、管理实物资源和营造学习环境相关的活动和功能。项目工作涉及建立过程和执行工作,以便使项目团队能够交付预期的可交付物和成果。

与项目工作绩效域相关的概念包括:招标文件、投标人会议、显性知识(可以使用文字、数字、图片等符号进行编撰的知识)、隐性知识(难以明确表达和分享的个人知识,如信念、经验和洞察)。

项目工作可使项目团队保持专注,并使项目活动顺利进行。这些工作包括但不限于:管理现有工作、新工作和工作变更的流程;使项目团队保持专注;建立高效的项目系统和流程;与干系人沟通;管理材料、设备、用品和物流;与合同签订专业人士和供应商合作以规划和管理采购和合同;监督可能影响项目的变更;促使项目学习和知识转移。

(1)项目过程

项目经理和项目团队应建立并定期审查项目团队用于开展工作的过程。这可以采取审查任务委员会的形式,以确定该过程中是否存在瓶颈、工作是否以预期速度进行以及是否存在阻碍进展的障碍因素。

可使用过程裁剪这一技术来优化过程,从而满足项目需要。一般来说,大型项目的过程比小型项目多,而关键项目的过程比不太重要的项目多。裁剪会考虑到环境的需求。优化环境过程的方法包括:精益生产方法、回顾会议或经验教训和效率、下一笔资金最好花在哪里。

(2)平衡竞争性制约因素

成功领导项目包括了解与工作相关的制约因素。制约因素可能会采取固定交付日期、遵守法规、预先确定的预算、质量政策、三重底线考虑因素等形式。在整个项目期间，制约因素可能会发生变化。新的干系人需求可能需要延展进度和增加预算。削减预算可能需要放宽质量要求或缩小范围。

应平衡这些不断变化的制约因素，同时保持干系人的满意度，这是一项持续进行的项目活动。有时，这可能包括与客户、发起人或产品负责人开会，以提出备选方案和说明其含义；有时，决策和潜在偏差可能在项目团队的职权范围内，他们可以权衡利弊，交付最终结果。无论哪种情况，这种平衡活动在整个项目期间都会持续开展。

(3)使项目团队保持专注

项目经理有责任评估和平衡项目团队的专注点和注意力。这涉及根据交付目标对项目进展的短期和长期预测做出评估。

领导项目团队包括平衡工作量和评估项目团队成员是否对其工作满意，从而使他们保持被激励。在整个项目期间交付的商业价值和干系人价值最大化，项目团队的注意力需要保持健康的平衡。以实现整体交付价值最大化为目标的领导工作涉及聚焦生产(交付价值)和保护项目团队的生产能力(项目团队的健康和满意度)。这样做的目的是使项目团队专注于交付价值，并始终了解项目何时发生潜在问题、延迟和成本超支。

(4)项目沟通和参与

大部分项目工作都与沟通和参与(特别是与使项目团队成员和其他干系人始终参与相关的工作)息息相关。如干系人绩效域所述，除了需要进行口头和书面沟通外，沟通还涉及正式和非正式沟通。可以在会议、对话中以及通过从电子存储库中提取信息的方式来收集信息。一旦收集完毕，信息就会按照项目管理沟通计划的说明进行分发。

在日常工作中，有人会提出特别沟通请求，要求提供信息、演示文稿、报告和其他形式的材料。大量特别沟通请求可能表明，沟通规划不足以满足干系人的需要。在这种情况下，可能需要干系人进一步参与，以确保满足干系人的信息需求。

(5)管理实物资源

有些项目需要第三方提供材料和用品。规划、订购、运输、存储、跟踪和控制这些实物资源可能需要投入大量的时间和精力。

(6)处理采购事宜

许多项目涉及某种形式的合同签订或采购。采购可以涵盖从材料、资本设备和用品到解决方案、劳动力和服务的所有内容。在大多数组织中，项目经理没有签订合同的权限。相反，他们会与合同签约官或在合同、法律和法规方面具有专业知识的其他人员共同开展工作。组织通常具有与采购相关的严格政策和程序。这些政策确定了谁有权限签订合同、职权限制以及应遵循的流程和程序。

在进行采购之前,项目经理和拥有相关技术资质的项目团队成员会与合同签订专业人士合作,制定建议邀请书(RFP)、工作说明书(SOW)、条款和条件以及其他必要的招标文件。

招标过程包括制定和公布招标文件、举行投标人会议和选择投标人、签订合同等。

(7)监督新工作和变更

适应型项目中,可以预期到工作会有所演变和调整。因此,可以根据需要将新工作增加到产品待办事项列表中。但是,如果增加的工作多于正在完成的工作,或者增加的工作与正在完成的工作数量相同,项目将继续进行而不会结束。对于增加范围、对预算的影响以及项目团队成员可用性,项目经理会与产品负责人合作来管理这方面的期望。产品负责人会持续对项目待办事项列表进行优先级排序,以便完成优先级高的事项。如果进度或预算受到限制,当优先级最高的事项交付完毕,产品负责人即可认为项目已完成。

(8)整个项目期间的学习

项目团队可能会定期开会,以确定他们未来在哪些方面可以做得更好(经验教训),以及他们如何在即将到来的迭代中对过程做出改进和提出疑问(回顾)。工作方式会不断演变,以产生更好的成果。

在学习过程中,包括知识管理和显性知识、隐性知识。例如,达成新过程的步骤是可以记录的显性知识。可以使用信息管理工具(如手册、登记册、网络搜索和数据库)将人员与信息连接起来,以便传递显性知识。

3. 交付绩效域

交付绩效域涉及与交付项目要实现的范围和质量相关的活动和功能。项目支持战略执行和商业目标的推进。项目交付聚焦于满足需求、范围和质量期望,产生预期的可交付物,以推动想要的项目成果。与交付绩效域相关的概念包括:需求(为满足商业需要,某个产品、服务或结果必须达到的条件或具备的能力)、工作分解结构(WBS)(对项目团队为实现项目目标、创建所需可交付物,而需要实施的全部工作范围的层级分解)、完成的定义(为了考虑可交付物能供客户使用,而须达到的所有准则的检查清单)、质量(一系列内在特征满足需求的程度)、质量成本(在整个产品生命周期所产生的以下所有成本)。

(1)价值的交付

对于其使用的开发方法支持在整个项目生命周期内发布可交付物的项目,可以在项目期间开始向业务、客户或其他干系人交付价值。在项目生命周期结束时交付大量可交付物的项目会在初始部署后产生价值。

一般来说,商业价值会通过文件展现,包括具有详细估算投资回报的商业论证文件,或是描述问题、解决方案、收入流和成本结构等高层级要素的精益创业画布。这些商业文件说明了项目成果如何与组织的商业目标保持一致。项目授权文件试图量化项目的预期成果，以便进行定期测量。这些文件可能包括详细的基准计划或高层级路线图，这些计划或路线图会概述项目生命周期、主要发布、关键可交付物、评审和其他顶层信息。

(2) 可交付物

在此背景中，可交付物是指项目的临时或最终的产品、服务或结果。可交付物有助于取得项目所要实现的成果。可交付物反映了干系人需求、范围和质量，以及对利润、人员和地球环境的长期影响。

① 需求

需求是指为满足商业需要，某个产品、服务或结果必须达到的条件或具备的能力。需求可以是非常高层级的，例如商业论证中发现的需求，也可以非常详细，例如在系统组件的验收标准中发现的需求。

具有范围明确且相对稳定的项目通常与项目干系人合作，在预先规划期间启发并记录需求。对于在项目开始时对需求已有高层级了解的项目，这些需求可能会随着时间的推移而发生演变。一些项目会在项目工作进行期间发现需求。

② 范围定义

随着需求被识别，满足这些需求的范围也应被定义。范围是项目所提供的产品、服务和结果的总和。

范围分解。可以使用范围说明书来阐明范围，以识别与项目关联的主要可交付物以及每个可交付物的验收标准。还可以通过使用工作分解结构（WBS）将范围分解为较低层级的细节，从而详细说明范围。WBS 是对项目团队为实现项目目标、创建所需可交付物，而需要实施的全部工作范围的层级分解。该层级往下的每一个层级代表着关于可交付物的更详细的信息以及生成可交付物所需的工作。

完成可交付物。根据所使用的方法，有不同的方式来描述组件或项目的完成情况：一是验收或完成的标准。在客户验收可交付物之前，或在项目被视为完成之前需要满足的标准通常会记录在范围说明书中。二是技术绩效测量指标。产品的技术规范可能记录在单独的规范文件中，也可能记录为 WBS 的扩展。这一扩展称为 WBS 字典，它详细说明了 WBS 中每项可交付物（工作包）的信息。三是完成的定义。可将完成的定义与适应型方法一起使用，特别是在软件开发项目中。它是为了考虑可交付物能供客户使用，而须达到的所有标准的检查清单。

③ 完成的目标不断移动

在不确定和快速变化的环境中运行的项目面临着"足够好可以发布"或"已完成"的目标可能会发生变化的情况。在竞争对手频繁发布新产品的市场中，新的发布中计划的特性可能会有所更新。同样，新的技术趋势（例如移动设备或可穿戴设备）可能会触发方向变化或引入新的需求。

在这些环境中，正在交付或"已完成"的项目目标的定义正在不断移动。项目团队会跟踪计划的项目目标实现率（相对于进度完成率）。完成项目耗费的时间越长，与

"完成"的项目目标的距离就越远,这有时被称为"完成漂移"。

在更加稳定的环境中运行的项目通常会面临"范围蔓延"。在这种情况下,将接受额外的范围或需求,而不对相应的进度、预算或资源需要等做出调整。为了应对范围蔓延,项目团队会使用变更控制系统,在该系统中评估所有变更,以了解变更为项目带来的潜在价值,以及实现该价值所需的潜在资源、时间和预算。然后,项目团队将这些变更提交给项目治理机构、产品负责人或高管发起人,以待其正式批准。

(3)质量

交付不仅仅是范围和需求。范围和需求聚焦于需要交付的内容,而质量聚焦于需要达到的绩效水平。

质量需求可能会反映在完成标准、完成的定义、工作说明书或需求文件中。

与质量相关的很多成本都是由发起组织承担的,并反映在政策、程序和工作过程中。例如,治理如何执行工作的组织政策和规定工作过程的程序,通常是组织质量政策的一部分。尽管管理费用、培训和过程审计的成本是由项目使用的,但它们却由组织承担。在各个项目中,必须在过程和产品的质量需要与满足这些需要的相关成本之间取得平衡。

①质量成本,这种方法用于在质量预防和评估之间找到恰当的投资平衡点,以避免缺陷或产品失败。该模型确定了与质量相关的四类成本:预防、评估、内部失败和外部失败。预防成本和评估成本与质量需求一致性成本有关。内部和外部失败成本与非一致性成本相关。预防成本包括产品或服务需求、质量规划、质量保证、培训;评估成本包括核实、质量审计、供应商评级;内部失败成本包括浪费、报废、返工或校正、失败分析;外部失败成本包括修理和服务、保修索赔、投诉、退货、声誉。

②变更成本

发现缺陷的时间越晚,纠正缺陷的成本就越高。这是因为设计和开发工作通常已经基于有缺陷的组件而进行。此外,随着生命周期的进展,活动的调整成本有所增加,因为更多的干系人会受到影响。

(4)次优的成果

所有项目都试图交付成果,尽管有些项目也许未能实现此目标,或可能会产生次优成果。每个项目中都存在次优成果的可能性,在一个完全属于试验性的项目中,组织正在试图取得突破,例如创造一种全新的技术。这需要对不确定的成果进行有意图的投资。生产新药物或化合物的公司在找到成功的配方之前可能会经历多次失败。有些项目可能无法交付成果,因为市场机会已经擦肩而过,或者竞争对手已抢先推出产品。有效的项目管理可以最小化负面结果,但这种可能性是试图产生独特可交付物所面临的不确定性的一部分。

9.3.3 工具绩效域

绩效域是成果为导向的,项目是通过任务来完成的,对于执行者来说,工具是非常重要的,项目管理是依赖于团队与关系人的,对于管理者来说,一是需要明确的数据来量化项目推进的进展,二是减少不确定性。为此,衍生出两类管理工具,即测量绩效域及不确定性绩效域。

1. 测量绩效域

测量绩效域涉及与评估项目绩效和采取适当行动维持可接受绩效相关的活动和功能。与测量绩效域相关的概念有:度量指标(对项目或产品属性及其测量方式的描述)、基准(经过批准的工作产品的版本,用作与实际结果进行比较的依据)、仪表盘(一组图表和图形,显示相对于项目的重要指标所取得的进展或绩效)。简单表述就是能测(有数据)、能比(有基准)、能看(整体显示)。

(1)制定有效的测量指标

制定有效的测量指标有助于确保对正确的事情进行测量并向干系人报告。有效的测量指标允许跟踪、评估和报告相关信息,该信息能够沟通项目状态,有助于改善项目绩效并降低绩效恶化的可能性。这些测量指标使项目团队能够利用相关信息及时做出决策并采取有效行动。

测量指标包括"关键绩效指标和有效度量指标两类"。关键绩效指标用于评估项目成功与否,简称 KPI 指标。KPI 指标包括提前指标(可预测项目的变化或趋势)与滞后指标(可测量项目可交付物或事件,它们在事后提供信息,滞后指标反映的是过去的绩效或状况)。

有效度量指标是指符合 SMART 标准[Specific(具体的)、Measurement(有意义的)、Achievable(可达到的)、Relative(相关的)、Time-based(及时性)]的指标。

(2)测量内容

测量内容、参数和测量方法取决于项目目标、预期成果以及开展项目的环境。常见的度量指标类别包括:可交付物度量指标、交付、基准绩效、资源、商业价值、干系人、预测。

可交付物度量指标包括:有关错误或缺陷的信息(包括缺陷的来源、识别的缺陷数量和已解决的缺陷数量等)、绩效测量指标(物理和功能属性,尺寸、容量、重量等)、技术绩效测量指标(量化的技术要求)等。

交付的度量指标包括:在制品、提前期、周期时间、队列大小、批量大小、过程效率等。

基准绩效度量指标(最基本的是成本和进度)包括:开始日期和完成日期、人力投入与持续时间、进度偏差、进度绩效指数、特性完成率、与计划成本相比的实际成本、成本偏差(CV)、成本绩效指数(CPI)。

资源的度量指标包括价格偏差与利用率偏差。

商业价值的度量指标(用于确保项目可交付物与可研的收益实现一致)包括成本效益比、与实际收益交付相比的计划收益交付、投资回报率、净现值。

干系人的度量指标包括净推荐值(可测量客户主动推荐产品或服务的程度)、情绪图、离职率。

预测的度量指标包括完工尚需估算(要完成剩余工作的预期成本)、完工估算(预测完成所有工作的预期总成本)。

(3)展示信息

用来展示数据和信息的工具,这些工具包括:

①仪表盘。仪表盘通常以电子方式收集信息并生成描述状态的图表。仪表盘通常提供高层级数据概要,并允许对起作用的数据进行深入分析。仪表盘通常包括以信号灯图(也称为 RAG 图,其中 RAG 是红黄绿的缩写)、横道图、饼状图和控制图显示的信息。对于超出既定临界值的任何测量指标,都可以使用文本解释。

②信息发射源。信息发射源也称为大型可见图表(BVC),是一种可见的实物展示工具,可向组织其他成员提供信息,从而实现及时的知识共享。在人们可以很容易地看到的地方发布信息,而不是仅包含在进度工具或报告工具中。BVC 应该易于更新,并且应该经常更新。它们通常是"低科技高触感",因为它们是手动维护的,而不是电子生成的。

③目视管理。使用可视化提示来显示项目推进的过程。它们应该是显而易见的,让任何人都能看到。包括任务板、燃烧图(可以显示项目团队的速度)和其他类型的图表,可视化图表还可以包括诸如障碍因素清单之类的信息,该清单描述了完成工作所面临的障碍因素、严重程度以及为应对障碍因素而采取的行动。

(4)测量陷阱

项目测量指标有助于项目团队实现项目目标。然而,会存在一些与测量有关的陷阱。认识到这些陷阱将有助于最小化其负面影响。

①霍桑效应(Hawthorne Effect)。霍桑效应指出,测量某种事物的行动会对行为产生影响。因此,制定度量指标时要慎重。例如,仅测量项目团队可交付物的输出,会鼓励项目团队专注于创建更多数量的可交付物,而不是专注于提供更高客户满意度的可交付物。

②虚荣指标(Vanity Metric)。似乎会显示某些结果但不提供决策所需有用信息的测量指标。测量网站的页面访问量不如测量新访问者的数量有用。

③士气低落。如果设定了无法实现的测量指标和目标,项目团队的士气可能会因持续未能达到目标而下降。设定拓展性目标和激励人心的测量指标是可以接受的,但人们也希望看到他们的辛勤工作得到认可。不现实或无法实现的目标可能适得其反。

④误用度量指标。尽管存在用于测量绩效的度量指标,人们可能会扭曲测量指标或专注于错误的事情。

⑤确认偏见。作为人类,我们倾向于寻找并看到支持我们原有观点的信息。这可能会导致我们对数据作出错误解释。

⑥相关性与因果关系对比。解释测量数据的一个常见错误是将两个变量之间的相关性与一个变量导致了另一个变量的因果性混淆起来。例如,看到项目进度落后且

预算超支,可能就会推断是预算超支导致了进度问题。这并非真实情况,而且也并非进度落后导致了预算超支。相反,可能还有其他相关因素未考虑进来,例如估算技能、管理变更的能力和积极地管理风险。

我们除了警惕与不适当的测量指标相关的危险外,了解与度量指标相关的陷阱有助于我们制定有效的度量指标。

2. 不确定性绩效域

不确定性活动涉及风险管理。主要掌握四个"性":(1)不确定性(Uncertainty)。认知度不够;缺乏对问题、事件、要遵循的路径或要追求的解决方案的理解和认识。(2)模糊性(Ambiguity)。看不清楚;不清晰的状态,难以识别事件的起因,或者有多个从中选择的选项。(3)复杂性(Complexity)。由于人类行为、系统行为和模糊性而难以管理的项目集、项目或其环境的特征。(4)易变性(Volatility)。快速且不可预测的变化的可能性。

针对不确定性,需要:(1)收集信息;(2)为多种结果做好准备,在源自某一不确定性的领域只有几个可能的结果的情况下,项目团队可为每一个结果做好准备;(3)基于集合的设计,可以在项目早期研究多种设计或备选方案,以减少不确定性;(4)增加韧性,韧性是对意外变化快速适应和应对的能力。

针对模糊性,一般包括概念模糊性和情景模糊性,模糊性的解决方案包括渐进明细、实验和使用原型法三种方法:(1)渐进明细。这是随着信息越来越多、估算越来越准确,而不断提高项目管理计划的详细程度的迭代过程。(2)实验。精心设计的一系列实验可以帮助识别因果关系,或者至少可以减少模糊性数量。(3)原型法。原型法可以测试出不同解决方案所产生的不同结果。

针对复杂性,由于在复杂的环境中会导致无法预见的或意外的结果,处理复杂性一般基于"系统",一些需要重新构建,其他的则基于过程。(1)基于系统的处理方式包括解耦和模拟:①解耦是指断开系统的各个部分,以减少相互之间有关联的变量的数量,确定系统的一部分如何独立工作,亦即"化繁为简";②模拟是指通过类似但不相关的场景用于模拟某一系统的变化。(2)重新构建的处理方式包括多样性和平衡:①多样性,是指通过头脑风暴或德尔菲法,将发散性思维转变为收敛思维;②平衡是指使用不同的方式用于抵消彼此潜在的负面影响的因素。(3)基于过程的处理方式包括迭代、参与和故障保护:①迭代。以迭代或增量方式构建,一次增加一个特性。每个迭代后,确定哪些特性有效、哪些特性无效、客户反应以及项目团队学到了什么。②参与。创造机会争取干系人参与。③故障保护。对系统中的关键要素要增加冗余,或者增加在关键组件出现故障时能提供功能正常降级的要素。

针对易变性,处理方式一般包括备选方案分析和储备。(1)备选方案分析。寻找和评估备选方案,考虑在评估不同选项时的变量,以及每个变量的相对重要性和权重。(2)储备。可用于弥补由于价格波动造成的预算超支。

9.4 裁剪

裁剪是对有关项目管理方法、治理和过程深思熟虑后作出调整，使之更适合特定环境和当前工作。

裁剪的内容主要包括生命周期和开发方法的选择、过程、参与、工具、方法和工件五个部分。

9.4.1 裁剪项目的内容

1. 选定生命周期及开发方法

裁剪决定生命周期及其阶段。在选择项目的开发和交付方法时，可以进行其他裁剪。一些大型项目可能同时使用各种开发和交付方法的组合。

2. 过程

针对选定生命周期的过程裁剪和开发方法包括要确定对哪些部分或要素实施以下操作：

（1）增加，以实现所需的严格性、覆盖范围，或应对独特的产品或运营环境的状况等（例如，对安全性要求比较高的项目要增加独立检查这一环节）；

（2）修改，以更好地满足项目或项目团队的需求（例如，修改项目文档的格式，以照顾视力较差的项目团队成员）；

（3）取消，以减少成本或人力投入，因为相对于它所增加的价值，这些成本或投入没有必要或不经济（例如，对一个集中办公、具有良好沟通的小型项目团队，可以取消会议记录）；

（4）混合，通过混合或合并各种要素带来额外的收益或价值（例如，将组织管理中的欣赏式探询寻法添加至预测型项目管理的经验教训会议中，以帮助更好地促进协作）；

（5）调整，以协调各种要素，从而形成一致的定义、理解和应用（如许多学科都有与风险管理相关的标准和实践，这些标准和实践彼此之间存在很大差异，需要进行一致性调整）。

3. 参与

对项目所涉及人员参与进行裁剪包括：

（1）人员的裁剪

这需要评估项目领导层和项目团队的技能和能力，根据项目类型和运作情况选择应参与的人员以及应具备的能力。例如，在具有挑战性或有时间约束的项目中，指派经验丰富的项目团队成员比使用经验不足的项目团队成员更合乎逻辑。

（2）赋能的裁剪

涉及选择应将哪些职责和现场决策形式下放给项目团队。某些环境和团队成员能力支持进行高层级赋能。在其他情况下，减少赋能、增加监督和指导也许更为可取。

(3) 整合的裁剪

除了发起组织的内部员工之外，项目团队还可以包括来自具有合同关系的实体、渠道合作伙伴和其他外部实体的贡献者。进行裁剪时，应会考虑如何从各类不同的贡献者中遴选成员组建项目团队，以推动项目团队取得最佳绩效并实现项目成果。

4. 工具

选择项目团队将用于项目的工具(如软件或设备)是裁剪的一种形式。通常，项目团队最了解适合情况的工具，但这些选择可能需要根据相关成本做出调整，此外，还要考虑组织领导者设定的项目团队无法改变的制约因素。

5. 方法和工件

对将用于实现项目成果的方法进行裁剪，以便这些方法适合项目所处的环境和文化。而对将用于项目的文档、模板和其他工件进行裁剪，有助于确保工件适合项目和组织。

9.4.2 影响裁剪的项目属性

对项目进行裁剪受许多属性影响，主要受"产品/可交付物、项目团队、文化"三个方面属性的影响。

1. 产品/可交付物

就产品/可交付物而言，这些属性包括：产品的合规性/关键性、产品/可交付物的类型、行业市场、技术、时间框架、需求的稳定性、安全性、增量交付。

2. 项目团队

项目团队影响裁剪的属性包括：项目团队的规模(全职及兼职成员的人数)、项目团队所在地理位置(远程办公还是集中办公)、组织分布情况(团队的支持小组和其他干系人的位置)、项目团队的经验以及联系客户等。

3. 文化

文化的裁剪需要对四个方面进行评估，即认同、信任、赋能及组织文化。

(1) 认同。所提议的交付方法是否得到接受、支持和热情认可？

(2) 信任。是否高度相信项目团队有能力并致力于交付项目成果？

(3) 赋能。是否信任、支持和鼓励项目团队负责并开发工作环境以及制定协议和决策？

(4) 组织文化。组织价值观和文化是否与项目方法一致？这包括赋能与指定和检查、信任当地决策与请求外部决策等。

通过对这些属性进行评估，可以为项目指定有关参与、过程和工具的裁剪决策。

9.4.3 裁剪的过程

裁剪涉及对有关方法、治理和过程进行考虑后作出调整，使之更适合特定环境和当前项目。它涉及对人员要素、所用过程和所用工具进行分析、设计和精心修改。裁剪过程包括四个步骤：

(1)选择初始方法；

(2)对组织进行裁剪；

(3)对项目进行裁剪；

(4)实施持续改进。

虽然裁剪过程通常由项目干系人进行，但裁剪的界限和方法则受制于组织指南。组织治理有助于确保项目团队之间的外部接口正确匹配，并以裁剪考虑因素的形式提供指导。

9.5 模型、方法与工件

项目管理会常常用到一些模型、方法和工件。模型是解释过程、框架或现象的一种思考策略。方法是获得成果、输出、结果或项目可交付物的方式。工件可以是模板、文件、输出或项目可交付物。

9.5.1 常用模型

常用模型包括情境领导力模型、沟通模型、激励模型、变革模型、复杂性模型、项目团队发展模型和其他模型。

1. 情境领导力模型

情境领导力模型描述了裁剪领导者的领导风格以满足个人和项目团队需要的方法。

Ken Blanchard 的情境领导力®Ⅱ，通过将胜任力和承诺作为两大主要变量来测量项目团队成员的发展情况。胜任力是能力、知识和技能的组合。承诺涉及个人具有的信心和动机。随着个人的胜任力和承诺不断演变，领导风格会经历从指导到教练到支持再到授权的变化，以满足个人的需要。

OSCAR 教练和辅导模型由 Karen Whittleworth 和 Andrew Gilbert 开发。它可帮助个人调整其教练或领导风格，以便为已有发展行动计划的个人提供支持。这一模型包括："成果、情境、选择/后果、行动、评审"五个促成因素。成果确定了个人的长期目标以及每次交流会议后的期望结果。情境可促成就相关内容展开对话，如项目团队成员的当前技能、能力和知识水平、人员为何处于该水平以及该水平如何影响个人的绩效和同伴关系。选择/后果确定了实现预期成果的所有潜在途径以及每种选择的后果，以便个人可以选择实现其长期目标的可行途径。在特定时限内，行动是指个人通过专注于眼前和可实现目标，以致力于具体改进的措施。评审，定期举行会议可提供支持，并有助于确保个人保持积极状态和正确方向。

2. 沟通模型

项目的成功取决于有效的沟通。沟通模型展示了与以下内容相关的概念：发送者和接收者的参照框架如何影响沟通的有效性，沟通媒介如何影响沟通的有效性，以及最终用户期望与现实之间的脱节类型。

(1)跨文化沟通

信息本身及其传输方式受发送者当前的知识、经验、语言、思维和沟通风格、模式化观念以及与接收者的关系所影响。同样，接收者的知识、经验、语言、思维和沟通风格、模式化观念以及与发出者的关系将影响信息的解读方式。

(2)沟通渠道的有效性

该模型沿着表示有效性和丰富性的两条轴线的沟通渠道。丰富性与媒介传输的知识量有关。媒介丰富性是多种特征的函数，包括同时处理多个信息提示、促进快速反馈、确立个人关注点、使用自然语言。沟通的丰富性可使广泛频谱的信息得到快速传输。更具丰富性的沟通渠道（例如面对面沟通）可有利于处理涉及复杂、繁杂以及个人的信息情况。对传递简单、真实信息的情况可使用丰富性较低的沟通渠道。

(3)执行鸿沟和评估鸿沟

将执行鸿沟描述为某一项目与人们所期望的行为相符的程度。换言之，执行鸿沟是用户意图去做的与该项目使其能做的或支持其去做的事情之间的差别。评估鸿沟是一个项目支持用户发现如何解读该项目并与之有效互动的程度。

3. 激励模型

人们会受到不同事物的激励，当受到激励时会表现得更好。主要有"保健因素和激励因素、内在动机和外在动机、需要理论、XYZ 理论"。

(1)保健因素和激励因素

工作中的满意和没有满意源于被称为激励因素的状况。激励因素包括与工作内容相关的事项，例如成就、成长和进步。激励因素不足会导致没有满意。充分的激励因素会促成满意。

保健因素包括公司政策、薪资和物理环境等，如果保健因素不足，就会导致不满意。但即使这些措施非常充分，也不会促成满意。

(2)内在动机和外在动机

一旦某人的工作得到公平报酬，外在奖励的动力就不复存在。对于复杂而富有挑战性的工作，例如项目的大部分工作，内在激励因素的持续时间更长、效果更好。

内在动机包括：自主、专精和目的三种。自主是指引自己生活的愿望。这与确定如何、在何处和何时完成工作的能力是一致的。自主包括灵活的工作时间、在家工作以及自我选择和自我管理的项目团队；专精是指能够有所提高和表现出色。出色地开展工作、学习和实现目标是专精的几个方面；目的是指能产生影响的需要。了解项目愿景以及工作如何有助于实现这一愿景，可使人们感觉自己正在产生影响。

(3)需要理论

所有人都是由成就需要、权力需要和归属需要驱动的。每种"需要"的相对优势取决于个人的经验和文化背景。

受成就(例如实现目标)激励的人,能被具有挑战性但合理性的活动和工作所激励。受权力激励的人喜欢组织、激励和领导他人,他们被增加的职责所激励。受归属激励的人会寻求认可和归属感,他们能被成为团队一员所激励。

(4)XYZ 理论

X 理论。该模型范围的 X 方面假设个人之所以工作,完全是为了获得收入。他们没有什么抱负,也不以目标为导向。激励这些人的相应管理风格是一种亲自动手和自上而下的方法。这种管理风格通常出现在生产或劳动密集型环境中,或者出现于存在多层级管理的环境中。

Y 理论。该模型范围的 Y 方面假设个人有将工作做好的内在动机。相应的管理风格具有更加个性化的教练特点。管理者鼓励创造和讨论。这种管理风格经常出现于富有创造性的环境和知识工作者的环境。

Z 理论。Z 理论假设个人的动机是自我实现、价值观和更强的使命感。在这种情境下,最佳的管理风格是一种可培养洞察力、具有意义的管理风格。Z 理论侧重于通过创造关注员工及其家人福利的终身工作来激励员工。

4. 变革模型

许多项目都包含着不断变化的制度、行为、活动和(有时还涉及)文化的某一方面。管理这种类型的变革需要考虑如何从当前状态过渡到未来所期望的状态。有许多模型描述了成功的变革管理所必需的活动。

(1)组织变革管理

《组织变革管理:实践指南》中提出的变革模型是一个迭代模型,它基于一系列变革管理模型中的常见要素。该框架有通过一系列反馈闭环相互关联的五个要素:"启动变革(该要素侧重于确定理由)、规划变革(确定活动有助于人们为从当前状态过渡到未来状态做好准备)、实施变革(该迭代要素侧重于表明未来状态的能力)、管理过渡(该要素会考虑如何应对与未来状态实现后可能出现的变革相关的需要)、维持变革(该要素旨在确保新的能力能够得以保持,而以前的过程或行为得以停止)。

(2)ADKAR® 模型

ADKAR® 模型重点关注个人在适应变革时所经历的 5 个连续步骤:①认知,确定为什么需要进行变革;②渴望,激发参与和支持变更的渴望;③知识,让大家了解如何进行变革,通过培训和教育来传授相关知识;④能力,通过实践及根据需要获得专业知识和帮助;⑤巩固,通过维持变革提供支持,包括奖励、认可、反馈和测量。

(3)领导变革八步法

John Kotter 介绍了面向转型组织的领导变革八步法。这是一种自上而下的方法,在这种方法中,变革的需要和方法源于组织的最高层,然后通过组织的管理层向下传达给变革接收者。这八个步骤包括:第 1 步,营造紧迫感。确定推动变革需要的潜在威胁和机会。第2步：组建强大的联盟。确定变革领导者。第3步：创建变革愿景。确定对变革至关重要的价值观。然后创建简短的愿景陈述，以对变革进行概述。接下来，确定实现愿景的策略。第4步：沟通愿景。在整个变革过程中沟通愿景。第5步：清除障碍。所有变革都有障碍，所有障碍都需要解决。第6步：创造短期成果。确定可快速且容易取得的成果，为变革提供动力和支持。第7步：促进深入变革。取得短期成果后，组织需要确立持续改进的目标。第8步：巩固企业文化中的变革。确保变革更深层次融入文化；继续沟通愿景，讲述成功故事，认可组织中体现变革和赋予变革权力的人，并继续为变革联盟提供支持。

(4) Virginia Satir 变革模型

其目的是帮助项目团队成员了解他们的感受，并使他们能够更高效地实施变革。包括因循守旧、外部干扰、混乱、思想转变、整合和实践、进入新常态6个过程。

(5) 转变变革模型

变革是情境性的，无论人们能否完成转变，都会发生变革。转变是一个心理过程，人们逐渐接受新情况的细节以及随之发生的变革。该模型识别了与变革相关的三个转变阶段：结束、失去、放手阶段（引入变革），中间区域（推行变革），新的开始（拥抱变革）。

5. 复杂性模型

项目处于模糊的状态，需要多个系统之间进行交互，成果往往不确定。有两种框架可用于复杂性环境的决策。

(1) Cynefin 框架

Cynefin 框架是一个概念性框架，用于诊断因果关系，以此辅助决策。该框架提供了5个问题和决策背景：有直接因果关系则运用最佳实践案例做决策；多种未知因素或多种选择，则评估事实、分析情况做好最佳选择；未知因素没有明显的原因和结果，也没有明确的答案，则采用"探测环境—感知情况—行动响应"的循环方式；混乱环境中原因与结果不明确，则先稳定局面，感知局部稳定后，使混乱过渡到复杂；无序的关系缺乏明确性，则将其分解为较小的部分。

(2) Stacey 矩阵

它从两个维度来确定项目的相对复杂性，即根据可交付物的"需求和技术"两个维度的不确定性，将项目分为简单型、繁杂型、复杂型或混乱型。

6. 项目团队发展模型

(1) 塔克曼阶梯

项目团队发展需要在短时间内迅速形成合力，需要经历形成阶段、震荡阶段、规范阶段、成熟阶段及解散阶段。

形成阶段需要相互了解姓名、在团队中的地位、技能及其他背景信息；震荡阶段相互间会有一些冲突，成员都想着谋求团队中的地位；规范阶段，成员间关系开始稳定；成熟阶段，合作协同，项目团队高效运行；解散阶段，项目结束后，成员分开时会难过。

(2)团队绩效模型

团队绩效模型包括七个步骤。第 1 步至第 4 步描述了建立项目团队过程中的各个阶段,包括"确定方向、建立信任、澄清目标、承诺",其中澄清目标需要阐述项目信息,包括干系人的期望、需求、假设条件及可交付物的验收标准等;承诺需要定义实现目标的计划,包括里程碑进度计划、发布计划、高层级预算、资源需求等。第 5 步至第 7 步,即实施、高绩效、重新开始(变更)则涵盖了项目团队的可持续性和绩效。

7. 其他模型

包括冲突模型、谈判、规划、过程组和凸显模型。

冲突模型,解决的方法包括面对/解决问题、合作、妥协、缓和/包容、强迫、撤退/回避 6 种方法。

谈判的双赢思维,即"双赢、或输或赢、双输"3 种选择。谈判时,双赢会涉及个性、信任及方案 3 个要素。

规划是为了降低风险而制定计划所投入的时间和精力,包括与过度规划相关的延迟和其他成本。通过花费更多时间提前规划,许多项目可以减少不确定性、疏忽和返工。但在规划上的时间越长、获得投资回报所需的时间越长,则失去的市场份额就越大,而且在交付产出时情况发生变化的可能性就越大。该模型旨在帮助确定最佳的规划投入量,有时称为"最佳结合点"(sweet spot)。

过程组在项目管理过程可以将项目按逻辑分组,分为项目管理输入、工具和技术以及输出,为了满足组织、干系人和项目的需要,会对它们进行裁剪。在项目生命周期的每个阶段内,各个过程组会相互作用。所有这些过程都有可能在一个阶段内发生。在一个阶段或生命周期内,各个过程可能会迭代发生。过程迭代的次数和过程间的相互作用因具体项目的需要而有所不同,包括启动、规划、执行、监控、收尾 5 个阶段。

凸显模型与干系人有关。"凸显"是指突出、显著或被视为重要。根据以下三个变量对干系人的身份进行表示:施加影响的权力、干系人与项目之间关系的合法性,以及干系人要求参与项目的紧急程度。

9.5.2 方法

方法是获得成果、输出、结果或项目可交付物的方式。

1. 数据收集和分析

数据收集和分析是为了加深对某种情况的了解而收集、评定和评估数据和信息的方法。

(1)备选方案分析。备选方案分析被用于评估已识别选项,以便选择哪种选项或方法来执行项目工作。

(2)假设和制约因素分析。假设条件是没有证据或证明即被认为正确、真实或确定的因素。制约因素是对项目、项目集、项目组合或过程的执行有影响的限制性因素。这种分析形式旨在确保将假设条件和制约因素整合进项目计划和文件,并且使它们之间保持一致性。

（3）标杆对照。标杆对照是将实际或计划的产品、流程和实践与其他可比组织的产品、过程和做法进行比较，这种比较可识别最佳实践，形成改进意见，并为绩效考核提供依据。

（4）商业合理性分析方法。这组分析方法与授权项目或决策有关，或与证明项目或决策的合理性有关。包括：投资回收期、内部收益率（IRR）、投资回报率（ROI）、净现值（NPV）、成本效益分析。

（5）核查表。核查表是在收集数据时用作核对清单的计数表格，可用于收集数据并将其分为多个类别。

（6）质量成本。质量成本包括在整个产品生命周期所产生的以下所有成本，即：为预防产品或服务不符合要求而进行的投资，为评估产品或服务是否符合要求而产生的成本，以及因产品或服务未达到要求而带来的损失。

（7）决策树分析。决策树分析是一种图形和计算方法，用来评估与一个决策相关的多个选项在不确定情形下的可能后果。决策树可以使用从预期货币价值分析中生成的信息来填充决策树的各个分支。

（8）挣值分析。挣值分析是一种分析方法，它使用一组与范围、进度和成本相关的测量指标，以确定项目的成本和进度绩效。

（9）预期货币价值（EMV）。预期货币价值是以货币形式表示的成果估算价值。它用于对不确定性（如风险）的价值进行量化，或对不一定等同的备选方案的价值进行比较。EMV 的计算方法是将事件发生的概率与事件发生时的经济影响相乘。

（10）预测。预测是根据已有的信息和知识，对项目未来的情况和事件进行的估算或预计。定性预测法使用主题专家的意见和判断。定量预测法使用模型，即用过去的信息预测未来的绩效。因果预测或经济预测（如回归分析）确定了可对未来结果产生重大影响的变量。

（11）影响图。这种图是对变量与成果之间的因果关系、事件时间顺序及其他关系的图形表示。

（12）生命周期评估。这种评估是用于评价产品、过程或系统的总体环境影响的工具。它包括生成项目可交付物的所有方面，即从可交付物中使用的材料来源到其分配和最终处置。

（13）自制或外购分析。自制或外购分析是收集和整理有关产品需求的数据，并对诸如采购产品与内部制造产品等可选的备选方案进行分析的过程。

（14）概率和影响矩阵。概率和影响矩阵是把每个风险发生的概率和一旦发生对项目目标的影响映射起来的一种表格。

（15）过程分析。这种分析是对开展活动的步骤和程序的系统性审查。

（16）回归分析。回归分析是通过考察一系列输入变量及其对应的输出结果，以建立数学或统计关系的一种分析技术。

(17)储备分析。这种分析技术用于评估项目风险数量以及进度和预算的储备量的方法,以确定这些储备是否足以应对剩余风险。储备有助于将风险降低到可接受的水平。

(18)根本原因分析。这种分析技术用于确定引起偏差、缺陷或风险的根本原因。一项根本原因可能引起多项偏差、缺陷或风险。

(19)敏感性分析。这种分析技术旨在将项目成果的变化与定量风险分析模型中要素的变化建立关联,来确定哪些单个项目风险或其他不确定性来源对项目成果的潜在影响最大。

(20)模拟。这种分析技术通过模型来表明各种不确定性因素的综合影响,从而评估这些因素对目标的潜在影响。蒙特卡洛模拟是一种使用计算机模型的多次迭代来识别风险和不确定性的潜在影响的方法,以发现可能因某一决定或做法导致的一系列成果的概率分布情况。

(21)干系人分析。这种技术通过系统收集和分析与干系人有关的各种定量与定性信息,来确定在整个项目期间应该考虑哪些人的利益。

(22)SWOT 分析。SWOT 分析会对一个组织、项目或方案的优势、劣势、机会和威胁进行评估。

(23)趋势分析。趋势分析利用数学模型,根据历史数据预测未来结果。

(24)价值流图。价值流图是一种精益企业的方法,用于记载、分析和改进为客户生产产品或提供服务所需的信息流或物流。

(25)偏差分析。偏差分析用于确定实际绩效与基准的差异程度及原因。

(26)假设情景分析。这种分析技术对各种情景进行评估,预测它们对项目目标的影响。

2. 估算

估算方法用于对某一项目的工作、时间或成本进行近似估算。

(1)亲和分组。亲和分组涉及根据相似程度将各项内容归入类似的类别或组合。常见的亲和分组包括 T 恤尺码和斐波纳契数列。

(2)类比估算。类比估算使用相似活动或项目的历史数据,来评估某一活动或项目的持续时间或成本。

(3)功能点。功能点是对信息系统中业务功能数量的估算。功能点用于计算软件系统的功能规模测量(FSM)。

(4)多点估算。当单个活动估算存在不确定性时,多点估算通过应用乐观估算、悲观估算和最可能估算的平均值或加权平均值来评估成本或工期。

(5)参数估算。参数估算是指基于历史数据和项目参数,使用某种算法来计算成本或持续时间。

(6)相对估算。相对估算可用于创建估算,这些估算源自在考虑人力投入、复杂性和不确定性的基础上针对类似工作进行的对比。相对估算不一定基于成本或时间的绝对单位。故事点是相对估算中使用的一种常见的无单位的测量方法。

(7)单点估算。单点估算涉及使用数据来计算一个可反映最佳估算的值。单点估算与范围估算相反，后者包括最好情况和最差情况。

(8)故事点估算。故事点估算涉及分配项目团队成员实施用户故事所需的抽象的但相关联的人力投入的点数。它可使项目团队在考虑所涉及的复杂性、风险和人力投入的前提下了解故事的难度。

(9)宽带德尔菲。宽带德尔菲估算方法是 Delphi 估算的一种变化方式，即主题专家会完成多轮估算，每轮之后与项目团队展开讨论，直至达成共识。对于宽带德尔菲估算方法，那些提出了最高和最低估算的人会解释自己的理由，然后每个人又都重新估算。该过程会不断重复，直到接近一致。计划扑克牌是宽带德尔菲估算方法的一种变化形式。

3. 会议和活动

会议是吸引项目团队和其他干系人参与的重要方式。它们是整个项目的主要沟通方式。

(1)待办事项列表细化。在待办事项列表的细化会议上，项目团队会以渐进明细方式编制待办事项列表并(重新)明确其中各事项的优先级，以确定在即将到来的迭代中完成的工作。

(2)投标人会议。在准备投标或建议书之前，与潜在卖方举行会议，以便确保所有潜在供应商对本次采购都有清楚且一致的理解。该会议也称承包商会议、供应商会议或投标前会议。

(3)变更控制委员会。变更控制委员会会议包括负责审核、评估、批准、推迟或拒绝项目变更的人员。本次会议上所做的决定将被记录下来并传达给有关的干系人。此会议也可称为变更控制会议。

(4)每日站会。每日站会是简短的协作会议，在该会议期间，项目团队会审查前一天的进展，宣布当天的计划，并强调指出遇到或预见的任何障碍。该会议也可称为"每日例会"。

(5)迭代规划会议。迭代规划会议用于澄清待办事项列表中事项的详细信息、验收标准以及实现即将履行的迭代承诺所需的工作投入。此会议也可称为冲刺规划会议。

(6)迭代审查会议。迭代审查会议是在一个迭代结束时举行，旨在展示在该迭代期间完成的工作。此会议也可称为冲刺审查会议。

(7)开工。开工会议是项目开始执行时举行的会议，项目团队成员和其他关键干系人会聚在一起，正式设定期望、达成共识并开始工作。它会确立项目、阶段或迭代的开始。

(8)经验教训会议。经验教训会议用于识别和分享在项目、阶段或迭代过程中获得的知识，其重点是关注提高项目团队的绩效。除了良好的做法和产生非常有利结果的情况外，此会议还可以讨论原本可以处理得更好的事情。

(9)规划会议。规划会议用于创建、详细制订或审核计划,并获得对计划的承诺。

(10)项目收尾。项目收尾会议用于获得发起人、产品负责人或客户对交付范围的最终验收。此会议表明了产品交付工作已完成。

(11)项目审查。项目审查会议是一种在过程或项目结束时开展的活动,旨在评估状态、评估所交付的价值,并确定项目是否已准备好进入下一个阶段或移交至运营。

(12)发布规划。发布规划会议是确定发布或改变产品、可交付物或价值增量的高层级计划。

(13)回顾会议。回顾会议是定期举行的研讨会,参会者探讨其工作和结果,以便改进流程和产品。回顾会议是经验教训会议的一种形式。

(14)风险审查。一种分析现有风险的状态并识别新风险的会议。这包括确定风险是否仍处于活跃状态以及风险属性(如概率、影响、紧急程度等)是否已发生了变化。并对风险应对措施进行评估,以确定它们是否有效或是否应更新。可能会识别和分析新的风险,也可能会关闭不再活跃的风险。风险再评估是风险审查会议的一个示例。

(15)状态会议。状态会议是定期举行的会议,旨在交流和分析项目当前进展情况及其绩效方面的信息。

(16)指导委员会。资深的干系人为项目团队提供指导和支持,并做出项目团队权限以外的决策的会议。

9.5.3 常用工件

工件是一种模板、文件、输出或项目可交付物。工件包括战略工件、日志和登记册、计划、层级图、基准、可视图、可视化信息与数据、报告、协议和合同。

1. 战略工件

在项目开始前或开始时创建的文件,涉及与项目有关的战略、商业或高层级的信息。战略工件是在项目开始时开发的,通常不会发生变化,但在整个项目期间可能会对其进行审查。

(1)商业论证。商业论证是针对提议项目的价值主张,可能包含财务和非财务收益。

(2)商业模式画布。这种工件是一页纸的可视化摘要,描述了价值主张、基础设施、客户和财务状况。它们通常用于精益创业情境。

(3)项目简介。项目简介是项目的目的、可交付物和过程的高层级概述。

(4)项目章程。项目章程是由项目启动者或发起人发布的,正式批准项目成立,并授权项目经理使用组织资源开展项目活动的文档。

(5)项目愿景说明书。此文件是对项目的简要、高层级描述,介绍了项目的目的,并激励项目团队为项目做出贡献。

(6)路线图。此文件提供的高层级时间线描述了里程碑、重要事件、审查活动和决策点。

2. 日志和登记册

(1)假设日志。假设条件是没有证据或证明即被认为正确、真实或确定的因素。制约因素是对管理项目、项目集、项目组合或过程的方案进行限制的因素。假设日志记录了整个项目期间的所有假设条件和制约因素。

(2)待办事项列表。待办事项列表是待完成工作的有序列表。项目可能有产品待办事项列表、需求待办事项列表、障碍因素待办事项列表等。待办事项列表中的事项会被确定优先级,然后为即将到来的迭代安排优先级高的工作。

(3)变更日志。变更日志是项目过程中提交的变更及其当前状态的综合清单。变更可以是对任何正式受控的可交付物、项目管理计划组件或项目文件的修改。

(4)问题日志。问题是可以对项目目标产生影响的当前条件或情形。问题日志会被用于记录和监督与尚未解决的问题相关的信息。问题将被分配给责任方进行跟进和解决。

(5)经验教训登记册。经验教训登记册可被用于记录在某一项目、阶段或迭代期间所获知识的项目文件,以便未来可将这些知识用于提高团队和组织的绩效。

(6)风险调整待办事项列表。风险调整待办事项列表包含了产品所需工作,以及应对威胁和机会的行动。

(7)风险登记册。风险登记册是记录风险管理过程输出的存储文件。风险登记册中的信息可以包括相关管理风险的负责人,概率、影响、风险评分、计划的风险应对,以及用来获得关于单个风险的高层级理解的其他信息。

(8)干系人登记册和分类。干系人登记册会记录与项目干系人有关的信息,其中包括对项目干系人的评估。

3. 计划

(1)变更控制计划。变更计划是项目管理计划的一个组件,用以建立变更控制委员会,记录其职权,并说明如何实施变更控制系统。

(2)沟通管理计划。此计划是项目、项目集或项目组合管理计划的组件,描述了项目信息将如何、何时、由谁来进行管理和传播。

(3)成本管理计划。此计划是项目或项目集管理计划的组件,描述如何规划、安排和控制成本。

(4)迭代计划。此计划是当前迭代的详细计划。

(5)采购管理计划。此计划是项目或项目集管理计划的组件,说明项目团队将如何从执行组织外部获取物品和服务。

(6)项目管理计划。项目管理计划是描述如何执行、监督、控制和结束项目的文档。

(7)质量管理计划。此计划是项目或项目集管理计划的组件,描述如何实施适用的政策、流程和指南以实现质量目标。

(8)发布计划。此计划会设定对跨多个迭代预期交付的日期、特性和/或成果的期望值。

(9)需求管理计划。此计划是项目或项目集管理计划的组件,描述将如何分析、记录和管理需求。

(10)资源管理计划。此计划是项目管理计划的一个组件,描述如何获取、分配、监督和控制项目资源。

(11)风险管理计划。此计划是项目、项目集或项目组合管理计划的组件,说明风险管理活动将被如何结构化安排与实施。

(12)进度管理计划。此计划是项目或项目集管理计划的组件,为制定、监督和控制项目进度建立准则并确定活动。

(13)干系人参与计划。此计划是项目管理计划的一个组件,为促进干系人有效参与项目或项目集决策和执行所需的策略和行动。

(14)测试计划。此文档会描述将被测试的可交付物、将进行的测试以及在测试中使用的流程。它构成对组件和可交付物进行正式测试的基础。

4. 层级图

层级图是从高层级信息开始,然后会渐进地分解为较多层级的详细信息。处于较高层级的信息包括处于较低或附属层级的所有信息。随着人们了解了更多有关项目的信息,层级图通常会渐进明细地分解为较多层级的详细信息。

(1)组织分解结构。此图表是对项目组织的一种层级描述,展示了项目活动与执行这些活动的组织单元之间的关系。

(2)产品分解结构。此图表是反映产品组件和可交付物的层级结构。

(3)资源分解结构。此图表是对资源按类别和类型的层级描述。

(4)风险分解结构。此图表是对潜在风险来源的层级描述。

(5)工作分解结构(WBS)。此图表是对项目团队为实现项目目标、创建所需可交付物,而需要实施的全部工作范围的层级分解。

5. 基准

基准是经过批准的工作产品或计划的版本。会将实际绩效与基准进行比较,以识别偏差。

(1)预算。成本基准是对整个项目、任一工作分解结构组件或任一进度活动所做的经批准的估算。

(2)里程碑进度计划。用于显示有计划日期的里程碑,是一种进度计划类型。

(3)绩效测量基准。整合在一起的范围、进度和成本基准被用来与项目执行情况相比较,以管理、测量和控制项目绩效。

(4)项目进度计划。项目进度计划是进度模型的输出,为各个相互关联的活动标注了计划日期、持续时间、里程碑和资源等信息。

(5)范围基准。此基准是经过批准的范围说明书、工作分解结构(WBS)和相应的 WBS 词典,能够通过正式的变更控制程序进行变更,并被用作与实际结果进行比较的依据。

6. 可视化数据和信息

可视化数据和信息是以图表、图形、矩阵和示意图等可视化格式组织和呈现数据和信息的工件。将数据可视化可使人们更容易理解数据，并将之转化为信息。可视化工件通常是在收集和分析数据后生成的。这些工件有助于决策和确定优先级。

(1) 亲和图。一种展示对大量创意进行分组，以便进一步审查和分析的图形。

(2) 燃尽图/燃起图。此图表是时间盒中剩余工作的图形化表示，也可以是为发布产品或项目可交付物已完成工作的图形化表示。

(3) 因果图。此图形是有助于追溯造成非预期成果的根本原因的可视化表示。

(4) 累积流量图（CFD）。此图表可显示一定时间内完成的特性、处于其他正在开发状态的特性以及待办事项列表中的特性。它还可能包括处于中间状态的特性，例如已设计但尚未构建的特性、质量保证中的特性或测试中的特性。

(5) 周期时间图。此图形可显示一定时间内完成的工作内容的平均周期时间。周期时间图可以显示为散点图或横道图。

(6) 仪表盘。这组图表和图形可显示相对于项目的重要指标所取得的进展或绩效。

(7) 流程图。此图形可描述某系统内的一个或多个过程的输入、过程行为和输出。

(8) 甘特图。此横道图可展示进度信息，纵向列出活动，横向标明日期，用横条表示活动自开始日期至结束日期的持续时间。

(9) 直方图。一种展示数量化数据的条形图。

(10) 信息发射源。此工件是一种可见的实物展示，可向组织其余成员提供信息，从而实现及时的知识共享。

(11) 提前期图。此图形可显示随着时间推移，在工作中完成事项的平均提前期的趋势。提前期图可以显示为散点图或横道图。

(12) 优先级矩阵。此矩阵是一个横轴为人力投入、纵轴为价值的散点图，分为四个象限，以便按优先级对内容归类。

(13) 项目进度网络图。此图形表示项目进度活动之间逻辑关系的图形。

(14) 需求跟踪矩阵。此矩阵把产品需求从其来源连接到能满足需求的可交付物。

(15) 责任分配矩阵（RAM）。此矩阵是一种展示分配给各个工作包中的项目资源的表格。RACI矩阵是一种常见的方法，用于显示执行、担责、咨询或知情，且与项目活动、决策和可交付物有关的干系人。

(16) 散点图。此图形可展示两个变量之间的关系。

(17) S曲线。此图形可显示特定时段内的累积成本。

(18) 干系人参与度评估矩阵。此矩阵将干系人当前的与期望的参与程度进行比较。

(19) 故事图。故事图是一种既定产品所应具备的所有特性和功能的可视化模型，旨在使项目团队对其所创建的产品及创建原因有整体了解。

(20)产量图。此图表可显示一定时间内验收的可交付物数量。产量图可以显示为散点图或横道图。

(21)用例。此工件可描述并探讨用户如何与系统交互以实现特定目标。

(22)价值流图法。这是一种精益企业的方法,用于记载、分析和改进为客户生产产品或提供服务所需信息流或物流。价值流图法可用于识别浪费情况。

(23)速度图。此图表可跟踪在预先定义的时间间隔内生产、确认和接受可交付物的速度。

7. 报告

报告是正式的信息记录或摘要。报告可向干系人传达有关(通常是摘要级的)信息。报告通常会提供给对项目状态感兴趣的干系人,如发起人、企业所有者或项目管理办公室(PMO)。

(1)质量报告。此项目文件包括质量管理问题、纠正措施建议以及质量控制活动中发现的情况摘要。它可能包括过程、项目和产品改进的建议。

(2)风险报告。此项目文件会在整个项目风险管理过程中不断更新,用以概述单个项目风险的情况和整体项目风险的程度。

(3)状态报告。此文件提供关于项目当前状态的报告。它可能包括自上次报告以来的进展信息以及对成本绩效和进度绩效的预测。

8. 协议和合同

协议是定义双方意图的任何文件或沟通结果。在项目中,协议采用的形式有合同或其他已定义的相互谅解。合同是指对双方都有约束力的协议,强制卖方提供规定的产品、服务或结果,以及强制买方支付相应的费用。有不同类型的合同,其中一些属于总价合同或成本补偿合同。

(1)总价合同。此类合同涉及为定义明确的产品、服务或结果设定一个总价。总价合同包括固定总价合同(FFP)、总价加激励费用合同(FPIF)以及总价加经济价格调整合同(FP-EPA)等。

(2)成本补偿合同。此类合同涉及向卖方支付为完成工作而发生的实际成本,外加一笔代表卖方利润的费用。当项目范围定义不明确或经常发生变化时,经常会采用这些合同。成本补偿合同包括成本加奖励费用合同(CPAF)、成本加固定费用合同(CPFF)以及成本加激励费用合同(CPIF)。

(3)工料(T&M)合同。此合同规定了固定的费率,但并没有准确的工作说明书。它可用于扩充人员、获得主题专家和任何外部支持。

(4)不确定交付和数量合同(IDIQ)。此合同会规定必须在固定期间内提供不确定数量(但规定了下限和上限)的商品或服务。这些合同可用于建筑、工程或信息技术的项目。

(5)其他协议。其他协议类型包括谅解备忘录(MOU)、协议备忘录(MOA)、服务水平协议(SLA)、基本订购协议(BOA)等。

参考文献

[1] Clifford Chance 法律公司. 项目融资[M]. 龚辉宏译. 北京:华夏出版社,1997.

[2] PMI. PMBOK(第七版)[M]. 北京:电子工业出版社,2022.

[3] Shannon,C. E. ,Weaver, W. ,The Mathematical Theory of Communication[M]. University of Illinois Press,Evanston,1949.

[4] VC 创投名堂. 如何撰写标准的商业计划书[J]. 国际融资,2018(10):49—51.

[5] Wilson,A. G. ,Entropy in Urban and Regional Planning[R]. Pion Ltd. ,London,1970.

[6] 彼得·西罗,等. 项目评估:方法与技术(第六版)[M]. 邱泽奇等译,北京:华夏出版社,2002.

[7] 陈关聚. 项目管理(第 3 版)[M]. 北京:中国人民大学出版社,2021.

[8] 陈纪旸,刘鲲鹏,马晓红,等. 基于商业计划书的投资决策方法研究[J]. 价值工程,2022,41(35):140—142.

[9] 陈琦伟,阮青松. 投资银行学(第二版)[M]. 大连:东北财经大学出版社,2007.

[10] 邓文硕. 我国资产管理行业高质量发展回顾与展望[J]. 银行家,2022(8):90—94.

[11] 房西苑. 资本的游戏[M]. 北京:机械工业出版社,2008.

[12] 龚子臣. 咨询公司在项目评估中的角色定位[J]. 企业改革与管理,2016(2):20—21.

[13] 郭佳楠. 学科交叉视角下同行评议的再思考[J]. 长江师范学院学报,2023(3):108—120.

[14] 何伟明,何佳欢. 阿里巴巴与京东发展战略及融资路径的分析[J]. 吉林省经济管理干部学院学报,2015,29(4):34—37.

[15] 后评价的发展历程[J]. 化学工业,2020,38(3):75—76.

[16] 黄文巧. 政府 BOT 融资建设项目经营期价格调整计算问题的案例分析[J]. 工程造价管理,2015(3):46—49.

[17] 姜奕辰. 浅析我国融资租赁行业[J]. 全国流通经济,2022(22):123—126.

[18] 金永军,刘斌,沈文慧. 境外契约型 REITs 制衡机制及对我国的启示[J]. 上海金融,2021(5):2—11.

[19] 孔大鹏,张明. 中国资产证券化的最新进展:特征事实、驱动因素与主要问题[J]. 金融市场研究,2021(5):15—31.

[20] 李华,何东华,李兴斯. 熵——证券投资组合风险的一种新的度量方法[J]. 数学的实践与认识,2003,33(6):16—21.

[21] 李建英,王竖翌,杨雪美.项目评估与管理[M].北京:中国人民大学出版社,2022.

[22] 李美娟,陈国宏.数据包络分析法(DEA)的研究与应用[J].中国工程科学,2003(6):88-94.

[23] 李宇辰,孙沁茹,郝项超.政府产业基金如何有效促进企业创新?——基于政府产业基金数据的分析[J].软科学,2022,36(4):17-22.

[24] 林金填,曹小兵,庞杰,蔡金兰.科技项目评估标准化研究[J].标准科学,2019(3):81-84+105.

[25] 林丽芬.证据理论及其在评估中的应用[J].福建农林大学学报(自然科学版),2007(5):558-560.

[26] 凌晓东.国内外风险投资项目评估体系比较研究[J].上海企业,2011(4):63-65.

[27] 刘小峰.中小型非上市公司股权估值方法及难点浅析[J].纳税,2020,14(5):161-162.

[28] 马海涛.中国PPP行业发展报告[M].北京:社会科学文献出版社,2021.

[29] 马亚龙,等.评估理论和方法及其军事应用[M].北京:国防工业出版社,2013.

[30] 聂方义.我国融资租赁资产证券化现状与未来发展建议[J].中国市场,2022(14):78-82.

[31] 彭翔.中国资产管理行业发展研究[J].商场现代化,2015(19):192.

[32] 戚安邦.项目评估学(第二版)[M].北京:科学出版社,2019.

[33] 邱静,王梦婷.借壳上市的利与弊——基于JL科技的案例分析[J].商业经济,2020(7):164-166.

[34] 舒英.对创业投资项目评估方法的研究——基于AI企业的案例分析[J].中国资产评估,2021(8):35-47+63.

[35] 宋维佳,等.可行性研究与项目评估[M].大连:东北财经大学出版社,2007.

[36] 孙文华,陈建国.基于时间利用活动分析的建筑功能分类[J].住宅科技,2016(1):5-8.

[37] 汪泽焱,顾红芳,益晓新,等.一种基于熵的线性组合赋权法[J].系统工程理论与实践,2003,23(3):111-115.

[38] 王翠青.企业融资战略研究——以京东集团为例[J].现代商业,2018(19):52-53.

[39] 王俊强.以终为始破解股权估值难题——谈非上市公司股权估值的方式与艺术[J].董事会,2021(3):58-61.

[40] 王凭慧.科学研究项目评估方法综述[J].科研管理,1999(3):19-21.

[41] 王志强.关于完善同行评议制度的若干问题和思考——同行评议调研综述[J].中国科学基金,2002(5):55-59.

[42] 吴世春.人的一生,都在为认知买单[J].商界:评论,2020(8):8-9.

[43] 徐利奇.固定收益产品创新及风险管理的相关分析[J].现代经济信息,2019(19):2.

[44] 杨彦伟.关于我国不动产投资信托基金(REITs)发展的探讨[J].中国总会计师,2022(1):125-127.

[45] 殷立欣,潘薇,赵佳琪,刘东建,沈拓.项目评估理论与应用实践[M].北京:中国标准出版社,2020.

[46] 张静.融资租赁公司融资及租赁业务现状及应对措施[J].中国产经,2022(20):80—82.

[47] 张璐杰.科学评价下的同行评议系统分析[D].沈阳:东北大学,2011.

[48] 张普伟,付梁,王国华,等.乡村休闲养老项目的选址评价体系分析[J].测绘通报,2022(4):106—110.

[49] 张桃梅.布鲁姆"掌握学习"理论述评[J].西北师大学报(社会科学版),1990(2):4.

[50] 张伟宏.大型桥梁项目社会稳定风险评估理论方法与实践[M].北京:知识产权出版社,2018(10):40.

[51] 赵灵芝.最打动投资人的商业计划书[M].北京:电子工业出版社,2018.

[52] 赵晔,郭子健.省际比较视角下政府PPP基金发展现状及对策[J].地方财政研究,2017(3):11—16.

[53] 郑联盛,夏诗园,葛佳俐.我国产业投资基金的特征、问题与对策[J].经济纵横,2020,410(1):84—95.

[54] 邹晓梅.资产证券化:核心概念、与全球金融危机的关系及中国实践[J].团结,2020(3):27—32.